〔哥伦比亚〕席尔瓦娜·帕特尔诺斯特罗 著
盛妍 译

孤独与陪伴

SOLEDAD & COMPAÑÍA

UN RETRATO A VOCES DE
GABRIEL GARCÍA MÁRQUEZ

南海出版公司

新经典文化股份有限公司
www.readinglife.com
出　品

献给加夫列尔·加西亚·马尔克斯和

乔治·普林普顿，以此纪念两位老师

目录

不过，让我感到安慰的是，有时候，口述的故事比写出来的故事更精彩。而且，不知不觉间，或许创造出了一种文学所需的新体裁：虚构的虚构。

——加夫列尔·加西亚·马尔克斯
《活着为了讲述》

Esta es la única foto mía
tomada por Anngulato mientras
escribía Cien años de soledad

"这是我写《百年孤独》时，
安古洛给我拍的唯一一张照片。"

序言

2000 年 11 月，传奇人物蒂娜·布朗刚刚创办不久的《清谈》杂志与我签约，让我写关于加夫列尔·加西亚·马尔克斯的口述史。他们需要的是大约两千字一篇的文稿，配上照片，大概三四页篇幅。也就是说，他们要的是简短的稿件，绝非传记。

他们之所以请我来写，是因为我虽然从 1986 年起就一直居住在纽约，却出生在巴兰基亚①，相当于虚拟世界马孔多②的邻居。此外，我在 1996 年的《巴黎评论》冬季刊中发表了《与加博③共度的三天》，那篇报道详细记述了加西亚·马尔克斯在卡塔赫纳④主讲的新闻研习会的全程，当时我以学生的身份参会。

我说比起采访与加西亚·马尔克斯日常来往的国家首脑、电影明星和富豪，我更想去哥伦比亚拜访这位传奇的拉美作家成名前的老熟人，和他们聊聊。当我提及自己甚至会与那些出现在《百年孤独》中的人物——那些"'洞穴'中的扯淡者"⑤ "最初也是最后的朋友"——交谈时，杂志社立马给我寄来了机票，包装上印着米老鼠的形象，这让我觉得很好笑。《清谈》杂志是迪士尼公司赞助的。

---

① 哥伦比亚北部港口城市，加西亚·马尔克斯曾在此居住。——本书注释均为译者注
② 加西亚·马尔克斯《百年孤独》等小说中的核心地点。
③ 加夫列尔的昵称。
④ 哥伦比亚北部的港口城市，也是一座历史名城。
⑤ 加西亚·马尔克斯曾与朋友相聚于巴兰基亚一家名为"洞穴"的酒吧，他们自称"mamadores de gallo"（扯淡者）。这是波哥大和加勒比海沿岸地区常用俗语，直译为"吮吸公鸡的人"，意为爱开玩笑、用戏谑的方式对待事物的人。下文的"扯淡"原文为"mamar gallo"，是它的动词短语，直译为"吮吸公鸡"。

"去过哥伦比亚之后，我还得去趟墨西哥，"我斗胆向编辑提议，"那是他写《百年孤独》的地方。"

"只要你需要，没问题。"这是我得到的答复。

这篇报道没能刊出。《清谈》杂志不到两年就倒闭了。将娱乐、新闻与文学混在一起的模式并不成功。"还有哪本杂志会把上身赤裸的休·格兰特①放在封面，却用六页的版面严肃地探讨书籍呢？"不久前请我撰稿的编辑对我说，"只有蒂娜才会要求刊出加夫列尔·加西亚·马尔克斯的口述史。"

多亏蒂娜勇敢的提议，才有了最初这24卷单面90分钟的录音带，里面录下了人们谈论加西亚·马尔克斯的声音。我带着它们回到纽约，眼看着它们变成没人要的孩子。根据这些录音，我发表了一些片段。2002年，作家的回忆录《活着为了讲述》问世之时，我在《异想者》②杂志刊出了比我为《清谈》杂志准备的稿件更具哥伦比亚特色、更全面的一篇口述史，标题是《孤独与陪伴》。加西亚·马尔克斯曾想和几个哥伦比亚的合伙人一起创办电影制作公司，打算用"孤独与陪伴"为其命名。我把它译成英文，作为我在《巴黎评论》创办50周年的纪念刊中发表的文章的标题。接着，这篇文字被翻译成西班牙语，在墨西哥《联结》③杂志2003年春季刊中发表。2010年3月，几乎整整十年后，我决定重听那些录音带，将口述内容整理成书。

---

① 休·格兰特（1960—　），英国演员，代表作有《待到重逢时》《莫里斯》《诺丁山》等。
② 于1996年在哥伦比亚首都波哥大创办的文学杂志，内容涵盖文学、电影、音乐、建筑、设计、政治等。
③ 由墨西哥历史学家恩里克·弗洛雷斯卡诺于1978年创立，主要关注政治、经济、社会、科学、艺术与文化，对墨西哥的社会现状加以反思与批评。

听完录音带后，我意识到现有的内容还不足以成书。我需要填补空缺。为此，我开始进行第二轮采访，与那些我认为能为最初的口述内容补充语境和时间顺序的人交谈。

《孤独与陪伴》分为两部分。第一部分"《百年孤独》之前"，由加西亚·马尔克斯的弟弟妹妹们的讲述和那些在他成为受全世界爱戴的拉丁美洲标志性人物之前就与他相熟的人们的口述组成。他们相识之时，加西亚·马尔克斯既没有配备上一个英国裁缝，也没有一个英文传记作者——我听说他将这两样视为成功作家的标志，也不曾与总统或百万富翁同行（那晚我看到他为墨西哥城的索马亚博物馆剪下浅蓝色的开馆绸带，便想起我之前为《清谈》杂志准备的那些录音带）。第一部分的录音与他那段不受瞩目却满怀希望的岁月有关，那时这个来自外省的小伙子一心想成为作家。这部分记录了他梦想成真的过程，我们可以见证这位享誉世界的创作者的诞生。在第二部分"《百年孤独》之后"中，加西亚·马尔克斯则以获奖后举世闻名的形象出现。

关于加西亚·马尔克斯的文字已经有很多了，但是不管这类文字有多少，作者都重视措辞，回忆录免不了自我审视，他传免不了分析。而本书则属于"口述历史"一类，即让那些与加西亚·马尔克斯亲近之人向我们描述这位拉丁美洲最重要的作家、权力爱好者、到最后一刻都捍卫菲德尔·卡斯特罗的人。让他们告诉我们，他们曾经如何欢迎他、帮助他并且见证他塑造了他自己；让他们告诉我们，他们有多喜欢他，他又是多么让人烦恼。只有他们，没有其他的叙述者，也没有多余的形容。

本书就是一张入场券，通向人人说话，人人叫喊，人人发

3

表意见，甚至人人撒谎的派对。这就是口述历史的本质，就像吉恩·斯坦因的《美国女孩伊迪》和乔治·普林普顿的《杜鲁门·卡波特传：朋友、对头、熟人、批评者回忆他动荡的一生》一样。蒂娜·布朗的那通紧急电话让我与这从天而降的文学类型相遇，它是极好的体裁，有趣且随意，轻松且足够真实。

但需要注意的是，每个人述说的都是自己的版本。阅读本书就如同参加派对一般有趣，读者可以驻足倾听受邀者们谈论加西亚·马尔克斯。和那些最好的派对一样，有些人的话总是比其他人的多。这里有大声叫唤的，有超级分析家，有爱开玩笑的，有唱歌的，有粗野的，甚至有喝高的。在这场派对上，我们分享着陪伴的过程，人们的陪伴为加西亚·马尔克斯提供了写《百年孤独》所必需的孤独。

写这本书时，我没有直接与加西亚·马尔克斯对话。这正是口述历史所要求的。也就是说，仅靠他人的声音来写作。口述历史就是与别人谈论一个不出场的人，当然更重要的是把对话录下来。开始工作时，我依照采访的先后顺序整理了录音带，然后我重听了大约十年前的那次采访。我在耳机里听到了自己的笑声，但与此同时，新的问题从脑子里蹦了出来。例如，巴兰基亚人的话逗笑了我，但我发现除了哥伦比亚人，其他人都不懂"扯淡"是什么意思。于是我意识到不仅要解释巴兰基亚俗语，还要注意和自己说话的是年事已高的长者。他们的记忆已经衰退，一旦记不清就吞吞吐吐。虽然我无法帮他们找回记忆，但我保留了他们的声音中那份迟暮之年的温润感。

音乐，特别是巴耶纳托①，是最初几段对话的重要组成部分，受访者不止一次谈着谈着就唱起歌来，我就让他们唱。我也保留了法官的男权主义逻辑。加西亚·马尔克斯曾去拜访他，想了解在那个不祥的星期天发生的事情，了解那时还是一个年轻人的法官目睹的事情，也就是如今我们知道的"事先张扬的凶杀案"②。我还保留了许多关于巴兰基亚的描述，那里不仅是孕育人们所说的"魔幻现实主义"的沃土，也是加西亚·马尔克斯遇到那些"最初也是最后的朋友"的地方，加泰罗尼亚的智者、阿尔瓦罗、赫尔曼，还有其他出现在《百年孤独》最后一章中的"论争者"。当我带着录音机抵达巴兰基亚，这些忠实的朋友大多已经故去了，但我有幸找到了还在世的两位，他们向我讲述了当初照顾加西亚·马尔克斯时的情景。本书是对友谊的致敬，是对他的朋友们的赞美，因为毫无疑问，他在巴兰基亚遇到了最棒的朋友们。

我还想了解他的更多朋友，我想与玛利亚·路易莎·艾里奥和赫米·加西亚·阿斯科特交谈，毕竟《百年孤独》是献给他们的。在哥伦比亚没有人认识他们。所有哥伦比亚的"加博学家"和加博崇拜者都知道这部作品，这群人在作家的一生中尤为重要，但没人提供与这两个人相关的信息。

我用迪士尼提供的另一张机票飞抵墨西哥城，在杜兰戈之家登记后就开始寻找。卡洛斯·蒙西瓦伊斯③给了我玛利亚·路易莎·艾里奥的电话号码，并且告诉我，她和赫米是一对西班牙夫

---

① 哥伦比亚的民间流行音乐流派，字面含义为"出生于山谷中"。
② 1951年1月，加西亚·马尔克斯的朋友卡耶塔诺·亨蒂雷诺被人用刀捅死，这一事件便是《一桩事先张扬的凶杀案》的原型。
③ 卡洛斯·蒙西瓦伊斯（1938—2010），墨西哥作家、记者、文艺批评家。

妇，她丈夫已经过世了。第二天，这位女士在城南一栋房子的藏书室里接待了我。她非常漂亮、优雅，身着的灰蓝色正装与她眼睛的颜色相称。她十分慷慨地与我分享那段往事，她在一次晚宴上与加夫列尔·加西亚·马尔克斯相遇，他向她讲述了自己想要写的故事。那个故事就是后来的《百年孤独》，书的初版是献给她的。我敢肯定她之前在一次次的晚宴上对别人说起过这件事，但那天下午，当我打开录音机时，她说那是唯一一次对她的正式录音采访。

有些人与加西亚·马尔克斯并不怎么亲近，甚至有人根本没见过他。但是，为了了解作家经历过的事，理解他笔下的故事，这些人对作家人生中关键时刻的描述是不可或缺的，例如发生在1948年4月9日的豪尔赫·埃利塞尔·盖坦[①]遇刺案，以及该事件引发的"大暴乱"历史时期。当加西亚·马尔克斯被授予诺贝尔奖时，内雷奥·洛佩斯是派往斯德哥尔摩的哥伦比亚代表团的官方摄影师。为了"拓宽眼界"，他在1997年移居纽约，我趁此机会请他讲述了与加西亚·马尔克斯共事的时光，那段哥伦比亚血流成河的岁月。他生动的回忆让个体的生命与历史背景结合了起来。

出现在这本书里的加西亚·马尔克斯，摆脱了《活着为了讲述》中自我审查的束缚，也不像达索·萨尔迪瓦尔以及杰拉德·马丁撰写的七百多页的优秀传记中那样。这是一本内容丰富且珍贵的历史文献，收集了关于作家生平的集体记忆，探讨了作家这一

---

① 豪尔赫·埃利塞尔·盖坦（1903—1948），哥伦比亚律师、政治家、自由党领袖，1946年参加总统竞选失败后领导人民进行反对保守党政府独裁统治的斗争，1948年4月9日在首都波哥大遇刺。

职业，以及他是如何与孤独签订契约的。书中展现了友情与环境对于成功的不可或缺性，但尤为重要的是自律与专注。

加西亚·马尔克斯的好友、阿根廷作家托马斯·埃洛伊·马丁内斯[①]向我坦言，要想成为加博的朋友就不得不遵守黑手党的"缄默法则"。"你必须对他只字不提。"一天下午他在新泽西的阳台上对我说。加西亚·马尔克斯说过，当他还是一个穷小子的时候，曾在巴黎的公园里远远望见欧内斯特·海明威。他没有走近与他攀谈，而是在广场的另一边呼唤他的名字，举起手，用这一手势告诉他自己有多敬重他。我理解他心中的紧张，因为在那么近的距离，任由自己被吸引是件很煎熬的事情。

我是在远处怀揣着同样的心情写出这本书的。这是一幅传奇之人的画像。我坚信我们比传奇更伟大、更重要、更不朽，甚至更神圣。加西亚·马尔克斯很伟大，但我们不需要把故事中的他想成没有过错、没有缺陷、从不失败、不被爱恨所累之人。如果我们这么做，只会走向无意义的愚蠢。

要想享受这本书，就必须把"真相只有一个"的观念搁置一旁。口述历史中每个人讲述的"真相"都不尽相同。这也是它的魅力所在。加入这场聚会时请记住这点，再端上一杯威士忌，或者一杯香槟，那是他偏爱的酒。如果你想拥有更完整的体验，那就从你的书架上取下《百年孤独》重读一遍，或者去最近的书店买一本，体会第一次阅读它的感受。因为你现在已经听说那些趣事和糗事了，了解到这部"可能是最优秀、最著名的永恒的世界

[①] 托马斯·埃洛伊·马丁内斯（1934—2010），阿根廷作家、记者，代表作有《庇护所》《蜂王飞翔》《庇隆的小说》。

文学经典"背后的故事了。假如你能看出《百年孤独》最后两章中他为朋友设置的彩蛋，你一定会很开心的。我希望你在阅读时能放声大笑，比如读到这一段时："阿尔瓦罗以响亮的大笑惊散鳄鱼，阿尔丰索编造石鸻的恐怖故事，说上星期有四位行为不端的客人被啄出了眼珠，而加夫列尔待在一个满腹心事的混血姑娘屋里，她不收费只求代写情书寄给她在奥里诺科河另一侧坐牢的走私贩男友，他被边防警察灌下泻药后又被勒令坐在小便盆上，盆里很快就盛满了粪便与钻石。"你一定会明白，他为何总与那些认为他一句话里就能包含巨大想象力的人争辩：他虚构的一切都来源于现实。

《百年孤独》

1967 年的地震

格雷戈里·拉巴萨: 它像地震一样突如其来。地震是无法预测的，虽然我们可以感觉到它即将到来。

埃曼努埃尔·卡巴略: 那是西班牙语文学史上一件惊天动地的大事。与遗传有关。有些基因注定让人成为伟大的作家，他很努力。他并没有全身心投入文学，但他很努力，非常非常自律。他放下了所有工作，向人借钱，变卖东西，在家待了八个月没出门，就为了写出这部小说。全家人，他的妻子、孩子，还有我们这些朋友在他眼里就跟空气一样，因为他发了疯似的痴迷于写作这一件事。他们住在一间很小的公寓里，生活十分简朴，家里没有任何奢侈品，只在必要的东西上花钱。

所有人都在支持他，好让他拥有宁静、闲暇和专注。多亏了这一点——主要归功于他的家庭和他的朋友——他写成了这部小说。他刚动笔写我就开始读了，一直到写完，我边读边给他提意见，每周都是如此，所以当他写完一整章时，我觉得没有任何要修改或替换的部分，因为我的所有建议都已经在小说里了。

玛利亚·路易莎·艾里奥: 他给我读零碎的片段。他会把晚上写的部分读给我们听……那时你就意识到他笔下的世界太奇妙了。他也这么认为。

吉列尔莫·安古洛：不，他不这么认为。事实上他很不确定这部小说好不好。小说出版时，他寄给我一本样书。我读完了，非常喜欢。他又给我寄了一本。现在那本书不在我手里了，因为我后来把它给了赫尔曼·巴尔加斯，然后赫尔曼又给了普利尼奥。我得告诉你一件事，我想应该没有人跟你说过，也不会有人跟你说——普利尼奥破口大骂："你怎么能这样？国家问题不断，你却在写天马行空的东西？"

玛利亚·路易莎·艾里奥：没有人是愚钝的，我在文学方面向来犀利。这么说吧，一位很著名的作家，如果我不喜欢他的作品，那就是不喜欢。我读了他的文字就知道这位加西亚·马尔克斯先生厉害极了。我毫不迟疑……

我当时认为这本书的确很好。但坦白告诉你：我没想过它后来那么成功。

圣地亚哥·穆蒂斯：事情一发不可收拾。不仅仅在哥伦比亚，国外的局面也一样无法控制。加博变成了一个事件，一个现象。所有人都拜倒在他面前。我忘了是加博还是托马斯·埃洛伊·马丁内斯告诉我说，当时小说刚出版一周，加博去了布宜诺斯艾利斯，不是为了《百年孤独》，而是去给一场小说竞赛当评审。据说某天晚上他们去剧院，加博走进去时，正在上演的剧目都停了下来，所有观众都站起来为他鼓掌！从那一刻开始，掌声就没停过！掌声不断。再也没断过。换句话说，再也没有人会让加博一个人待着。

罗德里戈·莫亚：1966 年 11 月 29 日，加夫列尔·加西亚·马尔克斯和妻子梅塞德斯一起到我孔德萨大楼①的家里拜访。他希望用一张我拍的照片作为初版《百年孤独》的插图。我就在家中拍摄，因为有充沛的自然光。他穿着一件格子外套。他喜欢小格子。虽然他看起来面无表情，但实际上他能意识到相机的存在。他也能意识到自己写了一部巨作。他已经写了很多，他已经有所成就，整部作品能让人感受到只有天才具备的笃定。他就给我这个印象。当然还没到后来的那种程度。当时他只有三十九岁。但他已经未来可期了。

---

① 位于墨西哥城的夸乌特莫克区内，是一栋颇具现代艺术风格的国际化建筑。

《百年孤独》之前

加夫列尔·埃利希奥与路易莎·圣地亚加的结婚照

路易莎·圣地亚加与加夫列尔·埃利希奥之子

阿拉卡塔卡的电报员之子如何在摇篮中就开始积累故事。

拉斐尔·乌略亚：加博不是 1928 年出生的，他出生于 1927 年。他称自己是 1928 年生人，是为了在时间上与当年发生的香蕉工人大屠杀事件 ① 吻合。1928 年出生的是他弟弟。

路易斯·恩里克·加西亚·马尔克斯：我一直以为我是在母亲怀胎九月后，于 1928 年 9 月 8 日出生的。直到 1955 年，加比托 ② 给《观察家报》撰写了《一个海难幸存者的故事》，他成了罗哈斯·皮尼利亚 ③ 政府的眼中钉。他不得不流亡海外，于是就需要相关证件，但不知道为什么，那张证件却显示加比托出生在 1928 年 3 月 6 日，也就是说和我同年，这让我陷入了困境：要么我是世界上唯一一个怀胎六月就呱呱落地的重达九斤二两的早产儿，要么我们俩几乎就是一对双胞胎。他从未更正那个日期，但 1928 年出生在马格达莱纳省阿拉卡塔卡镇的人是我。加比托的生日是 1927 年 3 月 6 日。

拉蒙·伊良·巴卡：加博的母亲路易莎是位受人尊重的女性。

---

① 1928 年 12 月 5 日至 6 日间，于哥伦比亚谢纳加发生的联合果品公司工人大屠杀事件。
② "加比托"（Gabito）是"加博"（Gabo）的指小词，表亲昵。
③ 古斯塔沃·罗哈斯·皮尼利亚（1900—1975），哥伦比亚军人、工程师、政治家。1953 年至 1957 年间任哥伦比亚总统。

就是我们所说的值得尊重的人。那个年代什么样的人会受人尊重呢？就是那些被上层阶级重视的省城人，也就是圣马尔塔[①]的上流人士。内陆人会说："你是来自炎热地区的正派人。"路易莎曾经在圣马尔塔至圣童贞奉献日学校上学，那是上层人的学校。不过他们也只是受人尊重而已。这么说吧，那里的人会应邀去参加某些聚会，但不会去参加其他的那些。一切取决于那是什么样的聚会。我认为加博的父亲加西亚先生就没那么受人尊重了。

拉斐尔·乌略亚：加夫列尔·埃利希奥·加西亚是加博的父亲。我母亲是他父亲的表亲。她给我讲过一些家族的事。我是加西亚·马尔克斯的忠实粉丝。他写的所有书我都读过。当然，我是辛塞人。辛塞是加博父亲的家乡。辛塞（Sincé），最后一个辅音是 c[②]。这座城镇的全称是圣路易斯 – 德辛塞。但人们都管它叫辛塞。

卡梅洛·马丁内斯：路易莎·圣地亚加是一位身材矮小的白人女士，脸上长着一个疣。白色的。她和我母亲同岁。我母亲是 1904 年生人，路易莎也是那一年出生的。现在得有九十六岁了吧。估计什么事也记不清了。

拉斐尔·乌略亚：卡洛斯·H. 帕雷哈是辛塞人，也是加比托父亲的亲戚，人际关系不错。在卡洛斯的帮助下，加博的父亲开始

---

① 位于哥伦比亚北部加勒比海沿岸，马格达莱纳省首府，重要的海港城市和历史文化中心。
② 西班牙语中 "se" 和 "ce" 的发音相近。

学医，却花光了钱。眼看他陷入窘境，人们都说："别他妈啥也不干，你得做点什么。去找份工作。"于是他就成了阿拉卡塔卡的电报员。一到那儿他就爱上了路易莎·圣地亚加·马尔克斯，她是马尔克斯上校的女儿。加博的母亲是一位娴静的女士，路易莎·圣地亚加·马尔克斯。她是我母亲的好朋友。

海梅·加西亚·马尔克斯：据说加夫列尔·埃利希奥·加西亚，也就是我的父亲，跑去阿拉卡塔卡做电报员。有一天他看见了我的母亲路易莎，立马就爱上了眼前的姑娘。于是，某天他接近路易莎，告诉她："在仔细分析了我在阿拉卡塔卡认识的女人后，我得出了结论，您就是跟我最配的人（'跟我最配'，他的确用了这四个字）。我想和您结婚，您考虑一下吧；但如果您不想，就直接告诉我，不用担心，因为我没有爱到死去活来的地步。"我觉得事实上他怕得要死，生怕她一口回绝，为了自保才说了这么一堆荒唐话。我之所以这么认为是因为我们都一样：深爱着妻子。

拉蒙·伊良·巴卡：上校也不喜欢加夫列尔·埃利希奥。毕竟他出身下层。当时的人们之所以那么在意家庭出身，是因为他们都是小地方的人，每个人住得都很近。

路易斯·恩里克·加西亚·马尔克斯：从一开始，这场婚姻就像是不断迁徙的游牧活动。他们在圣马尔塔结婚，然后去里奥阿查^①度蜜月，接着就在那儿定居下来了。等到加比托快出生的时候，他们才回到阿拉卡塔卡。我大约四个月大的时候，我们移居到了巴兰基亚。他们从1926年6月结婚到1929年1月去巴兰基亚，短短两年半的时间里辗转迁移了很多次。你们也知道，加比托留在了阿拉卡塔卡，和外公外婆住在一起。

卡梅洛·马丁内斯： 他是外公外婆抚养大的，他们不叫他加夫列利托^②，而是加比托，于是大家都这么叫了。我也管他叫加比托。不叫他加博。

拉斐尔·乌略亚： 另外，马尔克斯上校是自由党人，曾经参加过千日战争^③。加夫列尔·埃利希奥来自辛塞，是保守派的。"别他妈烦我，我可不想跟这狗娘养的哥特佬^④扯上关系。把我女儿送到别的镇上去吧。"但加夫列尔是电报员，他就开始通过电报线给姑娘传消息，所以最后他们成婚了，毕竟他们无处可藏。

帕特里西娅·卡斯塔尼奥： 1926年加西亚先生去阿拉卡塔卡当电报员的时候，那些人（路易莎的家人）就开始排挤他，然后决定把姑娘送走，这样那个男人就会忘记她，而他们也能把她介绍给留在巴兰卡斯生活的家人，让她交上新的朋友。他们从阿拉

---

① 哥伦比亚北部城市，瓜希拉省首府。
② "加夫列利托"（Gabrielito）是"加夫列尔"（Gabriel）的指小词。
③ 1899年至1902年哥伦比亚保守党与自由党之间进行的历时千余日的内战。
④ 二十世纪中期，哥伦比亚自由党称保守党成员为"哥特佬"。

卡塔卡一路往下走，朝着巴耶杜帕尔①的方向，绕过山脉。他们经过巴耶杜帕尔、帕提亚尔②，终于到了巴兰卡斯③。那是特兰基利娜（加博的外婆）第一次回到那里，因为太远了。那地方看起来像是在角落里，但真的很远，他们花了足足两三个月才抵达那里。甚至连一条公路都没有。毕竟那是1926年、1927年的光景。他们沿着山脉边缘赶路，骑着骡子走马道，就这样留在了那里。他们通过电报保持联系。在小镇上我听说她把电报藏在炉子底下。有谁会想到去那儿找呢？你想想，所有的炉子底下都有一个金属层。她就把信件塞在那下面。她知道，消息都是从电报室传到电报室的。当时人们管这叫"马尔科尼"④。她知道电报室里有他传来的用黄色纸张记录的消息。

我和英文传记的作者杰拉德·马丁，还有加西亚·马尔克斯的几个兄弟姐妹一起去了巴兰卡斯。我们被带到了有河的地方，那里就有路了。她在信里提到曾经在河边的小道上待过。是的，对我们来说那是很奇妙的旅程，而最让人印象深刻的是当初的那些炉子还留着。它们在房子后面的角落里。你现在还能看到人们用这些炉子做饭，或者就把炉子摆在地上。

阿依达·加西亚·马尔克斯： 加比托的到来让全家团结在了一起，因为当父亲从里奥阿查去往阿拉卡塔卡的时候，加比托已经

---

① 哥伦比亚北部城市，塞萨尔省首府。
② 哥伦比亚塞萨尔省巴耶杜帕尔市的一个小镇。
③ 哥伦比亚北部城市，在瓜希拉省境内。
④ 1919年，马尔科尼（Marconi）无线电报公司在哥伦比亚成立，"马尔科尼"因而成了电报的代名词。

出生了。多亏他的出生，一家人都对父亲很好。就这样一切都井井有条起来，我的外公外婆是他受洗时的教父母，因此他们也成了干亲①。外公尼古拉斯开始叫我父亲"我的老弟加夫列尔·埃利希奥"。于是外孙就这样留了下来，留在了外公外婆的家里。之后路易斯·恩里克出生了，我的父母就移居到了巴兰基亚，玛尔戈特就是在那里出生的，但身体不好，因为她吃土（就像《百年孤独》里的丽贝卡一样）。外婆去巴兰基亚时发现玛尔戈特严重营养不良，于是告诉母亲，她想把玛尔戈特带回去，给她补充铁元素，好好照顾她，就这样玛尔戈特也留下来跟外公外婆一起生活了。父亲在巴兰基亚开了家药店，经营得不错；母亲在阿拉卡塔卡和巴兰基亚间往返，时常看望外公外婆和两个孩子。

卡梅洛·马丁内斯：加夫列尔·加西亚·马丁内斯肤色黝黑，是土著人的那种黝黑，不是黑人的那种。他的想象力很丰富。加比托的想象力就是随了他。他非常有趣，想象力超凡。

拉斐尔·乌略亚：他也是半个医生。家里总有药剂师出入，还有草药师和几位巫师。在我们家中还有这么一个人，他是帕特尼娜家族那边的，据说是制作某些药膏的人……"多么厉害的药膏啊，可以消解所有的毒素。"他把药膏抹在手上，然后让蛇去咬。当然，那种蛇没有毒，但他就在人潮拥挤的广场上演戏。他就这样在辛塞过活。加比托在故事中也提到过。

---

① 基督教中，婴儿受洗礼的教父与孩子的生父互称兄弟（compadre）。

卡梅洛·马丁内斯： 另外，他跟我一样是保守派。

拉斐尔·乌略亚： 很少有人知道他的父亲实际上不姓加西亚，而姓马丁内斯。他们应该姓马丁内斯。加夫列尔·加西亚·马尔克斯应该是加夫列尔·马丁内斯·马尔克斯。你也知道之前的小城镇里都有这么个问题。许多孩子都是私生子，加博的父亲也是，因此就随了母亲的姓，他的母亲叫艾尔赫米拉·加西亚。她的父亲加西亚先生是和罗萨纳·帕特尼娜一起来到辛塞的。罗萨纳·帕特尼娜是我外公的姐妹。所以我是认识加比托的。当他获得诺贝尔奖的时候，这事就被抖了出来。但这事被他们捂住了，因为……别他妈胡扯了，他可是个大作家。怎么能说他是来历不明的私生子之子呢？

海梅·加西亚·马尔克斯： 父亲做电报员的时间太短了，以至于有时我甚至觉得这不是事实，是加比托编造出来的。我父亲是个多才多艺的人，会吟诗也会拉小提琴。

玛格丽塔·德拉维加： 我认识他父亲的时候，他是坐在玻利瓦尔广场的那些人的其中一员（现在卡塔赫纳已经不太能见到这种场景了，全都是来旅游的），那个广场就在法庭和市政厅前面。现在每天下午都有人在那儿跳民族舞。那时候当地人都坐在广场上闲聊，特别是在日落的时候。我父亲不在那儿坐着，他没时间，他一般在空闲的时间和人闲聊，因为他是医生，但他的办公室离那儿很近。还有一个叔叔,他是家族里一个不知廉耻的人,游手好闲,就坐在那里虚度光阴。

路易斯·卡洛斯·洛佩斯,也就是大诗人"独眼洛佩斯",也坐在那里讲故事。于是这就很有波西米亚风格了,人们坐在那里,有时也喝点朗姆酒。加西亚·马尔克斯的父亲很喜欢讲故事,自然也坐在那里。

他在很多地方住过,也失意过很多次。他换过不少职业。做过电报员。换句话说,《霍乱时期的爱情》中的那个人就是他。他到了那个地方,开始做电报员,然后爱上了加博的母亲,镇上最有名望的长者的女儿。我们现在讲的不是卡塔赫纳,是阿拉卡塔卡。那位长者的姓氏就与众不同。马尔克斯上校。马尔克斯·伊瓜兰是镇子上很有传统的家族。伊瓜兰是从瓜希拉省来的,但马尔克斯源于圣马尔塔和丰达西翁,加博的母亲是镇上最漂亮的姑娘。她真是非常漂亮。她老了以后我才认识她,但她依旧那么美丽。相比之下加博的父亲就平庸得很。他老了以后就显得更平庸了。他上了一些函授的医药课程,成了药剂师。之后他就主攻顺势疗法了。

卡梅洛·马丁内斯: 加比托的父亲是在卡塔赫纳去世的,靠买入别人的工资支票生活。比如,没人付薪水给老师,其他人就便宜一点买入他们的工资支票,就这样生活。

何塞·安东尼奥·帕特尔诺斯特罗: 如果一个人的工资是一百,买主就跟这个人说:"好的,我给你八十。钱在这儿,但你得让你的公司付我一百，这样我就能赚到差价。"就这么回事。这就叫买工资支票。买的人提前把薪水付给卖的人。

之前人们就这么干。在公园和广场上做这买卖。需要钱的人就会找到某个人跟他说："我把工资支票给你，但我们得换个地方谈。"卡塔赫纳的人们在玻利瓦尔广场上交易，就在市政厅和法院门前。人们买下工资支票，跑去政府的发款处说："你不用把钱付给他了。他把支票转让给我了，所以你得把钱给我。"这事是完全合法的。我举个例子：马尔科·菲德尔·苏亚雷斯 [①] 出身贫寒，他的母亲是洗衣女，但听说他是奥万多将军 [②] 的儿子。马尔科·菲德尔·苏亚雷斯最后成了总统，他母亲却病倒了。没人付给他总统该得的工资，于是他跟波哥大的放债人商量预支两三个月的工资，放债人把钱给了他。他向当时的共和国总统府发款处下达指令，让他们别把工资发给自己，给那个放债人。

苏亚雷斯之所以下台，是因为当时的政客们认为，总统卖工资支票是件不体面的事情。

卡梅洛·马丁内斯：这种事在世界刚诞生的时候就存在了。一点也不奇怪啊，亲爱的。

拉蒙·伊良·巴卡：我敢说加西亚·马尔克斯关于布鲁塞尔的所有描述都是道听途说来的，他们家可不是那种能去布鲁塞尔的

[①] 马尔科·菲德尔·苏亚雷斯（1855—1927），哥伦比亚作家、政治家、总统。1918年当选为哥伦比亚总统，1921年辞职下台。
[②] 何塞·玛利亚·奥万多（1795—1861），哥伦比亚将军、总统。1831年至1832年任临时总统，发动了反对保守党政府的政变，失败后逃往秘鲁。1853年当选总统，1854年因党内矛盾遭弹劾。

家庭。他既没有钱也没有地。在《百年孤独》里，布恩迪亚家族中的一个人最后去了布鲁塞尔，对吧？去布鲁塞尔留学是当时的潮流。但这只是他听来的，跟他家没关系。我姨妈们在布鲁塞尔生活了十年，在这之前，她们被送去了安特卫普。

特兰基利娜曾在姨妈们家里过夜，那是祖宅里的一栋房子，所有人到了那儿都有吃的。餐桌巨大无比。阿拉卡塔卡或瓜卡玛雅的干亲会去，他们有庄园，要不就是总管的亲戚，反正就这类关系。镇上的人坐早班火车抵达，这样就能花一下午办事，好在第二天坐火车回到阿拉卡塔卡，毕竟没办法当天来回。于是他们就得在圣马尔塔过夜。当加西亚·马尔克斯的《百年孤独》问世的时候，姨妈们是这么说的："唉，谁能想到特兰基利娜的外孙这么聪明呢？"没错，这就是她们的评论。

由老人抚养

加西亚·马尔克斯在外祖父母家度过了人生最初的八年时光，但他的生活在外公过世后发生了改变。

玛尔戈特·加西亚·马尔克斯： 我和外公、外婆、加比托和表姑姥姥"嫲嫲"一起住在阿拉卡塔卡。嫲嫲的原名是弗朗西斯卡·梅希亚，是外公尼古拉斯·里卡多·梅希亚的表亲。她一生未婚，性格强势。她掌管着教堂和墓地的钥匙。有一天人们为埋葬逝者向她借墓地的钥匙。嫲嫲去找钥匙，却被另一件事分了神，把钥匙给忘了。过了大约两小时，她才想起来，那名逝者只能在那里等着，直到嫲嫲拿着神圣的钥匙出现。没有人敢对她说一句话。嫲嫲也为教堂做圣餐，就在外公家里做。我记得我和加比托当时总有圣餐的边角料吃，很幸福。

爱德华多·马尔塞莱斯·达孔特： 加西亚·马尔克斯在阿拉卡塔卡生活到八岁。好吧，我就是想告诉你，我们家和加西亚·马尔克斯是老交情了。他的外公是我外公安东尼奥·达孔特的好兄弟。上校经常光顾我外公开在人称"四拐角"的那个地方的店，那是阿拉卡塔卡的重要组成部分。他们经常坐在店面旁边的一个小房间里。我外公不管店里的销售。他的外公就是那个日夜期盼着那笔最后也没发下来的养老金的上校，就是那个参加过"千日战争"

十三岁的加西亚·马尔克斯

的上校。那是在本世纪初①，他因为这场战争晋升到了上校。他经常来拜访我外公，就着黑咖啡和外公交换看法，谈论国内外正发生的糟心事。我外公负责办茶话会。他会摆上三四个装满了黑咖啡的保温瓶、几只杯子、糖和各种需要的东西，人们就过来拜访他，找把椅子坐在那儿。茶客之一就是加西亚·马尔克斯的外公。有时他会把外孙带到我外公的店里来。

玛尔戈特·加西亚·马尔克斯：啊！外公和我们在一起很开心。据说他因为加比托的一则趣事哈哈大笑，故事是他们后来告诉我的。加比托还很小的时候，坐在家门口看着士兵向香蕉种植园行进。有一次他跑着进门，激动万分地对外公说："老爹！老爹！石营经过这里了！"（他想说的是"士兵"，但那时他口齿不清）。"好啦，我的孩子，他们跟你说了什么？"外公问。"再见了，帅加比。"他天生就是个撒谎能手。

因佩里亚·达孔特：他很可爱。很小，很漂亮。我们俩差不多同岁。他是唯一一个和上校住在一块儿的小男孩。我们的院子可大了，因为家就已经很大了，另一条街上的那部分庭院是加西亚·马尔克斯的。我们常去他家找番石榴，那儿有一座巨大的果园。他的外婆，特兰基利娜老太太经常送我们好些水果，除了番石榴还有其他各种水果。

---

① 指二十世纪初。

玛尔戈特·加西亚·马尔克斯: 在加比托出生前，外公尼古拉斯一直是个严肃保守的人，所以母亲格外尊敬他，甚至跟他有些疏远。但外孙一出生，他的心就化了。他变了，严肃的样子全不见了。他变得温柔亲切，和我们一起玩耍，让我们坐在他腿上。他会四肢着地，好让我们骑在他背上，就好像自己是头驴。朋友们跟他抗议："尼古拉斯·马尔克斯，你怎么能这样，看看你的下场！"外公太喜欢加比托了，每个月给外孙过生日。每月设宴为外孙庆祝。他请朋友们来为加比托的"生月"祝酒。外公还会送我们小动物当礼物，于是我们就有了小鹦鹉、金刚鹦鹉、拟黄鹂，院子里甚至还有一只树懒，和果树一起生长。树懒挂在跟棕榈树一样高的面包树上，它一点点爬到树顶，然后开始扔果子，那果子长得像刺果番荔枝。外婆会稍微煮一下这些果子，大家都过来吃。味道像土豆。

爱德华多·马尔塞莱斯·达孔特: 你别忘了他父母生了十二个孩子[1]。

玛尔戈特·加西亚·马尔克斯: 外公每天带我们去看妈妈。通常是这样的：下午嬷嬷给我们换衣服和鞋子，把我们打扮得漂漂亮亮。我记得外婆说："现在可以了，尼古拉西托[2]，带去给他们的妈妈瞧瞧。"然后外公就会带着我和加比托，一手牵一个，去遛弯（外公就是这么说的），我们经过妈妈家的时候，外公会待一会儿，

---

[1] 可能是口误，实际为十一个孩子。
[2] "尼古拉西托"（Nicolasito）是"尼古拉斯"（Nicolás）的指小词，表亲昵。

摸一摸路易斯·恩里克和阿依达，抱一抱莉西亚和古斯塔沃（家族仍在持续扩大中），跟父亲随便聊点什么，然后再继续遛弯。

我记得我和加比托总是干干净净地出现在那里，头发也刚梳好（我们总是穿着袜子和鞋子，家里从不让我们光着脚，因为虫子会钻进去，动物会咬我们，会有东西刺伤我们），却看见那些疯孩子，以路易斯·恩里克和阿依达为首，特别顽皮，不听话又爱打架，整天闲逛。

因佩里亚·达孔特：上校每晚都去我父亲那里。因为父亲开店，家里有很多活动。托盘上放着好些装着黑咖啡的杯子。父亲的所有朋友都会在晚上来喝黑咖啡。我不知道他们聊些什么，因为那时我还很小。加西亚·马尔克斯也是，还很小，我们一样。

爱德华多·马尔塞莱斯·达孔特：我外公安东尼奥·达孔特从意大利来到阿拉卡塔卡的时候应该非常年轻俊俏。他有五任妻子，其中甚至有两任是姐妹。这么说吧，他先跟一个结婚，离婚后再跟另一个结婚。我跟你讲这些事情你就知道故事是从哪里来的了，很多时候我说的那些事连加博都不记得了，多有趣。他到达阿拉卡塔卡后先跟玛利亚·卡列结婚了，和她生了五个孩子。离婚后，外公就娶了曼努埃拉，也就是我的外婆，她更年轻。从那以后，两姐妹就再没说过一句话。她们俩中的一个如果在街上看到另一个，就会穿过马路去另一条街。她们俩再也没有说过话，老死不相往来……外公跟玛利亚生了五个孩子，都是男孩。加利略，阿马德奥，安东尼奥，佩德罗，拉斐尔。他跟我外婆曼努埃拉生了

31

五个女儿。

女儿们叫埃伦娜，约兰达，玛利亚，因佩里亚。因佩里亚就是我母亲……埃伦娜就是短篇小说《雪地上你的血迹》里内娜·达孔特的原型。她是我母亲的姐姐。她喜欢自己的名字被用作故事里的人名，也觉得这很自然，用不着在意。

玛尔戈特·加西亚·马尔克斯： 好吧，我接着讲遛弯的故事，从母亲家走到土耳其角，那儿是政客聚集的地方，外公也会在那儿逗留一会儿，闲聊片刻。加比托不会走开，而是跟着外公，一直听他们谈话，我就在这段时间去看土耳其商店的玻璃橱窗。一共四个角，我一个一个地看。从那时起我就养成了看橱窗的习惯。直到今天我还是很喜欢闲逛，看玻璃橱窗。

爱德华多·马尔塞莱斯·达孔特： 我跟你说过，我外公的房子很大，很漂亮，就在土耳其角，那儿是阿拉卡塔卡人的集合点。外公进口了台球和人们称之为"池子"的东西，也就是泳池。木质房子现在还保留在原地。但愿永远不会被推倒夷平。院子是放映电影的地方，现在那里也会办化装舞会，交响乐团会来，供人们租来办狂欢派对。加博为《观察家报》写的专栏中有一个就是献给我外公的。在专栏里他写到他去看望我的外公，去水瓮处把水放掉，看精灵们在不在。水瓮是用陶土制成的，用来让水保持凉爽，很多时候上面会设置一个滤嘴。到处都是这样的水瓮。水瓮放在一个木头底座上，人们用水杯和大勺子取水。那就是饮水柜。啊哈，人们就去那儿接水喝。我记得那个年代的阿拉卡塔卡还没有引水桥，只有卖水的，人们用驴子驮水，水是在水渠那儿取的——那时候没有污染，人们直接喝河水，没有一点危险。后来就有引水桥了，但我记得很长一段时间里人们都是一次两三罐地买水。"请给我四罐水。"罐子就是猪油罐，中间用几颗钉子钉着木质提手。加博记得小时候人们告诉他，阿拉卡塔卡的所有水瓮深处都住着小精灵。于是他就去水瓮处，想把小精灵捉出来。他一到那儿就把水杯放进瓮里，寻找小精灵。那篇文章的标题我这会儿想不起来了，但关于这事他的确写了一篇很不错的专栏文章。我还记得外公的那个水瓮非常大，表兄弟们全都跑过来喝水。水好喝又清凉。味道我说不好，我后来再也没有尝过那种味道了，就像生了苔藓，像苔藓的味道，潮湿的味道，我说不好。因为有的水喝起来有股金属味……

玛尔戈特·加西亚·马尔克斯： 遛弯之后就该睡觉了，我们回家准备睡觉。没错，那会儿为家中琐事操劳了一天的外婆会将我安顿到床上，教我祷告，为我唱歌、讲故事，直到我睡着。

爱德华多·马尔塞莱斯·达孔特： 那时的阿拉卡塔卡没通电。我还很小，记得人们用蜡烛和顶上有某种小东西的煤油灯来照明。漂亮极了。人们经常用那种煤油灯。我记得自己曾经手里提着灯在街上走。人们在一片漆黑中聚到一起，那时也没有电视，总有人给孩子们讲些神秘、恐怖、骇人的故事。我记得当时听完故事回家，躺在床上准备睡觉的时候心里还很害怕。有时是一个叔叔讲的，有时是爸妈，要不就是最年长的表兄。有时人们去庄园，那里的管家常有几个私藏的故事，他会把骇人的故事讲给来访者。都是这一类的故事。太多了。所以我说加博的记忆力很重要，因为他记得很多别人告诉他的事情，很多别人都忘记了的事情。他的记忆力好极了，就像大象。

因佩里亚·达孔特：他被送到弗格森家族开办的蒙特梭利学校，他们一家就住在附近。

爱德华多·马尔塞莱斯·达孔特：教他的是一位女教师，棒极了。加博说从她那儿学到了很多，为此她在镇上接受了大量采访。我还觉得多亏了我外公，加比托才能看上第一部电影。那时开影院的只有外公。影院有自己的发电机，放在很后面，这样大家就不会听到这旧东西发出的噪音。后来他们带来了一台全镇人都能用的发电机。

因佩里亚·达孔特：上校是我姐姐玛利亚的教父。玛利亚说过："爸爸，自从教父去世后，他的家里就笼罩着悲伤。""以后也会这样的。"父亲说。上校过世时，我还很小。上校先走一步，妻子没有随他而去，因为她有一个大家庭要操持。

爱德华多·马尔塞莱斯·达孔特：加比托在阿拉卡塔卡住到八岁。他外公去世后，他去了苏克雷①，他的父亲被调到了那里。

---

① 此处指哥伦比亚苏克雷省的小镇苏克雷。

玛尔戈特·加西亚·马尔克斯：葬礼我记得很清楚，因为我哭了一整天，什么也不能安慰我。加比托没跟我们在一起，他和路易斯·恩里克跟着父亲去了辛塞，那是父亲的另一场冒险。老爹去世后，过了好几个月加比托才回到阿拉卡塔卡，也许就因为这样，我记不得他的反应了。他一定很难过，因为老爹和他亲密无间，难舍难分。后来我们两个跟着外婆、嫲嫲和帕姨住了一小段时间。帕姨的原名是埃尔维拉·卡里略，是外公尼古拉斯的私生女，也就是母亲同父异母的姐姐。帕姨人很好，全心全意地照顾外婆直到外婆去世，就像亲生女儿一样。

我们就在外婆家里住着，但后来她开始缺钱，不得不靠着舅舅胡安尼托①寄来的东西生活，于是就决定把我和加比托送去父亲在苏克雷的家。父亲他们已经搬到那里去了。

玛格丽塔·德拉维加：那是他第一次和父母住在一起，夫妻俩的经济状况已经比之前好了。他的妹妹也出生了，就是后来做了修女的那个。

卡梅洛·马丁内斯：苏克雷是一个很重要的镇子，但四十年代的洪水让它遭了殃。镇上有七八千住民。要想到达苏克雷，首先要去马甘格②。在马甘格乘一艘小船，就是那种马达装在船舷外的船，然后就能抵达苏克雷。要看情况，乘坐一百到一百五十马力

---

① "胡安尼托"（Juanito）是"胡安"（Juan）的指小词，表亲昵。
② 哥伦比亚北部市镇，位于马格达莱纳河畔，玻利瓦尔省境内。

的双马达小船的话，四十五分钟就能到了。

加比托搬去巴兰基亚之前，一直住在苏克雷。他在巴兰基亚圣若瑟中学上学，和耶稣会的人一起。我是1940年前后在苏克雷认识他的（那时我们俩十三岁），因为加西亚医生，也就是他父亲的家就在我家对面。

胡安乔·希内特： 他从小就在巴兰基亚上学，在圣若瑟中学。

玛尔戈特·加西亚·马尔克斯： 当加比托被送去巴兰基亚圣若瑟中学念书时，我感到自己被抛弃了。我之前总黏着他，他很温柔，我们俩就像双胞胎。他在苏克雷念完小学，十一二岁，我们刚搬到父母家三个月的时候，他就去巴兰基亚了，剩下我形单影只。这对我的冲击太大了。我早已习惯宁静的生活和规律的作息，但这里都没有，而最让我怀念的是外公外婆。我没法亲近母亲，因为她得同时抚养那么多孩子，没有时间。父亲的时间就更少了。父亲对我而言是遥远的存在，那种距离感就是所有兄弟姐妹都用"你"来称呼父亲，我却用"您"。

卡梅洛·马丁内斯： 他天生有写作才能，在巴兰基亚圣若瑟中学里办过小报。我是说，他最开始是一名撰稿人、记者。那时候他不怎么提小说。小说是后来的事。

玛尔戈特·加西亚·马尔克斯： 他是个优秀的学生，得过奖，拿过很多卓越奖牌，获奖数是全校最多的。那时候，给最优秀的学生发的奖品是弥撒经书，毕竟那是一所耶稣会的学校。加比托把学校授予他的弥撒经书写上献词寄给了我，他还寄给我卡片、奖牌、念珠，别人给他的东西他都寄给我。我也给在巴兰基亚的他写信，寄到叔公埃列塞尔·加西亚家里，他是祖母艾尔赫米拉的哥哥，那时加博借住在他家。哎呀！加比托放假回来的时候我可太高兴了。我们俩又像以前一样黏在一起，我尽可能地对他好，给他炸香蕉薄片，他可太喜欢吃这个了。

基克·思科佩尔：我是通过表兄里卡多·冈萨雷斯·里波尔认识他的，因为他们俩一起在锡帕基拉①上学。那时得坐船才能到波哥大，于是我们一起乘船沿着马格达莱纳河往上游走。

我们三个一起上船。那时我已经开始在波哥大念书了，但谈了恋爱，爱情可比学业强大啊，从那时起我就开始喝朗姆酒了，这一生都过得醉醺醺的。代价就是被送去美国读书。

费尔南多·雷斯特雷波：加博说他是在锡帕基拉国立中学发现自己对文学和小说的热情的，有一位老师激发了他，促使他开始阅读。这事他说过很多次了……那是一所很正规的学校。当时他获得了类似奖学金的东西，来到了波哥大，但那儿的学校没有名额了，所以最后他被送去了锡帕基拉。有一次我问他："您好，您为什么会去锡帕基拉呢？"于是他就告诉我，他当时拿到了奖学金，本可以去波哥大念中学，但学校没有名额了，所以最后他们

---

① 哥伦比亚中部城市，在昆迪纳马卡省境内。

在锡帕基拉的中学给他找到了一席之地，这就是他去那里的原因。我对那所学校一无所知，但当他和我们一起路过学校时，他看了一眼，把自己曾经上学的地方指给我们看。那是一所很正规的学校，学生宿舍很大。

学校里只有男生。那不过是一所只有当地人知道的普通中学罢了。

卡梅洛·马丁内斯： 他在锡帕基拉读完了中学，随后就进入了法学系。

玛格丽塔·德拉维加： 他得诺贝尔奖时，他的父亲接受了《海岸日报》的采访，说到了他曾经居住过的所有城镇，以此证明加博没有胡编乱造。他还说到了蕾梅黛丝女士的故事，当然她不是重点，重点是她的女儿还是孙女跟别人私奔了……听说是床单把她卷走的，当时她正在晾衣服，然后就消失了。简直是神迹。那则采访我保存了很长时间。你也知道，那个年代都是些剪报。在那则采访里，他的父亲称圣若瑟的教士们说加博有精神分裂症，是用几颗顺势疗法药丸治好的。我觉得加博的想象力是与众不同的，而且他挺早熟的，毕竟他是由老人们抚养长大的。当孩子由老人抚养或者和老人很亲近时，就会这样。他就是这样的。

海梅·阿维略·班菲： 那时的加博是个敏锐的人。或者说一直是个敏锐的人，不好意思。我想说的是，在那个年代，他就对自身文化中的术语很敏感。作为土生土长的加勒比哥伦比亚人，他在最初的一篇文章中就开始谈论哥伦比亚文学中存在的问题了。那时他还是个二十岁的毛头小子，却已经对哥伦比亚小说进行了剖析。难以置信。

他谈论巴耶纳托，那时候压根没人听巴耶纳托。他谈论的东西太多了。

首先，他是天才。但你不要被骗了。他拥有天才的智慧。他有超凡的感知力。除此之外，他还有预知事件的能力。用第六感。他无疑是个天才。其次，他从很小的时候就开始大量阅读，数量多到让人担心他年纪轻轻就会变成疯子。还有就是他身处的语境。家族的记忆和一次次的旅行为他创造了很好的语境。他的家族独一无二。这种境遇就像是一种媒介。他可以接触到很多人。也就是说，尽管经济上贫苦，但他可以接触到万事万物。跨越整个地区的旅行，还有从外公那里听到的事。这一切都很有趣。这一切都造就了他独特的个性。

拉斐尔·乌略亚：他的母亲总说他的小说是加密的，她能解密。她边读边说"这里提到的这个人是阿拉卡塔卡的谁谁"。

海岸准备发声

加比托去波哥大学习法律，却因"大暴乱"回到了海岸，从事记者工作。

卡梅洛·马丁内斯： 我 1948 年到波哥大时，他是法学系二年级的学生。

米格尔·法尔克斯-塞坦： 那时候他在《观察家报》的文学增刊上发表了最早的两篇短篇。首都的文人们开始追随他的脚步。

卡梅洛·马丁内斯： 豪尔赫·埃利塞尔·盖坦遇害后，发生了"波哥大索"民众暴动事件①，他就去了卡塔赫纳，在《宇宙报》工作。

内雷奥·洛佩斯： 盖坦被暗杀的事波及了在巴兰卡韦梅哈②工作的我。之后就是大暴乱，自由党和保守党互相残杀。当时我是巴兰卡韦梅哈的哥伦比亚电影院的总经理。我不仅负责管理影院总部，还负责周边城镇的影院。我是说 1948 年那会儿。盖坦是在 1948 年 4 月 9 日被暗杀的，我一直在那儿待到 1952 年。我联系上了《观察家报》的人，随后就去巴兰基亚当《观察家报》的摄影

① 1948 年 4 月 9 日，马里亚诺·奥斯皮纳·佩雷斯总统执政期间，哥伦比亚自由党领袖兼总统候选人豪尔赫·埃利塞尔·盖坦遭暗杀，随后爆发了一系列的大规模骚乱，骚乱摧毁了波哥大市区的大部分地区，从此，哥伦比亚进入了十年"大暴乱"时期。
② 位于马格莱纳河畔，在桑坦德省境内。

记者。

我就住在影院里。盖坦死后就是"大暴乱"——哥伦比亚至今没走出这个阴影——针对自由党人的攻击。盖坦是自由党的总统候选人。那时候管警察叫"丘拉维塔"[①],保守党人管"自由党人"叫"卡奇波罗"[②]。我记得有个醉汉这么说过:"我不在意他们叫我们卡奇波罗。困扰我的是我的姓氏。""那你的姓氏有什么问题呢?"我们问他。"我他妈就姓卡奇波罗。"卡奇波罗本身并不困扰他。

那是一场彻彻底底的暴动。我这儿有两件逸事。一件发生在晚上十一点左右,在那个年代,十一点已经是深夜了,有几个人来到影院,敲铁门,用左轮手枪敲铁门,又刺耳又烦人。"内雷奥,我们想找你拍几张照片。"他们举着保守党党首劳雷亚诺·戈麦斯[③]的肖像。我吓到了,看了一眼,告诉他们:"不行,已经很晚了。""伙计,你就自愿跟我们走吧。"敢情他们的自愿是用左轮手枪的。于是我就"自愿",加引号,跟他们走了,拍摄了劳雷亚诺·戈麦斯在皮帕通酒店的就任仪式。在那里,酒一轮一轮地喝,左轮手枪一轮一轮地响。简直是一场政治狂欢。

暴动导致到处都有人滥用职权,但凡有一官半职的人都想免费进影院。所有人,从法院的门卫到警察。我对此表示抗议,告诉他们不能这样。后来发生了什么呢?他们就威胁我。在那个年

---

① 哥伦比亚"大暴乱"时期的非正规武装组织,具备秘密警察与恐怖特工的职能,服务于保守党与政府。
② 哥伦比亚"大暴乱"时期对自由派武装分子的蔑称。
③ 劳雷亚诺·戈麦斯·卡斯特罗(1889—1965),哥伦比亚工程师、政治家。在当选总统之前,戈麦斯是保守党最激进的领导人之一。对纳粹主义和佛朗哥十分推崇。1949年,戈麦斯作为唯一的候选人当选总统。当政期间,政治迫害横行,许多自由党人和共产党人遭到迫害。

代，比起杀死你，更流行的做法是打你，把你关进一间暗室里打你，放你出去的时候非死即病。他们不杀你，但让你变得一无所有。用暴揍折磨你。他们没能抓住我，虽然我不是虔诚的信徒，但上帝很伟大。军队的司令是个宗教狂热分子；他太狂热了，让教士专门为他一个人举行弥撒。顶着一百华氏度①的高温，他穿上奢华的军装，佩戴好所有的勋章去望弥撒。全场只有他一个人，教士为他举行个人弥撒。他热爱摄影，我为他冲洗胶卷。人们叫他阿科斯塔上校，这么一来我就可以去找他帮忙。我到他那儿抱怨了一通，他就帮我解决了问题。后来再也没有人来找我的麻烦了，但即使这样，暴乱依旧引发了严重的问题。那时的影院生意值得上一百万比索，但我为了离开巴兰卡韦梅哈，最后二十万比索就卖了出去。我去纽约发表了我的摄影学论文，1952年又离开纽约去巴兰基亚当摄影记者。

玛格丽塔·德拉维加: "波哥大索"民众暴动事件后，加博来到卡塔赫纳。波哥大瘫痪了，但他借机逃脱了跟父亲许下的学习法律的承诺，因为那时候他还在父亲的阴影下挣扎，狠命挣扎。

玛尔戈特·加西亚·马尔克斯: 我们在 1951 年前往卡塔赫纳有很多原因：苏克雷开始走向衰落，失去了古老的财富，父亲的经济情况开始拮据起来，毕竟有五个孩子在外求学；加比托说只有我们来卡塔赫纳，他才会继续在卡塔赫纳大学学习。他只差一

---

① 约等于 37.8 摄氏度。

点就能从法学系毕业了，我记得就差一年吧。

玛格丽塔·德拉维加：他来到卡塔赫纳，进入了卡塔赫纳大学的法学系。你要知道，卡塔赫纳是有法学院的。他感到孤独。他之前已经在波哥大写过一点文章了，在《观察家报》上发表过两三篇东西。虚构作品。

卡塔赫纳没有受"大暴乱"影响。几乎在加博抵达卡塔赫纳的同时，我来到波哥大，能察觉到"大暴乱"的迹象，人们在报纸上谈论这起事件。在卡塔赫纳却毫无消息。我记得那是4月9日，因为当时我的叔叔（我有很多叔叔）是玻利瓦尔省的省长。我们都去了奶奶家，父亲去那儿吃饭，他没有像往常那样在自己家吃饭，因为奶奶很焦虑很害怕：她得知了在波哥大发生的事，城市被烧毁，盖坦被暗杀。这些大家都知道，但是她担心在那里发生的一切会在巴兰基亚重演，人们会冲出去，在圣尼古拉斯广场和玻利瓦尔大道上烧东西。但在卡塔赫纳什么都没有发生。我的叔叔来晚了，他本该晚上七点到的，结果八点半才到。他不来，我们就一直不吃饭等他，这是我们家族的另一个习惯。

埃克托尔·罗哈斯·埃拉索：加夫列尔已经有了名气。《观察家报》上已经刊登了他的简介（因为他的小说）。他还没有去报社工作，但已经有了关于他的文章。很重要的文章。萨拉梅亚·博尔达，另一个萨拉梅亚·博尔达的堂弟，给他写了一篇很漂亮的短文。加夫列尔那时应该只有十九岁。

实际上没有人介绍我们俩认识，他来《宇宙报》工作之后，我们自然而然就认识了，成了朋友。当然，萨巴拉老师也是促成这段友谊的一部分原因。他妈的！他也是一个了不起的人，萨巴拉老师。他死的时候我哭得死去活来。他是个真诚的人……一个很棒的朋友。一个了不起的人。他能嗅到智慧的气息。只要他发现一个睿智的人，不管是谁——当然，加博出现了——他们就能亲密无间……

玛格丽塔·德拉维加：萨巴拉是报社总编。报社都有总编，负责报社的运营，另外还有一个人负责编辑文章，一个人负责政治方面的事情。报社里设有一间撰稿室，用来会面。这份工作不像现在这么孤独。所有的哥伦比亚报纸在创立初期都是党报。《宇宙报》是自由党的，《海岸日报》是保守党的。加博刚进报社那会儿，报社应该是埃斯卡利瓮·比利亚家族的。开报社的人一个个地破产了。现在只剩《宇宙报》了。《海岸日报》从未被取代。

那些人有相同的兴趣，说话的、不说话的都聚在了那里。这应该就是你想听的。那时候，他们是年轻知识分子，搞文字创作的人。你也知道报纸是文化工具，文学增刊扮演着重要角色，非常重要。增刊上会发表诗歌，刊登采访，也报道国际人物。其中的一些文章在某种程度上是盗版的，因为我不确定他们是否买下了那些原先在阿根廷、墨西哥、美国、法国和意大利刊发的文章的版权。那些人来自不同的社会阶层——中产阶级，上层阶级，不那么显赫的阶层，还有些出身不明，但所有人都聚在了一个版面上。因为他们都对文学、诗歌和戏剧感兴趣。他们对某些事情的关心程度总在其他事情之上。他们不仅聚在报纸上，也聚在咖啡馆里和广场上……

他们参加茶话会，其中很多人就这样认识了"独眼洛佩斯"和其他名人，你懂我的意思吗？他们在那儿讲故事、闲聊、读书。因为他们对读书有着巨大的热情。他们互借书籍，但也从图书馆和大学借书。成为人文学者是一件重要的事情，我说的是希腊语义中的人文学者。古斯塔沃·伊瓦拉·梅尔拉诺[①]会用希腊语和拉丁语为你朗诵。

埃克托尔·罗哈斯·埃拉索：加博是个很讨人喜欢的人。他总是被他喜欢的人围绕。他常常提及那些人，在自己的专栏中尽量以最好的方式讲述让他感兴趣的人和事。他的文章开始撼动哥伦比亚报界。这些文章都发表在《宇宙报》上，因为这家报社棒极了，尽管报社只是矮矮的两层小楼，一切都从那里开始……

好的是我们什么都聊。拉丁美洲文学的重要性是我们能和他永久谈论下去的一个话题。原因很简单：各个地区都已经发展了它们自己的小说创作，也就是说，他们把要讲的都讲了。英国小说家、法国小说家、俄国小说家……然后是福克纳[②]，也就是……美国的叙事文学浪潮。于是我们就说："世界现在缺少的正是拉丁美洲的声音。等着瞧吧。"随后我们就开始谈论拉丁美洲的事情——这是这么回事，那是那么回事——看看怎样才能尽可能直接地认清我们正在经历与遭受的现实。我们意识到一件事：我们所受的影响太大了，不可控制。我们这批当时受影响的人无法掌

---

① 古斯塔沃·伊瓦拉·梅尔拉诺（1919—2001），出生于卡塔赫纳的哥伦比亚诗人。
② 威廉·福克纳（1897—1962），美国小说家、诗人，1949 年获诺贝尔文学奖，代表作有《喧哗与骚动》《我弥留之际》。

控局面。我们受电影和其他东西的影响，我们受一切的影响，极度渴求知识。但事实上，每个人都要经受无知，享受无知，再把无知转变为创造力。这就跟爱一样。总是要一个人去经受、欣赏、享受。

所以实际上每个人都在各类影响的强风中前行。包括任何一位伟大的小说家，比如福克纳、陀思妥耶夫斯基①、托尔斯泰②。那些伟大的人。那位写了近一百本书的法国小说家，巴尔扎克③。我一直记着伟大的俄国小说家托尔斯泰的一句话。他说："好好观察你的村庄，你就会走向世界。"我们记住了这句话。村庄，村庄，村庄。不要走远。

玛格丽塔·德拉维加：罗哈斯·埃拉索总是用那种诗意、隐喻的方式讲话。这么说吧，他有点悬在天上，不太接近现实。

埃克托尔·罗哈斯·埃拉索：我们什么都聊。那位被谋杀的著名诗人，加西亚·洛尔卡④。什么都聊。所以我们两个就变得很同步，相互理解……现在卡塔赫纳的《宇宙报》发展得很棒，坐拥一幢宏伟的大楼，不可同日而语了。那时候有个伟大的撰稿人，

---

① 费奥多尔·米哈伊洛维奇·陀思妥耶夫斯基（1821—1881），俄国作家，代表作有《罪与罚》《群魔》《卡拉马佐夫兄弟》等。
② 列夫·尼古拉耶维奇·托尔斯泰（1828—1910），俄国作家，代表作有《战争与和平》《安娜·卡列尼娜》《复活》等。
③ 奥诺雷·德·巴尔扎克（1799—1850），法国现实主义作家，其创作的《人间喜剧》被誉为法国社会的百科全书。
④ 费德里科·加西亚·洛尔卡（1898—1936），二十世纪最伟大的西班牙诗人之一。1936年，西班牙内战爆发初期，他因反对法西斯主义叛军惨遭长枪党人杀害。代表作有《诗人在纽约》《印象与风景》等。

叫加夫列尔·巴索，也是"加博"，他跟我们说："如果您不想让某件坏事人尽皆知，就发表到日报的头版上。"办报开始成为让我们满怀热情努力奋斗的事业，因为我们这些共事的人有共同的愿望，要达到某个目标……

玛格丽塔·德拉维加：卡塔赫纳的诗歌沙龙很重要，还有电影沙龙。加博的电影情结也许就源于当时的那些电影俱乐部。我父亲创办了卡塔赫纳的电影俱乐部。

埃克托尔·罗哈斯·埃拉索：除此以外，我们沿海人有个大优势。我们没有任何类型的虚荣，因为我们没有什么伟大的文化……也就是说，直到那时，我们对文化的守护都是无声无息的。我们有过重要的人物和成就，但不算很厉害。记得有一天，我在卡利①做一篇关于大师佩德罗·内尔·戈麦斯②的报道。他是安蒂奥基亚③的画家，很有名。我准备离开的时候，他和我讲话，于是我就开始讲我们所追求的东西。他是个亲切友善的人，对我说："好吧，沿海这一带到底怎么了，到现在都还没有产出什么成果。"我说："老师，别担心。沿海人倾听大海的声音。待我们站稳脚跟后发声，然后您就知道会发生什么了。"

①哥伦比亚西南部城市，是考卡山谷省的首府，也是哥伦比亚第三大城市和哥伦比亚西南部人口最多的城市。
②佩德罗·内尔·戈麦斯·阿古德洛（1899—1984），哥伦比亚工程师、城市规划师、哲学家、雕塑家、壁画家。
③哥伦比亚西北部省份，省会为麦德林。

玛尔戈特·加西亚·马尔克斯：父亲只要加比托能毕业，别的就随他去了，但加比托想写作，没过多久就跟父亲说他不能再继续学习法律了，放弃了学业，进入《宇宙报》工作。那段时间他跟我们一起住在家里；我记得每晚都能听到打字机的嗒嗒声。

埃克托尔·罗哈斯·埃拉索：至少加博的确达到了某个目标……我知道他会成为大人物的。是的，我总是认为他会成名，但不是成为一个非常伟大的人物。当时世界已经开始关注拉丁美洲正在进行的文字创作，所以人们可以投身写作，将其作为事业。加博赶上了这个好时候，搭上车出发了。

有一位西班牙作家来到了哥伦比亚，写诗也写叙事文学。当时加夫列尔已经在报社工作了。于是我就和萨巴拉老师、伊巴拉·梅拉诺去听他的演讲。是萨巴拉老师邀请我们的，他对我们说："走吧，我们得去那儿见见这位先生。"那是一个很有名的诗人作家，是当时西班牙最著名的作家之一，也是研究西班牙黄金时代的伟大诗人路易斯·德贡戈拉[①]的学者，于是我们就去听他的演讲了。他讲了很多。当我们准备离开时，萨巴拉老师说："不行，我们得去认识他。他是位重要人物，值得一见，况且他来了我们这儿。"我们就去见他了。他是个很有魅力的人，和我们相处得很愉快，让我们带上自己写的文学作品的样册给他看。他带妻子一起来的。我说的这位作家是达马索·阿隆索[②]，很有名。我、加

---

① 路易斯·德贡戈拉－阿尔戈特（1561—1627），西班牙黄金世纪诗人、剧作家，多用夸张的比喻和艰涩的辞藻。开创了"夸饰主义"，又称"贡戈拉主义"。
② 达马索·阿隆索（1898—1990），西班牙诗人、作家、文学批评家。1927年获西班牙国家诗歌奖，1978年获塞万提斯奖，代表作有《愤怒之子》等。

博和萨巴拉老师决定带上样册。加博在那时已经有了名气。于是我和萨巴拉老师决定什么也不带，就让加博代表我们俩，尽管他比我们年轻得多。我们带着加博的作品去见这位先生，他收下了。后来萨巴拉老师在西班牙和达马索·阿隆索交谈时说："老师，您知道……"那时加博已经得诺贝尔文学奖了。"您知道我们曾经向您介绍的那个年轻人是谁吗？他是加夫列尔·加西亚·马尔克斯。""什么？天哪，我记得他！"

最初也是最后的朋友

加博抵达巴兰基亚，认识了加泰罗尼亚的智者，认识了阿尔瓦罗、赫尔曼、阿方索，这些"最初也是最后的朋友"在《百年孤独》的终章里永存。

基克·思科佩尔： 阿方索·富恩马约尔雇他为《先驱报》撰稿后，他就来了巴兰基亚。

圣地亚哥·穆蒂斯： 加博在巴兰基亚找工作时，阿方索抱着试一试的心态对他说"这样吧，你给我写一篇明天的社论"，然后就让他在书桌前坐下。阿方索读了加博写的社论后说："妈的，这篇太棒了！"同时心想："这人一定是提前准备了一篇。"于是他又说："的确很棒，你再给我写一篇后天的吧。"加博写了。阿方索拿着新出炉的社论来到社长办公室，说："咱们得雇这个小伙。""阿方索，我们没那么多钱。谁都雇不起。""必须雇他。"阿方索坚持己见。"我们不能这么做。""那下一张工资支票就分成两份。把我的半月薪拆成两份，一份给他，一份给我。"阿方索是这么回答的。这就是他的品格。

埃克托尔·罗哈斯·埃拉索： 卡塔赫纳和巴兰基亚挨得很近，但还是有区别。在我看来，加博很好地融入了巴兰基亚的圈子。他找到了一份工作。《先驱报》在那儿，从经济角度而言比《宇宙报》更实际，应该是这样的，不是吗？

加西亚·马尔克斯在朋友们的簇拥下

玛格丽塔·德拉维加：卡塔赫纳是一座很小的城市，省会城市，活在过去的荣耀里。但它不像人们描绘的那样传统。毋庸置疑，卡塔赫纳和巴兰基亚是不同的，在卡塔赫纳没有找到出路的人创建了巴兰基亚，因为他们过不下去了。很多生在卡塔赫纳的人也去了巴兰基亚，因为他们更有活力、更现代，有很多新的想法，巴兰基亚会张开双臂欢迎所有移民：犹太人、土耳其人、俄罗斯人，所有的外乡人。

海梅·阿维略·班菲：加西亚·马尔克斯说我是"巴兰基亚佬"，而不是"巴兰基亚人"。这不仅仅是一个表示地域的词。这是一种心态，让我想起"新潮"这个概念。"巴兰基亚佬"是个新潮的词，同时也带着一种征服世界的态度。

玛格丽塔·德拉维加： 卡塔赫纳有各式各样的移民，有些人过得很好，那里什么类型的人都有：法国人、少数犹太人，他们和别人没有区别，没有人用恶劣的态度对待他们，他们的人数还不足以形成侨民区。他们直接到了巴兰基亚，因为自从巴兰基亚开设了迪克运河和灰烬之口，卡塔赫纳便失去了港口城市的优势。那儿有几项工程，因为疏浚河道之类的事情，卡塔赫纳海湾几乎关闭了。

海梅·阿维略·班菲： 在巴兰基亚，所有人都知道《先驱报》的那位记者。巴兰基亚就是这样一个地方，加西亚·马尔克斯享受在那儿的时光。我记得梅拉·德尔玛①告诉过我，加博在《先驱报》工作时很有名。在他看来，巴兰基亚是类似于大都市的存在，是加勒比地区的大都市，是一座欣欣向荣的港口城市，接纳了加勒比其他地区的同胞。卡塔赫纳是移民城市、历史城市，巴兰基亚则是一座现代城市。那里有宽阔的大道，住宅区，公共服务设施，人们有独立的生活态度。巴兰基亚人不征求同意。巴兰基亚佬不征求同意。巴兰基亚佬做自己必须做的事，这正适合加博……所以他反复提到巴兰基亚人的精神。

埃克托尔·罗哈斯·埃拉索： 我第一次来到巴兰基亚高等师范

①哥伦比亚黎巴嫩裔诗人，以化名梅拉·德尔玛而闻名，原名奥尔加·伊莎贝尔·查姆斯·埃尔加赫。她是二十世纪最著名的哥伦比亚诗人之一。

学院时是十六岁，学校刚建成，非常漂亮，在足球场旁边。我刚到那儿就开始见识之前不知道的东西，比如信号灯，用亮灯灭灯指引车辆的通行。对我而言那是一座庞大的城市。我是小地方的人，你懂的，从小村庄来到这座城市。我在卡塔赫纳也住过，但那儿比较安静。卡塔赫纳没有宽敞的大路，没有大商店，也没有咖啡馆。所以相比之下，我觉得巴兰基亚漂亮极了。这是我的第一印象。人们也很友好。此外，巴兰基亚人对什么都不在意。他们对加夫列尔说："啊哈，诺奖先生？"就像我曾经说的："这里没有声望，只有生活。"这种生活态度不会让人们为了什么而拼命。巴兰基亚人是很好的朋友。妈的！真的很好。很棒的朋友。

杰拉德·马丁：我跟卡塔赫纳人和巴兰基亚人都交谈过，卡塔赫纳人觉得加博没给他们足够的信任与支持，但的确是这样，即便卡塔赫纳在他的成长过程中有着重要的地位，在四五十年代，比起卡塔赫纳，他在巴兰基亚过得更舒适愉快。

胡安乔·希内特：他从 1952 年起就在这里了。他是从卡塔赫纳来的。我可以告诉你他住在哪一块地方。他在这儿没有家人，自己住在下城区的一间屋子里。应该是在坎帕纳，住在一栋小房子里。阿方索带我去过好几次。他在那儿有个住处，旁边有一家名叫"东京"的店，店里卖一种很可怕的燕麦。

他租房住，因为他每一篇专栏的报酬只有两比索。他在《先驱报》工作的时候，有时候会把所有的专栏都给写了。他们会从报社的二楼还是三楼来着朝外看，因为对面有一家妓院，能看到窗户里的女人正在接客。因为天太热了，可怜的老女人只能开窗透气，这画面就钻进了他们的脑袋，他们想要进妓院瞧瞧她是谁。他很喜欢写这些事，后来，他就搬去"摩天大楼"[①]跟她们住在一起……

基克·思科佩尔：是的，但他后来又搬到雷伊商店旁边，就在夸尔特尔街和三十六号街的路口。

胡安乔·希内特：啊，的确是这样。那儿有些楼梯……《先驱报》每月给阿方索十五比索，那就是工资。虽然比索在那时也是流通货币，但就靠这点工资没办法过上体面的生活，所以阿方索过得不是很体面。加比托在《先驱报》里的地位不如阿方索，每月应该只能拿到十二比索。

基克·思科佩尔：我们都是穷光蛋。阿尔瓦罗·塞佩达在他父亲去世后继承了遗产，所以有钱。他是含着金汤匙出生的。我过得不错，因为父亲会给我这个还在学校读书的穷小子提供资助。我们是为数不多的几个还有点钱的人，阿方索完全是个穷光蛋。赫尔曼·巴尔加斯，穷光蛋。加比托，穷光蛋。亚历杭德罗当时不在这里。

胡安乔·希内特：亚历杭德罗在奥尔巴尼[②]。

---

① 阿方索·富恩马约尔称那家妓院为"摩天大楼"。
② 美国纽约州的首府。

基克·思科佩尔: 录音机还开着吗? 让它开着! 阿方索为了养活自己,想要创办一份刊物。刊名为《纪事》,《先驱报》报社那里还能找到,应该有存档,因为阿方索是在报社里印刷的,好让自己多赚一点钱。尽管刊头上写着"执行经理:胡里奥·马里奥·圣多明戈",但这人他妈连一篇文章也没写过。他们说,报刊可以容忍一切。他唯一会做的就是乘以八。他会做乘法,因为他知道怎么赚钱。他的确懂这套,很会赚钱。但我认为他不懂写作。编委会里有:一个叫阿尔瓦罗·塞佩达的家伙;一个叫阿方索·富恩马约尔的家伙,他是主编;赫尔曼·巴尔加斯,他的学识比其他人强;加比托。负责画插图的是名叫亚历杭德罗·奥夫雷贡的家伙,小一点的图是名叫奥兰多·里维拉的家伙画的,绰号"小人物"。啊哈,瞧瞧这名单! 就靠这五个人,你都能在今天的哥伦比亚发行《贴图》或者《星期》^①杂志了。我负责摄影。我是摄影师,也是酒鬼。我是和照片一起长大的。加比托那家伙为杂志写的专栏叫"长颈鹿"。没人读那狗日的玩意儿。虽然后来人们说那些文章棒极了⋯⋯因为加比托得了诺贝尔奖之后,人们就发掘了他身上所有的美,在那之前他屁都不是。我们每个星期六出去卖《纪事》。你知道我们为了卖那玩意儿都干了些什么吗? 我们拿它换啤酒,因为酒馆的店员跟我们说"没辙啊伙计,这东西卖不出去的"。坑人。我们印了两千份,剩下一千九百九十份。他们全都免费送出去了⋯⋯杂志是在《先驱报》报社印刷的。阿方索只给加比托补偿。他每星期拿出两比索给加比托,好让他整合《纪事》

---

① 《贴图》和《星期》均为哥伦比亚最畅销的刊物。

杂志。阿方索会把写好的文章带给他，阿尔瓦罗写短篇，哦，不对，阿尔瓦罗翻译了一篇美国短篇小说，赫尔曼·巴尔加斯给杂志写东西。

后来他们出了个主意，这成了刊物最大的卖点。《纪事》是一本周刊。那个卖点就是把重心从文学转向足球，因为在那个年代，来到这里的阿根廷球员俘获了所有巴兰基亚女人的芳心。他们为青年队和竞技队效力，但竞技队的所有阿根廷球员都是外援，就是些长得好看的兔崽子。意大利裔阿根廷人，你也知道那些阿根廷人……

胡安乔·希内特：是的，他们很帅。

基克·思科佩尔：阿方索管我叫"哲学家"。他对我说："你为什么不写本书？"因为我不会。我只会胡扯，我不会写作。让我动嘴皮子可以，但我不知道怎么写作。我连祷词都不会写。我写出来你就知道了，"我们在天上的父……"，我的极限就到这儿了，写不下去。阿方索跟我说："别扯淡了，哲学家，你为什么不自己写本小说呢？"不，老兄，可别把我放火上烤了。我没有写小说的头脑。让我胡扯倒是可以。

米格尔·法尔克斯－塞坦：大家都觉得加西亚·马尔克斯是在那些五十年代的聚会、茶话会上认识阿方索·富恩马约尔和赫尔曼·巴尔加斯的，主要就认识了他们两个文人。我记得加西亚·马尔克斯是在卡塔赫纳学了一年法律吧，又在《宇宙报》工作了一阵，之后才来的巴兰基亚。他们在一家加泰罗尼亚的智者开的书店里见面，那位智者讲西班牙语，是加泰罗尼亚人。当然，他还讲加泰罗尼亚方言，有加泰罗尼亚语的书，读英语书，大概也翻译些原文是法语的东西。他是一个非常博学的人。他五十年代在西班牙去世了。人们说他回国后很想巴兰基亚，就买了一张船票。但就在动身的前几天，他在巴塞罗那去世了。拉蒙·巴卡去他的墓前祭扫过。

吉列尔莫·安古洛：加博从一开始就尝试写《百年孤独》。有件事没人说过，起初他想写一本被称为"大块头"的书，但他没能力写。他意识到了。他意识到只有生活阅历更丰富的作家才能写出那样一本小说，他那时还不是，他耐心地等待着，直到自己成为那个有能力写《百年孤独》的作家。

基克·思科佩尔：我接着刚才说。你可以公开我说的话，都是事实。虽然我是个酒鬼，但我不会胡说八道，要不然之后人们会讲是我说加比托是个兔崽子。当然他就是个兔崽子，可我也不会在公共场合这么说，因为首先他是一个有自己的优点的人。对我而言，他的韧劲就是很大的优点。他是个顽固的人，顽固地坚持着、坚持着，一心想着那狗屎的小说，一心钻在里面。他的胳膊下面经常夹着几卷报纸，他就用那个来写作。毕竟他就在《先驱报》工作，阿方索也在那儿工作。我再说一遍，从一开始阿方索就信任加比托……在我看来，唯一一个一辈子都信任加比托的人是阿方索·富恩马约尔。其他……加比托自己可能会说来自西班牙的那位……我不知道那人什么样，我从来没见过那位智者……阿方索一生都信任加比托。有一个传说。我就给出我的个人想法，我的话很主观，但你可以录下来，因为也没什么大不了的。加比托的那位西班牙智者……堂拉蒙？这位从来没出现过。我不知道他是不是在晚上才和加比托见面。影响加比托的是阿尔瓦罗·塞佩达和阿方索的父亲何塞·费利克斯·富恩马约尔。富恩马约尔是文学天才，通晓那个年代的文学。毕竟六七十年前的文学和当今的文学不一样。

胡安乔·希内特： 堂拉蒙·宾耶斯是位西班牙老先生，他在佛朗哥①独裁时期来到了这里。他经常去书店。人们总是去书店找富恩马约尔，因为他写作，在国外的文学刊物上发表文章。加博就成了他的好朋友，经常去书店。

基克·思科佩尔： 指引他的人是堂何塞·费利克斯·富恩马约尔。我们当时常去堂何塞在加拉帕的家。我和阿尔瓦罗会带上加比托一起去，好让堂何塞跟加比托聊文学。

米格尔·法尔克斯－塞坦： 阿方索·富恩马约尔是连接《先驱报》和智者堂拉蒙的桥梁，因为据我所知，智者居住在一个阴暗的巢穴，那儿有妓女和各种见不得光的人和事。就是《先驱报》报社门前的那块地方。后来，大约六十年代的时候，我经常和一

---

① 弗朗西斯科·佛朗哥（1892—1975），西班牙独裁者、长枪党领袖。1939 年至 1975 年为佛朗哥独裁时期。

个朋友去那儿。我们去雷克斯影院看《午夜牛郎》①。那地方就在影院附近，我们就去那儿抽烟，几个妓女在那儿有个屋子。浪漫主义博物馆的创始人，阿尔弗雷多·德拉埃斯普列亚告诉我："加博曾经住在那个地方，因为加泰罗尼亚的智者也住在那里。"那地方就正对着《先驱报》，在克里门街上，靠近圣尼古拉斯教堂。那是一栋两层高的共和风格建筑，但是非常破旧，有类似栏杆的东西。因为那些房间面朝大街，所以探个身就能看见。阿尔弗雷多还说："加博跟加泰罗尼亚智者住在一起，是因为他连五分钱都没有。"

阿尔弗雷多有一台打字机，加西亚·马尔克斯就用那个给《先驱报》撰稿。我认为我曾经去过的那个没落的地方就是他说的地方。那位年老的先生应该就是加泰罗尼亚智者，因为当时他也住在那儿。他们说那就是出现在他最后一部作品里的地方，就是那本我也不知道讲啥的关于妓女的书②。

胡安乔·希内特： 那就是他在《百年》里写到的加泰罗尼亚智者。还有一位智者我们也认识，波哥大书店的那位。不是布赫霍尔茨书店，是另一家。他们和他一起拍了电影《蓝色龙虾》③。

内雷奥·洛佩斯： 路易斯·维森斯。《蓝色龙虾》的故事是阿尔瓦罗·塞佩达写的。维森斯是个电影爱好者，他和画家恩里克·格劳一起写了电影脚本。他们把脚本寄给了加比托，让他读完决定

---

① 于1969年上映的剧情片，由约翰·施莱辛格执导。情节改编自詹姆斯·利奥·赫利希于1965年写的同名小说 Midnight Cowboy。
② 指《苦妓回忆录》。
③ 加西亚·马尔克斯参与制作的超现实主义实验电影。

要不要加入制作团队。他们其实是为了得到他的支持，或者让他自己亲手写个新的。电影是在 1955 年，不然就是 1956 年拍摄的。现在演职员表上把加比托写成脚本作者，但他只是快速地读了一遍，仅此而已。

基克·思科佩尔： 阿方索为他修改句法和拼写。他经常带着加比托的手稿出现在那里，就是警察局对面的黑人艾乌菲米亚的妓院。叫什么来着？"白色海洋"。阿方索就在那儿修改那些玩意儿。

拉斐尔·乌略亚： 我来到巴兰基亚，在大西洋大学学习的时候见到了他。加比托当时在《先驱报》工作，我住在四十九号街和六十七号街路口那一片，我的家人也住在这儿，他的家人也是。他来这儿是为了做一篇普拉多酒店的报道。他和家中年长的小伙们一起喝啤酒。好吧，我年纪还小。我常去店里买啤酒。他从来不穿袜子。他总是不穿袜子，就穿一件薄衬衫，蓝的或绿的。这儿的人管他叫"小破布"，他和那些司机混在一起，比谁都他妈更爱逛窑子。他在克里门大街上的酒吧里和老女人一起喝酒，但他没钱结账。于是他就把《枯枝败叶》的手稿押在那里，所有的早期作品……他的第一本成名作是《枯枝败叶》，后来有了《格兰德大妈的葬礼》[①]……当然，我出门买了这两本书。

卡门·巴塞尔斯： 那时大概是六十年代。西班牙诗人何塞·曼

---

① 加西亚·马尔克斯的短篇小说集的原名，即中文版的《礼拜二午睡时刻》。

努埃尔·卡瓦列罗·博纳尔德①当时在哥伦比亚，他推荐我读一个名叫加夫列尔·加西亚·马尔克斯的新人作家的作品。于是那个名叫加夫列尔·加西亚·马尔克斯的年轻人就把书寄给了我，也可能是卡瓦列罗寄的？我记不清楚了，但都一样，我收到他的两本书：《格兰德大妈的葬礼》和《枯枝败叶》。我这会儿想不起什么了。但我记得很清楚，我当时获得了极大的愉悦感。从那时起，我就和加西亚·马尔克斯建立了联系，他把书寄给我，我跟他确认各项事宜，做他的文学代理人。1965年，我不仅把他的几部短篇小说卖到了意大利，还卖到了美国。

拉斐尔·乌略亚：我是加西亚·马尔克斯的书迷。我有一张照片。也不是照片，是从一本杂志上剪下来的，在图书馆门前拍的。我把照片摆在那儿。到家里做客的人问："这他妈是谁？"我说："妈的，是我亲戚。"

---

① 何塞·曼努埃尔·卡瓦列罗·博纳尔德（1926—2021），西班牙诗人、作家，代表作有诗集《猜测》《短时的回忆》《命运的迷宫》，长篇小说《九月的两天》《彻夜闻鸟过》等。

《百年孤独》中的段落

讲述了"洞穴"里的三个"扯淡者"的生活与事迹，以及"洞穴"外的其他人。

这段旁征博引的宿命论讲谈成为一段深厚友谊的开端，从此奥雷里亚诺每天下午与四位论争者聚会，他们分别是阿尔瓦罗、赫尔曼、阿尔丰索和加夫列尔，他一生最初也是最后的朋友。对于像他这样耽溺在书本世界中的人来说，那些下午六点在书店开始，凌晨在妓院结束的激烈讨论，不啻一种全新的启示。

——《百年孤独》

米格尔·法尔克斯-塞坦： 1968 年我去美洲学院听普利尼奥·阿普莱约·门多萨的讲座。他是第一个在权威讲座上谈起《百年》的人。他提到加西亚·马尔克斯痴迷于卡洛斯·富恩特斯[1]，因此他在书中加入了阿尔特米奥·克罗斯将军和"曼布鲁去参军"[2]。曼布鲁就是马尔伯勒公爵[3]。他还说加西亚·马尔克斯敬佩胡里

---

[1] 卡洛斯·富恩特斯（1928—2012），墨西哥作家，拉丁美洲文学爆炸代表人物之一，代表作有《阿尔特米奥·克罗斯之死》。

[2] 法国童谣的西班牙语版本。该童谣创作于西班牙王位继承战争中的马尔普拉凯战役（1709）之后。尽管法国军队在该战役中落败，但他们依旧坚信敌人约翰·丘吉尔在战役中阵亡，为此创作了这一颇具嘲讽意味的童谣。

[3] 指约翰·丘吉尔（1650—1722），英国军事家、政治家，在西班牙王位继承战争中名利双收。

奥·科塔萨尔[1]，所以书中提到了罗卡玛杜。所有评论家都认为加西亚·马尔克斯把这些人物随机地添加进书里，是出于私人的敬意。他们还发现书的末尾出现的人名是现实存在的真名，于是就开始调查他们是谁。这四个人名是：阿方索、阿尔瓦罗、赫尔曼和加夫列尔。阿方索是他的文学支持者。赫尔曼也是。他和阿尔瓦罗既是文学上的竞争对手，又是互相支持的伙伴。加泰罗尼亚的智者名叫拉蒙·宾耶斯。他没有提到亚历杭德罗·奥夫雷贡，虽然他也是团队的一员，文中的加夫列尔指的就是他本人。加西亚·马尔克斯把自己放了进去。他还提到了胡里奥·马里奥·圣多明戈，继承了巴兰基亚最重要财产的公子哥，阿吉拉啤酒厂就是他们家族的。

海梅·阿维略·班菲：他们两个是"同一环上的钥匙"，我们加勒比地区的人这么说，用来指互相支持的伙伴。

阿方索·富恩马约尔

胡安乔·希内特：阿方索是最年长的。他是 1922 年或者 1923 年出生的。

基克·思科佩尔：阿方索是最有文化的。阿方索和亚历杭德罗·奥夫雷贡先进了文化圈，然后是阿尔瓦罗·塞佩达，再后来是

---

[1] 胡里奥·科塔萨尔（1914—1984），阿根廷作家、学者，拉丁美洲文学爆炸代表人物之一。下文中的罗卡玛杜为其代表作《跳房子》中的人物。

阿方索·富恩马约尔

赫尔曼·巴尔加斯，加比托是来学习的。

埃克托尔·罗哈斯·埃拉索：阿方索·富恩马约尔是一个很热情的人，很有活力，很有文化。

胡安乔·希内特：阿方索·富恩马约尔负责写社论之类的东西。老胡安·B.是报社的领导。加夫列尔·加西亚·马尔克斯就在那儿负责写一个叫"长颈鹿"的专栏。

海梅·阿维略·班菲：这么说吧，阿方索是个极好的人。我不会忘记他。我的狂欢节团队在每个狂欢节的星期一都会办一次派对，阿方索·富恩马约尔一连好几年都来参加。他有点口吃，说话结结巴巴的，手里总拿着一小杯威士忌。胖胖的，很亲切，有才华。他就像是加博的兄长。加博叫他"老师"，因为富恩马约尔总是很关心他，也会照顾他。他曾试着给加博找过工作。同时，他的父亲堂何塞·费利克斯是他们所有人的标杆。他们之间有很深的友谊，关系亲密且互相尊重。所以说，富恩马约尔就像是兄长。他完全是一副兄长的样子。

赫尔曼·巴尔加斯

米格尔·法尔克斯 - 塞坦：赫尔曼·巴尔加斯是记者，也是那些聚在世界书店里的人中的一员，但我没能见到他。书店在圣布拉斯街上。他们聚在那里，加泰罗尼亚智者负责主持。

海梅·阿维略·班菲：赫尔曼首先是一个文化人。他是一个很亲切、很认真、很友好真诚的人，安静平和。

玛格丽塔·德拉维加：赫尔曼是那群人中最腼腆、最安静，或者说最含蓄的一个。但他是那群最亲密的朋友之一。他后来离开了巴兰基亚，去了波哥大，有点像伊巴拉·梅尔拉诺，那个律师。我不知道他还做些什么，但他当时在国家广播电台和 HJCK 广播电台工作。他通过电台做了很多文化方面的工作，比如和诗人一起做节目，采访他们。

他是一个正直坚定的人，我认识他时他已经头发花白了。他特别友善，几乎看不出是沿海来的人。他为人含蓄内敛，也很保守。

米格尔·法尔克斯 - 塞坦：五十年代末六十年代初，赫尔曼

赫尔曼·巴尔加斯

去了波哥大。他在那儿写专栏。后来回到巴兰基亚就在《先驱报》上开了个专栏。他写书评。我记得巴尔加斯家族的祖籍在桑坦德[1]。我想赫尔曼应该不是在巴兰基亚出生的。他是评论家，做类似评论的事情，但他没法靠这份工作养活自己，所以很多年来他都在一个专门统计哥伦比亚数据的组织里工作。他是那家公司的职员，和其他同事一起去了波哥大。我觉得他是个认真靠谱的人，没那么喜欢开玩笑。

阿尔瓦罗·塞佩达·萨穆迪奥

胡安乔·希内特：我是在奥班多街出生的，阿尔瓦罗·塞佩达出生在麦德林街。我们一起在美洲男子学校上学，那时候学校是由美国佬管理的，他们是很典型的美国人，崇尚新教。学校里会

---

[1] 哥伦比亚北部的一个省，首府为布卡拉曼加。

阿尔瓦罗·塞佩达·萨穆迪奥

庆祝所有的美国节日。那时候阿尔瓦罗·塞佩达就有点知识分子的感觉了。妈的……我不记得年份了。我当时应该是十八岁左右，现在都已经七十二岁了。我的记忆力差到连数字都记不清了。阿尔瓦罗比我年纪大。1946那一学年，阿尔瓦罗建了一个文学中心，他把我带进了文学的世界。他家里有一间像办公室的房间，他用打字机写报刊文章，我不记得那叫什么了。阿尔瓦罗有很多这种东西，他很活跃。

米格尔·法尔克斯－塞坦：那个小毛孩，人们都这么叫他，祖籍是谢纳加，但他的家族已经在巴兰基亚定居有一百年了。有一次我在机场看见他，我们乘坐同一班飞机去纽约，他和胡里奥·马里奥·圣多明戈在一起。胡里奥·马里奥穿着讲究，一件外套、一根领带，外加一只小手提箱。阿尔瓦罗·塞佩达敞开衬衣，露出胸毛。他穿着拖鞋。他是一个寄生虫般的懒汉①，巴兰基亚人

---

① 原文"camaján"，意为懒惰的人，靠利用他人谋生。

总说这个词。他有点像小白脸，穿着双色鞋，靠女人谋生。这类人通常不工作，但有钱，如果缺钱了也总有办法搞到钱。他口才不错。在这方面小毛孩塞佩达和奥夫雷贡很像，他们不把社会规则当回事。

埃克托尔·罗哈斯·埃拉索：他的嗓音粗糙沙哑，老说"你赶紧的""你懂的"这类话。他们聚在一起的那个地方叫什么来着？"洞穴"。塞佩达也试过创作。他有这样的意愿……但他没有那种韧劲，从来没有，他和加博不一样。他更平和一些，但主要还是他的脾性使然。他是一个很出色的小伙，是加博的好兄弟，乐呵呵的。哦，他写过短篇故事，《我们都在等待》[1]。我曾说他是哥伦比亚最出色的短篇小说家。他是天赋型作家。加博的那种持久创造力是另一回事。

基克·思科佩尔：与加博相比，阿尔瓦罗·塞佩达更像是天生的作家。有一位天使出现在了阿尔瓦罗面前。那个叫胡里奥·马里奥·圣多明戈的家伙对他说："你来和我一起工作吧。工资？不，别提什么工资！你随时要多少拿多少。有的是钱。"

埃克托尔·罗哈斯·埃拉索：他非常崇拜福克纳，于是下定决心要去认识他。福克纳住在相当靠南的地方。他去了，见到福克纳时，这位作家正坐在家门口喝酒。于是他把车停下，开始看福

---

[1] 阿尔瓦罗·塞佩达·萨穆迪奥于 1954 年出版的短篇小说集。

克纳喝酒。福克纳喝一口，他也喝一口。他想跟福克纳说话，结果却喝醉了。突然，他对自己说："我他妈要跟福克纳说什么？我真是个浑蛋。你也是个浑蛋。我到底要跟他说什么？算了，走吧。再见，福克纳！"他是一个具有讽刺意味的人。

基克·思科佩尔：加比托老了以后涨了很多知识。但塞佩达更有文化。首先塞佩达有钱买书看，加比托没有。阿尔瓦罗读福克纳，那个年代流行读福克纳，他后来把书借给了加比托。加比托没钱。他过着狗屎的日子。他在《先驱报》工作，一周只赚三个比索。天杀的胡安·B.只给他三个比索。加比托穷困潦倒，只付得起要价五十分^①的妓女。妈的……

我怎么跟你讲呢，加比托和塞佩达结下了文学友谊。阿尔瓦罗年轻时比年老时更有文学气质。因为他刚开始更痴迷于文学，但那个叫胡里奥·马里奥·圣多明戈的家伙横插一脚，对他说："你来和我一起工作吧。"胡里奥·马里奥是横在中间的那艘船。你必须意志坚定如铁才能拒绝他。

米格尔·法尔克斯－塞坦：人们叫他"蓬头塞佩达"，因为他留了一头狂野的长发，当时是四十年代，那发型还没流行起来。他走在潮流前面。我有一张他反扣棒球帽的照片。那时候还没人这样戴帽子呢。

---

① 1 比索等于 100 分。

基克·思科佩尔：别扯了！阿尔瓦罗就是个怪人……他从来不好好穿鞋。西班牙草鞋，那才是他穿的。他也从来不穿系领带的那种正装衬衫，总是乱穿一气。

胡安乔·希内特：他就跟嬉皮士一样。爱扯淡。塞西莉亚·波拉斯 ① 的丈夫说他是南美洲的安东尼·奎恩 ②。

基克·思科佩尔：我跟你说，阿尔瓦罗和我一起去美国上学。我记得自己去大学注册了三回，阿尔瓦罗两回。我们本来去了路易斯安那州的巴吞鲁日，但我的外婆住在哈瓦那。于是阿尔瓦罗对我说："别尿啊。去学校前，咱们俩一起去哈瓦那玩一个星期，南下，去你外婆那儿。"外婆很高兴我能去哈瓦那。在那里我们认识了两个委内瑞拉姑娘，开始跟她们俩交往。她们要去密歇根州的安娜堡上学。你也知道，从路易斯安那州到安娜堡，从巴吞鲁日到那儿就相当于从南到北跨越整个美国。阿尔瓦罗当时说："你看，如果……我们在巴吞鲁日饿肚子了怎么办呢？我们跟着这两个疯女人一起去安娜堡吧。"于是我们就来到了安娜堡。我刚跟你讲了，我大概去了三次大学，阿尔瓦罗两次。然后他就成了"阿尔瓦罗·塞佩达博士"。他学新闻学。哪门子新闻学哟！《胡安娜的故事》写的是和阿尔瓦罗一起住在纽约的那个黑女人。然后他就拿到了哥伦比亚大学的新闻学文凭。胡扯！根本没这回事。都

---

① 塞西莉亚·波拉斯（1920—1971），出生于卡塔赫纳的画家，经常出没于"洞穴"的知识分子之一。她曾设计了初版《枯枝败叶》的封面，也参与了实验电影《蓝色龙虾》的拍摄。
② 安东尼·奎恩（1915—2001），美国著名演员，墨西哥裔。

是瞎扯淡。我得实话实说，因为人们总是胡编乱造。人与人都不相互了解，就开始编故事。

亚历杭德罗·奥夫雷贡

圣地亚哥·穆蒂斯： 玛尔塔·特拉巴[1]说年轻画家在亚历杭德罗·奥夫雷贡面前经过，得像尤利西斯在海妖塞壬面前经过那样，只不过是把眼睛蒙上[2]。

米格尔·法尔克斯－塞坦： 他出生在一个卓越不凡的家庭。他姐姐贝亚特丽斯·埃伦娜是我姑姑内娜的闺蜜，她非常不一般。我给她表演过魔术。奥夫雷贡家族的所有人一辈子都处在巴兰基亚社会的最上层。

他总是穿卡其色的衣服，顶着一头乱发，还不洗澡。我也不知道，也许洗吧，但他不像法国人那样在身上喷去味剂。他身上的味道很重、很浓烈。他很喜欢我的姑姑莫娜·法尔克斯，世界上最整洁的女人。每当他出现在姑姑面前，亲吻她，姑姑会一边回吻一边说："唉，亚历杭德罗你身上的味儿太重了！"

胡安乔·希内特： 有个关于奥夫雷贡老师的故事。"洞穴"的旁边有一栋房子，也是个酒馆，有客厅和餐厅，租给了老莫维利

---

① 玛尔塔·特拉巴（1930—1983），阿根廷－哥伦比亚籍作家、艺术批评家。
② 尤利西斯经过塞壬岛时，命令同伴们用蜡封住耳朵，以免被海妖塞壬的歌声诱惑。

亚历杭德罗·奥夫雷贡

亚。那个老头就住在那里，还有一台冰箱。老头是个怪人，胡编乱造说自己是个厨师。于是那个地方成了厨房，阿尔瓦罗有时会去那里做饭。有一天他做了蠼螋蛋炒饭……那是疯老头的暴行中最不足为奇的一件事。他还养蟋蟀。我说的都是真的！他给蟋蟀起名叫"飞飞飞飞飞"。当时他正给蟋蟀准备吃食。蟋蟀溜出来了。老头找到奥夫雷贡，对他说："老师，老师，我在我那儿给您准备了一件东西。"老师看了眼蟋蟀……那只小蟋蟀。我们当时在用香肠做饭，老师拿了两片面包，再拿起那只蟋蟀，一口吞下去了！

内雷奥·洛佩斯：亚历杭德罗很喜欢打架，他一喝醉就找人打架。我给亚历杭德罗画过他最好的肖像，几幅相当精妙的画像。为了画他的肖像，我不得不跟他打架。我记得自己跟他讲："拿起画笔，分开拿，眼睛这样。"然后他说："不行……"

胡里奥·马里奥·圣多明戈

米格尔·法尔克斯－塞坦：我从小就听过那个压箱底的故事，讲的就是年老的堂马里奥，也就是胡里奥的父亲（后来我才知道他父亲的名字也叫胡里奥·马里奥，虽然没有人这么叫他），他一路从巴拿马走到了巴兰基亚。他有钱，但不是百万富翁。他在巴拿马做生意时攒了些钱。他是一个普通人。这位马里奥·圣多明戈先生带着口袋里的钱来到了巴兰基亚，和当时的巴兰基亚社会建立了联系，那个年代的圈子估计很小，他和普马雷霍家族结了亲。普马雷霍家族祖籍是瓜希拉省，就是巴耶杜帕尔那块儿。我母亲的家族有时会去那儿，在迪武亚的庄园办派对。那个庄园是属于普马雷霍家族的，人们去那儿消暑。他们会在那儿待上一个星期，办派对，有些从波哥大来的人就惹人注目一点。

堂马里奥和阿尔维托·普马雷霍的姐姐结了婚，从此大展宏图。我还很小的时候，巴兰基亚最富有的不是马里奥·圣多明戈家

胡里奥·马里奥·圣多明戈

族。曼奇尼家族名气大一些，他们是最富有的。

1970 年我还学经济那会儿，我的老师拿胡里奥·马里奥的痛击作为例子。胡里奥·马里奥有一段时期是个花花公子，直到七十年代他才改邪归正。他的哥哥皮佩·圣多明戈在哥伦比亚港的交通事故中丧生，他当时和迪安娜·利蒙德·纽温霍夫在一起。迪安娜活了下来，但皮佩死了。这对老马里奥来说是沉痛的打击。之前云游各地肆意享乐的马里奥只能好好做人了，因为他哥哥不在了。这就跟约翰·F. 肯尼迪 [1] 在他的哥哥约瑟夫过世后所经历的一样：他必须挑大梁了。

老马里奥小心谨慎地陆续购入了不同公司的股份，胡里奥·马里奥也从中获利。我爷爷有一百股，两百股。但老马里奥是个做事很有条理的人，他不断购入股份，渐渐积攒起来。赫马尼亚啤酒厂和阿吉拉啤酒厂起冲突的时候，他创立了圣多明戈集团。他和同样持有股份的巴兰基亚人一起创立了集团，其中就有帕乔·波萨达 [2] 和很多其他的人。胡里奥·马里奥靠着父亲持有的大量股份和其他股份站上了股东大会的主席台。他的那些合伙人根本摸不着头脑。他们想之后开一次股东大会，提名新的董事会。他们计算持股比例的时候发现，胡里奥·马里奥占了百分之五十一。于是他掌管了赫马尼亚酒厂的大权，那就是 1969 年前后胡里奥·马里奥的漂亮一击。他一跃成了哥伦比亚的老爷。

---

[1] 约翰·菲茨杰拉德·肯尼迪（1917—1963），美国第 35 任总统。
[2] 弗朗西斯科·波萨达·德拉佩尼亚，保守党人，《加勒比日报》编辑。"帕乔"是哥伦比亚人对"弗朗西斯科"的昵称。

基克·思科佩尔：不是说胡里奥·马里奥傲慢吝啬，而是他有些与众不同的习惯。他是个喜欢泡吧的人。

米格尔·法尔克斯－塞坦：我记得胡里奥·马里奥在哥伦比亚大学念过书。应该是 1946 年。毛孩塞佩达在哥伦比亚大学的学费也是他付的。当时毛孩学的是新闻学，小说集《我们都在等待》就是在那里写的。他应该读过威廉·萨洛扬①，他住在纽约的时候写了那些小说。他回到巴兰基亚时是无业游民。胡里奥·马里奥有的是钱，想搞投资，于是就开办了《加勒比日报》，交给毛孩塞佩达。这就是我知道的事情。毛孩塞佩达成了日报的主笔。《加勒比日报》最初是一份自由主义报纸，毕竟胡里奥·马里奥出生在自由派家庭。他的母亲是阿尔维托·普马雷霍的姐姐。之后因为帕乔·波萨达，他变成了保守派。

"洞穴"里的扯淡者

卡门·巴塞尔斯：从 1965 年起，我没少去哥伦比亚和墨西哥。有一次，我去了"洞穴"，认识了那些人。这会儿我一个名字也不记得了。是阿尔瓦罗·塞佩达·萨穆迪奥陪我去的，他向我深入介绍了巴兰基亚的世界："洞穴"，那几家书店，宾耶斯先生，以及所有的那些人和事，这一切已然成了《百年》作者传奇人生的一

---

① 威廉·萨洛扬（1908—1981），美国小说家、剧作家，代表作有《你这一辈子》《人间喜剧》等。

部分。

圣地亚哥·穆蒂斯：一切都在那里。所有人都是朋友，因为所有人都很不一般。奥夫雷贡一点也不笨，他很优秀。亚历杭德罗就像动物一样，他躁动不安。人们可以从他身上感受到希望，美好的东西。阿方索每到一处都好像在说："我们来了，这里将会发生好事。"罗哈斯·埃拉索也一样，因为他是能够回应生活、认真生活的人，内心强大、美好。所以有许多非常美好的事物汇聚在那里。他们都是特别的人。他们本来就很善良随和，并不只是因为友情。他们因为对人类和文学的热爱而聚在一起，这是他们的共同点。

扯淡还是写作

本章解释了"扯淡者"的含义（该用语在《百年孤独》出版前是无人知晓的表达方式），以及作家如何仅凭一己之力让"扯淡者"成名。

埃里维尔托·菲奥里略："洞穴"里有四个主要人物，其中有三个后来出现在了《百年孤独》的最后一章里。他们是阿方索、赫尔曼、阿尔瓦罗和亚历杭德罗。"摇摆"是一家位于维多利亚大街和七月二十日大街十字路口附近的店。老板爱德华多·维拉是阿方索的表哥，他不得不靠卖杂货为生，他感觉羞愧。他只想接待他的那些猎人朋友们。阿方索把这事告诉了阿尔瓦罗，于是阿尔瓦罗就把店铺改成了"洞穴"酒吧。小便池离吧台很近，这是听从了奥夫雷贡的建议。五十年代末，我住在离那儿两个街区的地方，和父亲去附近的影院时会路过那里。有一天父亲对我说："有几位艺术家聚在那里喝啤酒，打架，然后吵架，继续喝酒，再打架……"他这么跟我说也算是一种警告，却激起了我的好奇心。之后我开始读哥伦比亚文学，你懂的，塞佩达·萨穆迪奥，罗哈斯·埃拉索，加西亚·马尔克斯，我才发现他们就是那几个朋友。我心中的英雄原先是泰山和蝙蝠侠，后来"洞穴"里的疯子们成了我的新英雄。

米格尔·法尔克斯－塞坦：《百年孤独》面世的时候，他提到了"洞穴"里的"扯淡者"。他用了相当多的地方用语，国内其他地区的人是不知道的。人们开始疑惑那些词到底是什么意思。比如"燕子"（golondrino）这个词，他们以为就是一种鸟，但巴兰基亚人都知道那指的是腋下的毛孔堵塞后长出的腋疖。

"扯淡"（mamar gallo）这个说法也出现了。人们开始在《时代报》和《观察家报》上探讨加西亚·马尔克斯想用这个用语表达什么，还有人提问之类的。我记得在那些探讨中有这么个说法，说这个用语来源于斗鸡。我这辈子从来没去看过巴兰基亚的斗鸡比赛。我这样的情况不常见。我直到去了瓜希拉才看到了斗鸡。在那里，斗鸡是一种仪式，就像听着巴耶纳托喝酒，喝威士忌，喝违禁的酒一样。我在三重奏的陪伴下跟着队伍挨家挨户串门，也去看斗鸡。斗鸡场上的人们很好斗，但也很喜欢开玩笑，介于玩笑和挑衅之间。好笑的事情也可能会变味，某个男人可能会掏出左轮手枪杀了你，因为你嘲笑了他。从词源角度来看，公鸡生来带距①，但公鸡从来不用距打架。人们就把铜制的东西放在公鸡身上。这种东西模仿鸡距的形状，要把它固定到公鸡身上。人们把蜡倒进这种铜器里，然后放在烛火下烧，蜡熔化后就把它固定在鸡距上，和天生的鸡距融为一体。为了让它更牢固，人们就把鸡距放进嘴里吮吸。所以才说"mamar"，"mamar"就是吮吸的意思。

这就是词源和含义。它很难翻译，难度不仅存在于语言层面，更存在于文化层面。与"mamar gallo"最相近的文化现象是"tall tale"（无稽之谈）。比如爱尔兰人一脸严肃地讲一些荒诞不经的故事。

我给你举个例子：我给我的朋友华金扯了个最荒唐的谎。我

---

① 即雄鸡、雉等的腿的后面突出像脚趾的部分。

跟他讲我做了这做了那，他都以为是真的。突然他盯着我看，我就跟他说："别信啊，我骗你的。"他说："但你为什么要跟我扯这些呢？我以为是真的，这些天我都信以为真。"这就是"扯淡"。你编造出一个完全假的情形，然后让别人相信你说的都是真的。

玛格丽塔·德拉维加：扯淡就是这么回事：开一个过分的玩笑。

加博就是一个扯淡者，他就是。他很喜欢讲那些真假莫辨的故事。他会用优雅的措辞夸大事物。夸张，就是讲一个犯蠢的故事。故事里说有一顿午餐一直吃到了第二天，但实际上在巴耶杜帕尔的确有这样的午餐。加博的确是一个扯淡者，他喜欢开玩笑。小说中的某些东西就来源于此，来源于文化。那就是他的生活。

拉斐尔·乌略亚：你没办法跟加比托一本正经地聊天，除非有玩笑。他之后应该是变了，但当初在这里的时候，他就是一个十足的扯淡者。他这个人……我怎么跟你说呢？很受欢迎。他跟谁都聊天，说生活狗屎。有一天加比托跟我说："拉法 ①，你抽过烟吗？""什么烟？""就是阿方索给你的那些。"我的亲戚堂娜维多利亚说："你小心点，阿方索抽大麻。"然后加博就说："啊哈，驴子。"你知道，巴兰基亚人管那些抽大麻的人叫"驴子"。我说我出生在一个公驴会吸吮母驴的镇子上。他就问我是不是一头驴……

① "拉法"（Rafa）是"拉斐尔"（Rafael）的昵称。

胡安乔·希内特： 加比托也是一个扯淡者。

海梅·阿维略·班菲： "洞穴"里的扯淡者其实就是一群朋友，他们有主见。组成主心骨的那些人倾心于文学、新闻和艺术。他们是很有文化的人，但总是将幽默、欢笑和视一切作为笑料的能力置于严肃的志向之上，甚至认为那比留下遗产和写下优秀作品更重要。我认为他们看重的是生活、娱乐、分享。他们也很重视周围的环境。加博对我说："巴兰基亚就是变成了城市的马孔多。"

再来一瓶威士忌

我们认识了基克和胡安乔，"洞穴扯淡者"中尚在人世的两位。他们俩带我们逛了逛五十年代的巴兰基亚，去了加西亚·马尔克斯刚到巴兰基亚时待的地方。对他们俩而言，那时的他就是个蠢蛋。

胡安乔·希内特：这儿的一切都和加博有关，加博长加博短的。

基克·思科佩尔：我跟你说，他的一生可以分成两个时期。得诺贝尔奖前的加比托和得奖后的加比托。得奖前，没人把他当回事，都把他当"蜥蜴"。"我们走吧，加比托快来了。"人们躲着他。

米格尔·法尔克斯－塞坦："蜥蜴"就是指爱管闲事的人，会去和自己不相称的地方，明明跟大家不是一伙的却主动靠近，硬是挤进去，人们看不起他。"蜥蜴"是那种让人无法忍受的类型，他寻求帮助，无处不在。就是说，奥夫雷贡和塞佩达当时并不欣赏加西亚·马尔克斯。

基克·思科佩尔：诺贝尔奖他妈的用加西亚·马尔克斯伤害了哥伦比亚文学界。因为现在所有人都想成为加西亚·马尔克斯。"啊不，如果加西亚·马尔克斯没提到过它，那就不是文学！"这是一个巨大的阴影。就像吉贝树的阴影一样。

文学完蛋了。"啊，如果加比托没说过……"连阿方索·洛佩斯[①]总统都说："因为加比托曾说过……"阿方索·洛佩斯，你倒是告诉我！你他妈什么时候认识的加比托？你是在诺贝尔奖及文学爆炸后才知道他的。在这之前，加比托不过是个蠢蛋……胳膊肘里夹着手稿到处晃荡，然后收到一封信，上面写着："加西亚·马尔克斯先生，您该做些其他的事情，因为您不是当作家的料。"

吉列尔莫·安古洛： 他在巴兰基亚的时候就试着写《百年孤独》，但发现那对他来说体量太大了。于是就写了《枯枝败叶》，也就是他的第一本书，1955年出版。

古斯塔沃·加西亚·马尔克斯： 一写完《枯枝败叶》，他就把书给了洛萨达出版社的人。得到了这样的答复："加西亚先生，您该做些其他的事情，因为您不是当作家的料。"

胡安乔·希内特： 在我看来，一切都是从世界书店开始的……它就在市中心，靠近哥伦比亚电影院。书店就在街角，后来还有哥伦比亚咖啡馆，也在街角。于是那些人就聚在咖啡馆里……所有人都聚在那儿。阿方索把加博带过去，把他介绍给大家，之后加博就开始去那儿了。我认识他。他开始唱巴耶纳托那会儿我见过他，但我们这儿的人不听这个。巴耶纳托在这儿不受欢迎……当我们聚在那儿喝啤酒的时候，他就唱巴耶纳托。别提了！一点也不好听。但他喜欢。他什么乐器也不弹。就是那么回事。

---

①阿方索·安东尼奥·拉萨罗·洛佩斯·米切尔森（1913—2007），哥伦比亚政治家、教授、外交官、律师，1974年至1978年任哥伦比亚总统。

我不搞文学，跟文学不沾边。我只是个听众。但我和他们一起转悠。这儿有一家咖啡馆，还有一家名叫"世界书店"的书店，老板是伦东兄弟中的一个……

埃克托尔·罗哈斯·埃拉索：书主要送往巴兰基亚。你随便说个书名，书店里一般都有，但如果没有，他们就会跟你说"这样，您改天来"，到那天就能拿到想要的书了。

基克·思科佩尔：它现在已经不在了，因为书店被拆了，现在那儿被改成了一个叫……负责这事的那个男人叫什么来着？阿拉迪诺。

阿尔瓦罗有钱，他去世界书店买书。加博去书店读书。堂豪尔赫非常……你查不到他，因为他已经带着记忆去了天堂，但他是个很伟大的人，帮了加比托不少忙。

他曾经说："噢，可怜的小伙子，过着狗屎的日子。"他把书借给加比托。他还说："这个小伙子有出息，因为他理智，而且有好奇心，好学。他有出息。"他就和阿方索一样，总是很信任加比托。当然在加比托成为作家这件事上，他有很大的责任……加比托的痴迷就是一种病。

阿尔瓦罗那时候在美洲学院念书，我在圣若瑟念书。于是我们就约在那家书店。我们下午两三点放学，四五点的时候就在那里见面。

胡安乔·希内特：因为书店门口就是哥伦比亚咖啡馆。

基克·思科佩尔：那儿就是哥伦比亚剧院。后来拆掉了，变成了商业中心。最里面就是剧院。旁边原来有一家酒吧，然后这儿就是世界书店。下午我们就聚在这儿。主要是在下午。阿尔瓦罗那会儿在美洲学院念书。

胡安乔·希内特：和我一起。

基克·思科佩尔：我们互相问："你有多少钱？"妈的，我有三十五分。阿尔瓦罗有五十分，阿方索二十分，加比托一个子儿都没有。他身无分文。赫尔曼在审计所工作，有十五分。于是我们就走出世界书店，去位于圣胡安和七月二十日大道街角的哈皮酒吧。书店的后面现在是电力公司。旁边就是哈皮酒吧。于是我们就点上一瓶白朗姆酒和一瓶罗望子。这两样东西加一起卖二十五分。他们会加上柠檬片。赫尔曼负责混酒：他把柠檬挤在里面，然后我们就用身上剩下的六七十分钱喝上三瓶白朗姆酒。我们当时应该是十七八岁的样子。从酒吧出来，我们就各回各家。没钱去干其他的事了……他就和我们一起坐在哈皮酒吧里，因为我说过了，他不喝酒。喝得很少。

拉斐尔·乌略亚：加比托那时大约二十三岁。他就在这里写作。不不不，起初没人搭理他。他们都把他当疯子。他衣冠不整。我不瞎说，人们都把他当成……失败者。

爱德华多·马尔塞莱斯·达孔特：但我们忘不了他二十三岁的时候就在写《枯枝败叶》了。

基克·思科佩尔：加比托既不嗜酒也不好色。姑娘，他既不是好色之徒也不是酒鬼，所以我跟你讲，亚历杭德罗和阿尔瓦罗说过："倒霉催的'蜥蜴'来谈文学了。""你看，现在堂娜曼努埃拉要结婚了……"别屎。那部小说我已经在哈皮酒吧里读了二十万遍了。他每天都要读他妈一个章节，所有人都跟他讲这玩意儿没一点屁用。

"大师，您看，"他对阿方索·富恩马约尔说，"大师，我把书寄去阿根廷了。就看会寄来怎样的合同了。"墨西哥人和西班牙人告诉他，他们不喜欢这本小说，阿根廷人回复他说："加西亚·马尔克斯先生，您该投身于其他事业，因为您不是当作家的料。"

杰拉德·马丁：加博不喜欢接受别人的帮助。他没钱，所以他上桌的时候自然就不怎么喝酒。在那个年代的巴兰基亚，不怎么喝酒简直就是社交灾难。

拉斐尔·乌略亚：他的父亲很信任他，你懂吗？他的父亲的确跟亲戚们说加比托是个天才，但大家都不相信，毕竟表象会骗人，所以他们都不相信加比托。他说加比托是双头人，有两个脑袋。那是老人的傻话。实际上，他的父亲也是个会编故事的人。我们都有扯谎的天赋，是家族遗传的。

胡安乔·希内特：他就住在这儿，但他总是不见人影。

米格尔·法尔克斯－塞坦：这是后来的事了，《百年孤独》出版之后，法国学者雅克·吉拉德[①]于1976年来哥伦比亚解密马孔多，把这些人命名为巴兰基亚一代。

基克·思科佩尔：但你要知道，不存在什么巴兰基亚一代。不存在。这是知识分子的说法。

[①] 雅克·吉拉德（1943—2008），法国学者、西班牙语文学批评家、图卢兹大学拉丁美洲文学教授、加勒比文学专家，一生致力于研究加勒比地区的历史、文化与文学。

"摇摆"

本章讲述了"洞穴"是如何出现的。加博不常去,但多亏了他,这个地方如今成了国宝。

米格尔·法尔克斯-塞坦:我来告诉你我们是怎么在巴兰基亚喝酒的。实际上巴兰基亚很少有雅致的酒吧。那个年代只有那些重要的酒店里才有。"安达卢西亚庭院"是最优雅的酒吧,光线昏暗,已婚人士就带着情人去那儿跳舞。那是个危险的地方,因为它在普拉多酒店里,没准有人会告诉妻子。还有被人们叫作"烧烤餐厅"的地方,一般在巴兰基亚其他地区的二流酒店里,位于城镇中心。这些地方已经有名了。你走进去,看不见任何人。那儿有凳子和扶手椅,你坐下去就有人给你拿酒来。人们带着"一夜女伴"去那儿,紧贴着跳舞,然后就找家酒店做爱。有一家很有名的叫"坐牛"。热那亚酒店有烧烤,另一家酒店的烧烤棒极了,像是欧式烧烤,就在阿斯托里亚酒店里。那些烤架都是巴兰基亚的富人用的,他们会带女人去,他们的情人。我不喜欢,但也没有别的选择,就是在店里喝酒。

超市出现之前,在巴兰基亚的所有街区,每个拐角都有一家商店。巴兰基亚只有一个市场,格拉诺斯市场。你得跑到市中心去。于是人们就为那些住在波士顿和普拉多街区的人开了波士顿小市场。对上层社会的太太而言,它比老市场整洁漂亮得多。太太们在女仆的陪伴下去采购。如果她们缺什么东西就派女仆去街角买，总有一家店开在街角，通常是首都人开的。有些店铺原先是房子的车库，有些是门面房。店里卖啤酒，有时门口还摆了桌子。人们坐在那里聊天。桌上摆满了啤酒瓶，桌边净是些男人。

"洞穴"就是这样一家店。

基克·思科佩尔：你得把"洞穴"和所谓的"巴兰基亚一代"分开看。它们是两件不同的事。也许是一回事，但又不一样。在"洞穴"里人们从来不聊文学……"洞穴"是阿方索·富恩马约尔创办的，是他给阿尔瓦罗开的店，因为阿尔瓦罗是圣多明戈家族的阿吉拉啤酒厂的宣传负责人。开店是为了卖啤酒，那是他的工作。有天下午阿方索说："别他妈游手好闲了，阿尔瓦罗。你过来，七月二十日大街和六十九大街路口这里。"（朋友，帮个忙，给我这儿来一杯威士忌。）

胡安乔·希内特：给我这儿也来一杯。这儿有张旧报纸，我念给你听："如今这个地方讲述着那些在午后喝着啤酒漫谈、扯淡、和渔民合影的时光。这是一个因他们的出现而充满生机的地方：富恩马约尔、加夫列尔·加西亚·马尔克斯、亚历杭德罗·奥夫雷贡、赫尔曼·巴尔加斯·坎蒂略、阿尔瓦罗·塞佩达·萨穆迪奥。还有其他人，比如画家诺埃·莱昂、恩里克·思科佩尔[1]、胡安乔·希内特、阿维尔·巴列和'加泰罗尼亚智者'西班牙人拉蒙·宾耶斯。"但就像我跟你说的那样，这儿的确有了一定的影响

---

① 即基克·思科佩尔，基克为恩里克的昵称。

全盛时期的"洞穴"酒吧

力，我们甚至可以任命政府官员。"洞穴"有这样的力量。老洛佩斯^①总统来巴兰基亚的时候也去了"洞穴"。所有这些人……

故事是这样的，阿方索·富恩马约尔有个表哥，爱德华多·维拉，他有一家店，里面装了立体声设备，我们就去那儿听音乐，但后来这家店变成了酒吧。就在波士顿街区那儿。

基克·思科佩尔：阿方索·富恩马约尔是个在店里喝酒的酒鬼。于是他就打电话给阿尔瓦罗，对他说："阿尔瓦罗，我他妈给你找了个好街角。"阿尔瓦罗对每个街角都很熟悉，因为他一辈子

---

① 阿方索·洛佩斯·普马雷霍（1886—1959），企业家、自由党人，阿方索·洛佩斯·米切尔森之父。曾于1934年至1938年、1942年至1945年期间两次出任哥伦比亚总统。

都住在巴兰基亚。那个街角在七月二十日大街和七十五大街路口。"你过来，自己瞅瞅是个啥玩意儿。"于是阿尔瓦罗就去了，那个街角开着一家名叫"摇摆"的店。店名叫"摇摆"，就和他妻子摇摆不定的忠诚一样。这是真的……后来我们发现维拉是阿方索的表哥，因为他的全名是维拉·富恩马约尔。阿方索问他：

"你叫什么名字？"

"爱德华多·维拉·富恩马约尔。"

"什么？你的父亲是谁？母亲是谁？"

"我母亲就姓富恩马约尔。"

"哇！是我父亲的姐姐。"

他们是表亲但互相不认识。阿尔瓦罗一看到店铺就立马跟阿方索说："老师，这儿真他妈好！"因为店址就在街角，你一从七月二十日大街走出来就会看到它……于是阿尔瓦罗就对维拉说："您能把店卖掉吗？我想在这儿改做酒厂的生意。"维拉说："嗯，看情况。先把你的想法说来听听。""这样，我打电话给酒厂。这里所有的香蕉值多少钱？"后来他就买下了店铺。

"这地方是我的。"

"这地方值多少钱？"

"得有大约一万比索吧。给我一万左右。"

"好的，我整个买下了，然后立马改头换面。我马上把粉刷匠叫过来帮你改建。我们会在这儿开一家酒吧。不再是商店了。跟大米和香蕉没关系了。酒吧。我们给它起什么名字呢？就叫它'洞穴'。"

我不知道是谁说的给它起名叫"洞穴"。可能是阿方索，可能是赫尔曼，也可能是……阿尔瓦罗紧接着说："成吗？""行，我赞成。"维拉回答道。这事就这么定了。

爱德华多·马尔塞莱斯·达孔特： 那儿就像一栋房子，有一小块露台。走进去就可以看到一个吧台，民俗风的吧台，有各式各样的帽子，旁边还有几把扶手椅和几张小桌子，那是当时的猎人和记者聚集的地方。还有画家。但那时候记者更多一些。文学探讨也正兴起，那儿也是他们聚会的地方。我们有几次和阿尔瓦罗一起去那儿喝啤酒，认识了那家酒吧。

内雷奥·洛佩斯： 维拉是个失败的牙医。

胡安乔·希内特： 维拉是个猎人，和那些人混在一起，那些猎人。

基克·思科佩尔： 是的，但在他开商店那会儿，猎人们没去过。他们之后常去"洞穴"。不去商店。那家店是阿方索发现的，阿尔瓦罗对维拉说："你这儿所有的大米值多少钱？全放在门口，这样每个人、每个穷人经过都能随意拿走一些。"他打电话给啤酒厂："立刻给我派一辆卡车运些东西来：四台冰箱，十加仑啤酒，还有两百个瓶子。"我不知道还有没有别的东西……"叫粉刷匠在这上面写上'洞穴'。"不知道还有些什么。半小时后"摇摆"就变成了"洞穴"，因为那疯子弄了三台冰柜过来。还有两台制冷器、两台冰箱、两个酒桶。这些东西现在还在那儿。

何塞·安东尼奥·帕特尔诺斯特罗：每到星期六，我和一群朋友下班后就去喝一杯扎啤，聊聊政治和经济，看看我们能为巴兰基亚做些什么。我们穿着西装戴着领带走进"洞穴"，塞佩达却穿着人字拖。毛孩是个无礼的疯子，他叫我们"小丑"，因为我们是商业部门的。我们到那儿的时候，毛孩塞佩达已经坐在桌边喝酒了，他说"小丑们来了"。思科佩尔和他在一起。希内特也在。

基克·思科佩尔：我们坐在吧台边，那儿就是阿尔瓦罗的办公室。他把酒厂的办公室搬那儿去了。于是我和阿尔瓦罗、阿方索、亚历杭德罗就一起去那儿。因为阿尔瓦罗的办公室在酒吧里，所以大家都来找他登广告。你也知道酒厂是哥伦比亚最主要的广告主。所有的记者们都来请阿尔瓦罗在报上做宣传，跟他讲价。

内雷奥·洛佩斯：那是一群醉汉。没有女人去那儿。我在那儿见过的唯一一个女人是塞西莉亚·波拉斯。她是画家，是豪尔赫·柴尔德的妻子。没有人带妻子去那儿。

玛格丽塔·德拉维加：塞西莉亚是卡塔赫纳的画家，但她住在波哥大。他们不怎么会平等对待女性，但她是例外，很罕见。她很漂亮，有沿海风情。黑发，白皮肤，漂亮的眼睛，身姿婀娜。非常迷人。如果你在《蓝色龙虾》里见过她就能明白她的魅力。她住在波哥大，常和男人们一起去咖啡馆。那时的女人不怎么去咖啡馆。可以说她是个大胆的非传统女性。她就和奥夫雷贡还有格劳一样，是出色的画家，却从未被认可，因为她是女性。因为在那里，女人总是扮演着某个人的妻子、某个人的女儿，她也摆脱不了。她的丈夫是《神话》杂志的创始人。她在挺年轻的时候就过世了，应该是死于癌症。从某种意义上来说，她是个悲惨的人物。她总和男人们一起醉酒。

内雷奥·洛佩斯：大家都跑去喝酒。主要喝扎啤，因为那儿卖这种，扎啤。如果要吃点什么的话，也有下酒菜。那儿就是个酒馆。阿方索·富恩马约尔常去，赫尔曼·巴尔加斯常去，捕鳄鱼的猎人常去。阿尔瓦罗的顾客常去，喝点扎啤。我到巴兰基亚的时候，"洞穴"就已经在那儿了。人们会去那里，点酒桶里的酒。我是以《观察家报》摄影记者的身份去的。我跟他们所有人都是朋友。阿尔瓦罗、亚历杭德罗、富恩马约尔，还有加比托。从来不因天赋分三六九等。思科佩尔来了，点了杯啤酒。阿尔瓦罗来了，点了杯啤酒。亚历杭德罗来了，也点了一样的。大家陆陆续续过来。猎人来了，在那儿喝酒。各种各样的人在吧台喝啤酒。

胡安乔·希内特：好吧，泛滥着朗姆酒和……但人们眼中的"洞穴"是另一回事，总觉得我们在那儿谈论文学之类的东西。有一天，几个大学生来到酒吧，让我们给他们讲讲"洞穴"的故事。当时基克已经在那儿喝酒了，因为他总在那儿喝酒。突然，基克说："我已经受够这玩意儿了。"那个时候，"洞穴"里从来不谈论文学。事实是，一共就这么几个文化人：阿方索·富恩马约尔、赫尔曼·巴尔加斯、阿尔瓦罗·塞佩达、亚历杭德罗·奥夫雷贡，还有后来到这儿的加西亚·马尔克斯先生，就这些人。要说我们，我们这些其他的朋友就聚在那里谈朗姆酒和其他无关紧要的事。出酒馆后，我们就去逛窑子。基克说："不不，不！我已经受够这玩意儿了！别再让我反复念叨这是一座文学圣殿了！去他妈的文学！哲学？去他妈的哲学！"

巴兰基亚有什么？

读者将沿着两条路线周游巴兰基亚：一条是历史路线，另一条则追随着回头浪子加西亚·马尔克斯的脚步。

海梅·阿维略·班菲：加博对我说："巴兰基亚就是变成了城市的马孔多。"

阿列安塞·宾松（服兵役的年轻人，在巴兰基亚浪漫主义博物馆当向导）：在这座博物馆里可以看到 1620 年后巴兰基亚的所有历史。1620 年，巴兰基亚还叫萨瓦尼塔 – 德卡马乔，但之后发生了几件事，城名逐渐发生了改变。比如 1830 年建造了圣尼古拉斯大教堂，于是城名就变成了拉斯萨瓦纳斯 – 德圣尼古拉斯……这是二十六个展厅中的第一个。这个展厅的主题是北美人的侨居地，主要与威廉·拉德先生相关。他在巴兰基亚城内有举足轻重的地位。1894 年，这位先生在巴兰基亚创建了首家通信公司。上面这部分展出的是通信公司大楼正面的照片。（进入下一个展厅时可以听到八音盒的乐声。）在这个角落展出的是卡门·弗罗因德女士。照片里的她更年轻一些，旁边是她的妹妹。这栋房子归弗罗因德姐妹所有。她们终身未嫁，离世时把房子捐献出来改造成了巴兰基亚浪漫主义博物馆。那是卡门·弗罗因德女士站在两姐妹加入的俱乐部前。"仁爱之星""一滴奶"①和她加入的艺术中心……
这里有几张照片。右边是古巴工程师弗朗西斯科·何塞·西斯内罗
斯，他1888年建造了哥伦比亚港的码头，码头在1893年6月15
日下午1时30分揭牌。当时的总统是拉斐尔·努涅斯，但他因为
感冒没有出席揭牌仪式。有个有趣的数字，这个码头是世界上第
三长的码头……这是弗罗因德姐妹的雕像。这是滤水器……那是
1905年宣布迭戈·A. 德卡斯特罗将军担任大西洋省②的首任省长的
时候。那是1925年的帕尔玛大楼，后来被拆除，建立了农业银行。
右边这张照片里是卡梅利翁－阿维略大道，是安东尼奥·阿维略
先生铺建的。接下来几张照片是圣尼古拉斯教堂，巴兰基亚城内
的第一座大教堂，还有圣托马斯公园。那张照片是从另一个角度
拍摄的卡梅利瓮·阿维略大道。这里是弗罗洛·曼科先生的几台相
机。这台是1940年的，那台是三十年代的。杰出摄影师弗罗洛·曼
科和他的相机……这个角落展出的是巴兰基亚的象征，市徽、市
旗和市歌。这是市歌的乐谱原稿，是西蒙·乌尔比纳先生在1928
年写的。1929年这架钢琴首次奏响了巴兰基亚市歌，歌词是阿米
拉·德拉罗萨在1942年写的。这些是她的诗作，关于大海、大地。
她是坐在这把椅子上离世的。

　　这里展出的是二十年代的辛格牌缝纫机。这些是当时的报纸。
其中最重要的报纸是1904年的这份《前进报》。那个年代的刊物有
《商业报》《保守报》《弄臣》《自由报》《公正报》和《法律报》。
这边的展品都和印刷业有关。这是一台打字机。这儿还有其他的

---

① 创建于十九世纪末的慈善机构，旨在解决缺乏母乳喂养造成的婴儿营养不良问题。
② 哥伦比亚西北部省份，位于加勒比海沿岸，首府为巴兰基亚。

机器，1930 年、1920 年、1935 年的收款机。我们对这台会更熟悉一些，是 1960 年的……现在我们继续参观这间展厅。这里保留了德国侨居地的传统。这个展厅可以说是专门献给一位先生的。埃内斯托·科蒂索斯[1]先生，他在 1919 年 12 月 5 日创建了 SCADTA[2]哥伦比亚 – 德国航空运输公司。这几位人物当时参与了工程建设。值得一提的是，埃内斯托·科蒂索斯先生 1924 年不幸死于航空事故。当时巴兰基亚机场正准备进行首次国际航班试飞。那是巴兰基亚最早的汽车的轮圈，这是玻利瓦尔大道的模型，这里还是帕尔玛大楼。这是杜甘德银行，巴兰基亚城市发展早期最重要的银行之一，归一个法国家族所有……

这面镜子也是房子里原来就有的，这叫石英……加西亚·马尔克斯的东西只有在办作家活动的时候才拿出来展出。到时候会把加西亚·马尔克斯的所有画像都拿出来摆在外面。这些就收起来，把那些拿出去展览。我们有一台加西亚·马尔克斯的打字机。我这就拿出来给您看……

1501 年，罗德里戈·德巴斯蒂达斯先生发现了灰烬之口。商业和航运从那时才真正开始。1823 年，德国人胡安·贝尔纳多·埃尔伯斯先生开始发展蒸汽船，那时起有点商业化的感觉了。

巴兰基亚开始变成一座重要的城市。1871 年建成了萨瓦尼利亚铁路，1888 年开始建造哥伦比亚港的码头。1919 年创建了SCADTA 航空公司，现在是阿维安卡哥伦比亚航空了。

---

① 埃内斯托·科蒂索斯（1884 —1924），哥伦比亚乃至拉丁美洲商业航空的先驱之一。位于巴兰基亚的国际机场就以他的名字命名。

② 西班牙语全称 "Sociedad Colombo-Alemana de Transportes Aéreos" 的首字母缩写。

1909 年我们迎来了巴兰基亚的城市之光。奥夫雷贡·阿尔霍纳兄弟建立了首家电力公司。1910 年有了大西洋省电气公司。蒸汽发电厂开始照亮巴兰基亚的大街小巷，开始照亮卡梅利瓮 – 阿维略大道……这是纯热带杏仁咖啡馆的椅子和街灯。

当时的巴兰基亚人乘坐这种马车。马车分两种：一手车和二手车。一手车是给有钱人坐的，要价十分，二手车给穷一些的人坐，要价五分。

这里展出的是 1882 年的埃米利亚诺剧院的复制品。当时的巴兰基亚社会需要一个合适的场所为公众上演所有剧目。于是就有了这家剧院。那里可以看到一些艺术家和参与剧院建设的几位人物。这是剧院的正面和周边环境……巴兰基亚的街道先前是各有其名的，不像现在这样依照街道命名法命名。街道名是人们起的，比如：神圣田野、错误、母牛、撒尿、玉米棒芯、犹大、蜜蜂花、痛苦。我们来看看名字背后的故事：撒尿街是一条巷子，巷子里有股难闻的味道，因为人们在那里撒尿，另外，那里也卖旧床垫和旧床架，我不记得确切的位置了；母牛街在三十号大街上，马兰博和加拉帕的母牛经过那儿去马格达莱纳河喝水。玉米棒芯巷是一条在白天售卖小面包的巷子；咬咬巷是一条在地上摆摊卖东西的巷子，人们这儿买买那儿买买，就像在东咬一口西咬一口，于是就这么命名了。（其他参观者加入了我们。）我刚跟这位女士介绍巴兰基亚之前的街名，跟现在不一样，它们既不遵照命名法也不按方位命名，先前是人们起的流行的名字。她问我痛苦巷是怎么来的，那是一条危险的巷子，有人在巷子里拦路打劫、搞破坏，名字就是这么来的。错误巷是一条没有出口的死胡同，那些走进这条巷子以为这里通向其他街道的人就犯了个错误，出不去的。当然，这很常见：有点沿海文化的感觉……

海梅·阿维略·班菲：加博买下公寓后，在巴兰基亚待了几个星期，等房子交付才能入住。于是他就把时间花在打网球上。和我的哥哥毛里西奥一起在普拉多酒店打网球。我哥哥是个医生，也是他的球伴。那是1994年的事了。1994年是加西亚·马尔克斯一生中非常关键的一年，他和哥伦比亚擦出了好几次火花，就在那一年他准备回国。后来我们俩有几次一起在城市里闲逛。他对我讲了好些事情。同行的还有一名司机。他那时有一辆带空调的面包车，大约是银色的，我们俩一起。为了写回忆录，他一路上记着笔记。我想他应该是在各种记忆交织的情况下写作的。他提起创作三部中篇小说的时期，其中的一部就是《苦妓回忆录》。他甚至还委托我帮他做调查。他给了我一张调查表，于是我就去了报刊档案室。调查表上的问题包括第一艘船是什么时候驶入灰烬之口的，那艘船叫什么，原子队是什么时候打的比赛，那是青年队的分队，场上有哪些人，那个时候青年队的经理是谁……有意思得很。其中有个问题是关于巴兰基亚的妓院的。我亲自去涅托－阿尔特塔档案室进行考据，找到了许多有趣的东西，一起给了加西亚·马尔克斯，比如有关迪瓦·萨希维的记载，她是巴兰基亚五十年代著名的神秘论者。我翻看了当时的《新闻报》，还翻看了其他报刊，然后把获得的信息传给他。后来他就来巴兰基亚购置新公寓了。他待了挺长一段时间，我记得差不多是两个星期，他让我陪他在市中心周围逛逛。说是闲逛，其实就是东找西找（这里有这么件东西，一栋大楼，这里曾经是图书馆，这里曾有这个那个），记笔记。那是一个星期六的上午。

星期六上午十一点。他时不时摇下窗户，人们看到他就说："啊哈，加博。加西亚·马尔克斯！"他便用玩笑话回敬他们。

坦亚·里维罗（古巴－美国籍新闻女主播）：所有闻名全球的哥伦比亚人都来自巴兰基亚。夏奇拉，索菲亚·维加拉①。巴兰基亚有什么？绝对让人印象深刻。

阿列安塞·宾松：与加西亚·马尔克斯相关的展品在楼下。我之前不怎么重视，但就在那里，是关于他的东西。他就是用那台打字机敲出了《枯枝败叶》。（突然断电了。）啊，这事几乎天天发生。别担心。马上就会重新来电的。

---

① 分别为著名歌手与演员。

"这家伙在那件事上很执着"

读者会了解到，虽然加比托是个"扯淡者"，但他从未停止写作。

基克·思科佩尔：关于加比托，还有些什么事呢？我们再来一瓶，继续讲他的故事。（他发现威士忌酒瓶空了，于是伸出手臂举着酒杯招呼经过的服务员。）嘿，嘿！这里再来一瓶一样的。我习惯喝加冰的威士忌，但会另外要点冰块和水放一边……当加比托还不是……

胡安乔·希内特：他时不时出现在这里。

基克·思科佩尔：这家伙在那件事上很执着。他每天都跟我们一起喝酒，但胳膊肘里一直夹着厚厚的笔记本……他把手稿寄去阿根廷、墨西哥和西班牙，阿根廷那边给的答复是："加西亚·马尔克斯先生，您该做些其他的事情，因为您不是当作家的料。您这小说就是垃圾。他妈的一文不值。"唯一一个称赞他小说的人是阿方索·富恩马约尔。另外，阿尔瓦罗说过："这就是一坨屎。这……别他妈胡扯了。"

胡安乔·希内特：加比托把短篇小说的原稿带给富恩马约尔看。

阿方索精通句法之类的东西……加比托带着手稿，阿方索穿着短外套，把那些纸塞进口袋里。我不知道他是怎么做到不把它们弄掉的。

基克·思科佩尔：他每天都写一个新的章节，然后说："读读这玩意儿。"阿尔瓦罗会说："别他妈扯淡了，这就是一坨屎！"《百年孤独》出版后我没有去读，但实际上我已经读了二十万遍了，因为这个疯子每天都给我们读他写的东西，读他前一天晚上写的那该死的章节。那时候还不叫《百年》呢。他一直带着手稿，哪怕跟要价五十分的妓女过夜之后也带着。他有股韧劲……因为他总是坚持，坚持，坚持，直到后来出现了一个疯子，那个女人……那个西班牙女人叫什么来着？

卡门·巴塞尔斯：谁是卡门·巴塞尔斯？那时候的我和现在一样，但不怎么有名，或者说毫无名气。我是个朴素的女孩，出生在普通家庭，在修女学校上的学，我想要解放自我，自力更生比什么都重要。我的一个叫华金·萨布里亚的朋友给我介绍了一份工作，他告诉我这个职位叫"文学经纪人"，给我带了几本书和一卷纸。我在卡瓦列罗·博纳德向我推荐加西亚·马尔克斯之前就开始做这份工作了。

加西亚·马尔克斯与朋友在波哥大街头一起散步

"卡查科"与"科龙乔"①

沿海的"科龙乔"、"丑小鸭"加比托搬到冷漠繁华的首都波哥大，以记者的身份在《观察家报》工作。

胡安乔·希内特：后来他去了波哥大，在《观察家报》工作。但也时不时回到这里。

何塞·萨尔加尔：加博来《观察家报》的时候已经小有名气了。那名气就是《观察家报》给他的，尽管那时报社里的人还不认识他。他通过爱德华多·萨拉梅亚②以及在《观察家报》上发表的一篇短篇小说积攒了作家的名声。但他刚来报社的时候，他们带到我面前的就是一个平平无奇的普通写手。他还是沿海人。有点粗俗。我们有一个很贴切的词可以形容："科龙乔"。他还很腼腆……那时候我是主编，已经是老手了。

米格尔·法尔克斯－塞坦：我们很清楚沿海人不等同于"科龙乔"。完全相反。四十年代的巴兰基亚还是一个镇子。1948年盖坦遇刺后就开始了长达十年的"大暴乱"，很多人，尤其是内陆人，不仅是波哥大人，还有桑坦德人，就开始沿着马格达莱纳河向下

---

① "卡查科"（cachaco）指举止优雅的人、波哥大人，"科龙乔"（corroncho）指粗俗之人、糙汉子。
② 爱德华多·萨拉梅亚·博尔达（1907—1963），哥伦比亚记者、作家，曾任《观察家报》主编，被加西亚·马尔克斯尊称为"文学教皇"。

迁移。所有那些因为"大暴乱"（1948年到1958年）而流离失所的人都开始沿着河流向下迁移……我有一次发现（这是我自己的理论）马格达莱纳河里有一种鱼叫"科龙乔"①。于是我就说："这种说法应该就是这么来的。"他们顺流而下就到了巴兰基亚——马格达莱纳河的入河口，来自各个村镇的人们就留在了巴兰基亚，他们就成了"科龙乔"。

巴兰基亚本来是一个大家庭。三四十年代的时候所有人都相互认识。"大暴乱"引发人口迁移后，第一批到这儿的是马格达莱纳河附近的村民，然后是顿哈、波帕扬和图卢阿的人，那里的保守党人和自由党人互相残杀。于是这些新来的人就被叫作"科龙乔"，因为他们没有巴兰基亚那些"体面人"的良好举止。我小的时候，人们不用"科龙乔"这个词。我父亲不说"科龙乔"，而是用"科拉利维"②。不在主流社会的人都被叫作"科拉利维"或"马涅"③，他们不懂礼数，品位很差。类似的词在所有文化中都有。西班牙人管那些来到马德里的乡下人叫"帕莱托"。古巴人管农民叫"瓜希罗"。波多黎各人用"希瓦罗"。每个地方都有一个贬义词来形容那些刚到城市不知如何行事的农村人。他们不知道怎么使用餐具，这让他们感到羞愧。

普利尼奥·阿普莱约·门多萨：我是在咖啡馆里认识他的。他着装品位很差，还不停抽烟……

---

① "科龙乔"（corroncho）一词亦指一种甲鲶鱼。
② "科拉利维"（coralibe），指粗野之人。
③ "马涅"（mañé），指品位差、在着装方面不讲究的人。

圣地亚哥·穆蒂斯：实际上我们可以说，波哥大人非常瞧不起哥伦比亚：很瞧不起各个外省，也很蔑视贫穷。这股力量很可悲，但它至今留存在国家的血液里。在那个年代，一切都源自英国、法国、墨西哥和美国。画家们都去墨西哥学习，因为那里有壁画家们。艺术不再源自塞尚①，而是源自墨西哥……总是来自外面的世界。于是还有另外一种说法："就在此处，而非别处。"

埃克托尔·罗哈斯·埃拉索：我们应该对自己有信心，否则就太苛刻了。人们很自以为是。是的……唉！一个人能因为什么而爱慕虚荣呢？就是得享受无知，还把无知当作一种创造性元素。啊，不！这么说吧，一个人来到波哥大，人们向他介绍："那是某某诗人……"就是这种虚荣……

玛格丽塔·德拉维加：在我的青年时代，有两个词用来指波哥大的人："卡丘索"和"卡查科"。波哥大人用"卡查科"来形容那些优雅的绅士，比如阿图罗·阿维利亚②，他是个了不起的人，我和他共事了很久，他很优雅，很有波哥大人的感觉。阿图罗总是说："对我们而言，'卡查科'指的是一个精致的、优雅的人，着装得体，饮食讲究，行事合时宜，但你们沿海人却把'卡查科'用作贬义词来形容我们。"

---

① 保罗·塞尚（1839—1906），法国后印象主义画家，被誉为"现代艺术之父"。
② 阿图罗·阿维利亚（1915—2006），出生于波哥大的记者、作家、历史学家。

米格尔·法尔克斯-塞坦：巴兰基亚人有这么一个坏习惯，但凡不是沿海人的，他们全都叫作"卡查科"。坎波·埃利亚斯·罗梅罗，我的一个巴兰基亚朋友，跟我说，加马拉①往下的所有地区的人都是"卡查科"。加马拉是马格达莱纳省的一个城镇，马格达莱纳省中部往南的地区的人都是"卡查科"。但实际上我用这个词是从来不带贬义的，因为我的教父就是波哥大人。我们家就跟波哥大人一样用这个词来形容优雅的人。波哥大人会这么用这个词："啊呀，你也太'卡查科'了吧！"意思是"你穿得真好看，太优雅了"。

哥伦比亚一直是一个比较分化的国家，这种敌意一直存在。哪怕都在沿海地区，巴兰基亚人和卡塔赫纳人之间也总因为一些事情针锋相对。青年队在圣马尔塔踢球的时候，有人往队员身上扔石子。卡塔赫纳人总说卡塔赫纳才是一座历史古城。古斯塔沃·贝尔②在他的简历里说自己在伦敦学习过历史学，还曾经写过一本讲巴兰基亚历史的书，卡塔赫纳人嗤之以鼻地说："那算哪门子历史！"

何塞·萨尔加尔：加博夸张地说那是一个由智者组成的写作团队，是一个奇迹。他是从沿海人的视角讲的。在沿海的报业生态里，人们把《时代报》和《观察家报》的人看成国家新闻界的精英。《观察家报》有几位非常耀眼的人物：萨拉梅亚、德格雷夫、

---

① 哥伦比亚东北部的城镇。
② 古斯塔沃·阿道夫·贝尔·勒穆斯（1957— ），哥伦比亚历史学家、记者、律师、政治家。1998 年至 2002 年期间，他在安德烈斯·帕斯特拉纳·阿兰戈领导的政府中担任哥伦比亚副总统。

比列加斯。

埃克托尔·罗哈斯·埃拉索：我很喜欢波哥大，虽然那里的人总觉得自己高人一等，认为自己是智者。

盖坦被刺杀时我在那篇文章里写了什么来着？波哥大人见面时这样打招呼："操！"用的是拉丁语……他们觉得自己"精致极了"……还说……他们说了什么来着？说波哥大是南美洲的雅典，他们还真相信。这可太好笑了，当然，后来发生了那件事，盖坦死在了那场冲突里……如果那天没下那么大的雨，整个波哥大都完了。大火会烧掉整座城市。他妈的！幸亏耶稣送来了一场暴雨……但波哥大有一样东西……有一样藏在深处的无声的东西，几座美丽的公园。那里静谧无声，让首都变得平静。那就像是终点站一样……弥漫着忧郁……就像所有经历过的快乐都化成了忧郁，很柔和，很沉静。就因为这样，暗杀带来的恐怖才让人们惊恐万分。毕竟这一直是一座亲切的城市，非常平静。这么说吧，你来到波哥大，总能找到一个人吃饭、思考的地方。有几家物美价廉的馆子。我们每天都去那儿，朋友们也在那儿。那里是结交朋友的好地方，因为其他地方的人傲慢无礼。但波哥大本身的确很可爱……

圣地亚哥·穆蒂斯：那么，波哥大给他提供了什么？作家。就这个。

何塞·萨尔加尔：那时候有一种称呼，那就是：我们的伙伴。

爱德华多·萨拉梅亚·博尔达，他也是小说家，写过一部很有名的小说：《我所承受的四年》。他也是很伟大的记者，但他用瓜希拉风情为自己的文字增色不少。《我所承受的四年》讲的是一个波哥大人在沿海地区的冒险。这也对后来呈现在加博面前的魔幻时刻产生了巨大的影响。他说："好吧，我可以放弃让我痴迷的文学创作，这下我就只专心于新闻界了。但是新闻和事实是很冷酷的，甚至是丑陋的。必须动用想象力。"

圣地亚哥·穆蒂斯：加博想要确认一种可能性。他们是在开辟一条道路，在报刊、出版社、社交圈里开辟一条路，打造自己的人生。也有和他们作对的东西，但没有什么能和加博相对。加博的一句话就能推倒一切，没有人比他更会反驳，别人拿他没办法。

埃克托尔·罗哈斯·埃拉索：另外，加博已经完成了一生中必须要做的事了。就只有一件事。而我们倒是很善于许愿。

天鹅之颈

消失的事件造就了白天的记者与夜晚的短篇小说家。

何塞·萨尔加尔：加博当然很出色，但那个时候我这里也有其他优秀的记者，在报道方面更出彩、更有能力。报社编委会开会探讨当天的话题："今天你去那儿负责这块儿"，并给出一些指示。但记者也可以主动选题："我想写这个主题"，他提出计划，然后就有人告诉他能不能做。他？主动？他不太主动，不太主动提议。加博在小说、魔幻现实主义和文学方面很有创见，但在做记者方面，他也得跟别人一样按部就班……

起初他是拒绝的，但后来，他刚当上记者就喜欢上了这份工作。当他写东西的时候，他就变得更喜欢了，这个过程挺快的。很多时候，报纸马上就得印了，我都是从他的打字机上直接把文章扯下来，递给校对员，快速核对一遍就发了，哪怕有些粗糙。加博的特点之一就是不交有错误的原稿。一旦有需要重写的部分，他就把原来的撕掉重写。垃圾桶里都是他扔的废纸。他会反复写，直到写出尽可能完美的原稿。除了几次例外。我有一篇他的原稿，那是一气呵成的，为了赶时间。

玛格丽塔·德拉维加：他写影评。你可以看看他写的那些文章。电影是文化的一部分。电影俱乐部是整个国家文化生活的重要部分，是从法国人那里传承下来的。我的父亲曾经在法国学医，和法国女人结了婚，跟爱德华多·勒梅特里 [1] 一起创办了卡塔赫纳首家电影俱乐部。那儿还有一些诗歌沙龙，比如巴兰基亚女诗人梅拉·德尔玛发起的那个，她前不久刚过世。人们聚在一起吟诗，在波哥大也一样，但把波哥大说成雅典，把我们当成蠢蛋，这完全是胡说八道。

何塞·萨尔加尔：加博很喜欢和电影有关的文章，之前也在《先驱报》上写过。后来他到《观察家报》来了。他最喜欢写的，也是当成使命去完成的是"日复一日"简讯和电影评论。他发现这件事情和别的事情不太一样，他能通过电影评论对一件艺术行为发表自己的看法。除此之外，他还写书评。他效仿很有名气的作家，比如爱德华多·萨拉梅亚和阿维拉尔多·弗雷罗·贝纳维德斯 [2] 这样杰出的作家。那时候的"日复一日"简讯地位很突出，他能稍微写点文学的、富有表达力的东西。

我知道他在做的事情：我读过他写的几篇小说，在我看来他是个很优秀的作家。讲得具体一些，那时候他一直给我这样的印象，因为他的原稿是我收到的最棒的文章之一。

首先，他干活非常利落，非常勤快，因为他把所有不满意的稿子都扔进了垃圾桶，直到写出完美的稿件。在我看来这棒极了，但他需要更专注于作为新闻工作者的现实生活……他有两张全然不同的面孔。一方面他痴迷于文学。他在探索文学，和锡帕基拉中学的文学老师们一起。他为了写回忆录去找过他们。他们痴迷于文学，

---

① 爱德华多·勒梅特里（1914—1994），哥伦比亚历史学家、作家、记者、政治家。
② 阿维拉尔多·弗雷罗·贝纳维德斯（1912—2003），哥伦比亚历史学家、政治家、记者。

不断钻研着乔伊斯 [1]，钻研着当时所有伟大的作家。到了晚上，他就以虚构，以美妙的语言思考文学。他那会儿在写短篇小说。

胡安乔·希内特：《世上最美的溺水者》本来应该是阿尔瓦罗·塞佩达的，但他却说是我把这故事告诉加比托的。"你他妈的干吗把这个告诉他？"我跟他说："没什么啊，是他先写出这个故事的。"

事情发生在圣马尔塔。你知道圣马尔塔的海湾吗？在塔萨赫拉，渔民的聚居地。那里的家伙……他们出海打鱼。其中有个人出海后第二天没回来。第三天人们就去找他。后来就开始为他守灵，你也知道人们用朗姆酒守灵。这样的守灵仪式持续了五天……你知道在那些宅子里，庭院往往连着池塘，就从那儿来的……唉，世上最美的溺水者就是从那儿来的。那儿的人把这故事讲给我们听，于是某天阿尔瓦罗说："啊哈，加博，那个关于溺水者的故事太棒了。"然后加博就问："什么故事？"我就讲给他听了。就这样！他先把这故事写了出来。后来阿尔瓦罗也写了，但用的是另一种形式。

还有那个《石鸻鸟之夜》的故事。我们有天早上在黑人艾乌菲米亚的妓院里醒过来：我、阿尔瓦罗、加比托和阿方索。那个宅子就像我们自己家一样，因为阿方索的父亲是房东，所以妓院里的人对我们很好。晚上他们把石鸻鸟放出来。

---

[1] 詹姆斯·乔伊斯（1882—1941），爱尔兰作家，代表作有《都柏林人》《尤利西斯》。

基克·思科佩尔：石鹆鸟和苍鹭差不多，黎明时唱个不停。黑人艾乌菲米亚的妓院里有二十个女人待在各自的房间里。晚上，凌晨两三点的时候，等那些女人们睡了，她就把石鹆鸟放出来……

胡安乔·希内特：放到院子里。

基克·思科佩尔：黑人艾乌菲米亚去世了。有一个老主顾就把妓女们带去他的工厂工作……他跟那二十个妓女说："你们不必再做这档子营生了，你们可以过上体面的生活。我把你们带去我的工厂工作。你们所有人都能在我的工厂工作。"然后他就带她们去了工厂。他有一家纸袋工厂。他是基督徒，满怀仁慈之心。他有这世上最无私的想法。他把妓女们带去工厂，但二十天后，她们告诉他："不行，我们只能忍到这儿了。"

何塞·萨尔加尔：但是在白天，当他到了报社，以记者的身份工作的时候，他就必须把文学的想法暂时搁在一旁，完完全全地陈述事实，要用他所不具备的新闻业标准约束自己。首先，如实记述。其次，准时交稿。既然报社付他薪水，他就该竭尽全力为报社工作。但我遇到了一个问题。他出勤时顶着一头乱发，眼圈发黑，于是我就对他说："咱们这样子可没法工作，没办法……"作为主编我要求他严格履行职责，早点到岗，结果加博告诉我他迟到是因为在熬夜写那些玩意儿。"你这是把精力用在其他事情上了，”我这么跟他讲，“你为什么不扭断天鹅的脖子[1]，专注于新闻业呢？新闻业能让你把文学作为工具使用。”事情就是这样。他对我说：“好吧，那我就放下文学。”他想说的是他听从了我的劝导，会专注于新闻业。之后他撰写的新闻稿就很棒了，但后来随着时间的流逝，我才发现事实不是这样。

找到了，这是在1955年写的：“献给伟大的何塞·萨尔加尔，请看天鹅的脖子有没有被接回来。向您献上我的友情，加博。”初版《枯枝败叶》，有点地下的感觉。

吉列尔莫·安古洛：我当时在墨西哥工作。我是摄影师。有天加博发表了一个关于我的非常胡扯的东西，但很有意思，他说："哥伦比亚人在墨西哥拍摄新现实主义电影。"我没在拍电影。我就拍了一些圣周的照片，就和这里的一样，那是在雷耶斯，在伊斯塔帕拉帕。他很喜欢，于是就在《观察家报》上写了一则简讯。我给他写了信表达谢意："我想认识你。"我准备回国，记不清时间了，应该是1955年。他说："好的，我在《观察家报》。"

何塞·萨尔加尔：他被派去报道"环哥伦比亚自行车赛"，去采访"科切斯"罗德里格斯[2]，比赛的冠军，但人有点迟钝。"谈谈'科切斯'罗德里格斯的人生。"是个记者都会说："派我去采访他

---

[1] 这一说法出自墨西哥诗人恩里克·冈萨雷斯·马丁内斯写于1911年的十四行诗《扭断天鹅之颈》。当时的诗坛推崇由鲁本·达里奥开创的"为艺术而艺术"的现代主义诗派，诗歌中常用"天鹅""蓝色"等作为美的象征。马丁内斯对此提出异议，认为诗人应该把注意力"转向西班牙美洲自己的历史、景色和人民"。因此，他用《扭断天鹅之颈》与现代主义诗歌决裂。

[2] 马丁·埃米利奥·罗德里格斯·古铁雷斯（1942— ），绰号"科切斯"，哥伦比亚公路自行车手。

也太无聊了。"加博去了。妈的！他做得棒极了。加博一给出话题，"科切斯"就热络起来了，于是加博就开始刨根问底。他写稿的时候就能想到更多的细节……那一系列的报道做得非常棒，哪怕自行车赛这件事本身无聊得很。

他是做系列新闻报道的专家。他还写过很长的一篇关于乔科省[①]的报道……当时的总统罗哈斯·皮尼利亚宣称要瓦解乔科省政府，我们派去的记者发回了一篇报道，说那儿有一场大规模的抗议活动。但当加博到达后，他发现那篇报道是记者瞎编的。他只能还原事件的真相。新闻里的事件只能是真实存在的，但没人愿意讲出来，说一说那个地区有多贫困。加博做到了。

基克·思科佩尔：加博是个普通人。对我而言他有一个很大的优点，就是韧劲。他很执着，执着，一生都想成为他自己。记者，他是一个伟大的记者。不过，我之前不这么觉得。

何塞·萨尔加尔：加博被派去采访罗哈斯·皮尼利亚，报道在梅尔加[②]发生的事情。他一到梅尔加的机场就看见另一架飞机往别的地方飞了，就问："这是飞去哪里的？""在托利马省的比亚里卡发现了其他游击队。"于是他就去了比亚里卡，没去梅尔加。他就和摄影师一起前往那里，结果什么也没看到。但突然有人告诉他："游击队就在此地。"他找到了游击队，看见他们杀死了四名士兵。他们就在事发现场。士兵被撤走了，但罗哈斯当局矢口否

---

① 哥伦比亚西北部的一个省。
② 位于哥伦比亚中西部的城市，在托利马省境内。

认这件事。他什么也不能说，当时的审查制度很严格。于是那四名死去的士兵就被历史掩埋了。五十年后的现在，他在重新还原这一切，但是更注重细节。他打电话问我要当时的资料……他力求完美。一个月前他从墨西哥打电话问我，那个和他一起去的摄影师叫什么名字。基于这件事，我们讨论了其他类似的新闻。我们聊了一个小时十五分钟。

胡安乔·希内特：让他脱颖而出的是那一次，他做了海员被扔进海军基地水域的报道。那时候……

何塞·萨尔加尔：《一个海难幸存者的故事》就是从这里来的。那是一则很普通的新闻，虽是一个大新闻，但新闻题材本身已经死了。围绕新闻的逸事很有趣。加博和幸存的海员贝拉斯科见了一面，尽管贝拉斯科已经把事情全说了一遍，但加博还是来了，因为我们想让加博再从中挖掘一些东西。他们在咖啡馆见面，贝拉斯科开始讲他的故事，越讲越兴奋。突然加博意识到了他在讲什么……故事的灵感就来源于此。加博总能靠它获得创作灵感。"它"是什么呢？是敏感的细致，是记者刨根问底的职责。

胡安乔·希内特：那里曾经有过一次海难，一艘载着冰箱等违禁品的海军船，海员中的一个小伙子被扔了下去……那就是他的独家新闻。他写了一篇报道，那时候没人敢在这里写类似题材的报道。首先因为它事关军队。他写了那个海员所经历的灾难，以及他是如何幸存下来的。

何塞·萨尔加尔：著名的《一个海难幸存者的故事》……他从没意识到这篇报道最终会产生深远的影响。那是罗哈斯·皮尼利亚下台的原因之一。加博是在新闻审查制度下写的报道，看着一位英雄向他讲述那艘船的事情。他发现船之所以倾斜不是因为海上的风暴，而是因为船上装载的违禁冰箱的重量。海员如实地讲述，加博证实了这一切，用这样一个标题发表了报道：《没有食物也没有淡水，救生筏上的他在海上漂流了十天，被授予民族英雄称号，得到了选美皇后的亲吻，通过广告大赚一笔，之后遭当局遗弃，被时代遗忘》。

拉斐尔·乌略亚：《一个海难幸存者的故事》为他博得了名声。罗哈斯·皮尼利亚想把他送进监狱。

吉列尔莫·安古洛：事实上，没有所谓的独裁政权。罗哈斯·皮尼利亚打电话给费尔南多·戈麦斯·阿古德洛[1]，因为他的父亲是很有名的法学家。人们管他叫"蟾蜍戈麦斯"。他负责处理罗哈斯·皮尼利亚的法律问题。作为回馈，当时年仅二十二三岁的费尔南多·戈麦斯获准把电视引入哥伦比亚。罗哈斯对他说："你可以把电视行业搞起来，但必须在一年内准备好，一年后是我领导的政府的周年庆。"费尔南多去了美国，告诉他们在哥伦比亚发展电视行业的困难。得到的答复是："不可能，没办法在一个有那么多山脉的国家发展电视行业。"于是他就去了德国。德国人告诉他

---

① 费尔南多·戈麦斯·阿古德洛（1931—1993），哥伦比亚律师，电视行业诞生与发展的先驱。

《观察家报》上刊登的《一个海难幸存者的故事》

可以，但造价很高。"您得在每座山上架设中继器，只要有钱装中继器，哪儿都能有信号。"他说："就这么办。"

就剩几天时间了，最后一批器械也乘着荷兰皇家航空的飞机从德国抵达了哥伦比亚。民航局长说："那架飞机不能降落。""为什么？""因为我们与荷兰没有签署航空协定。"于是他们打电话给费尔南多："不行，飞机要返航。"他说："等一下。让飞机盘旋一会儿，我在十分钟内解决。"他打电话给罗哈斯·皮尼利亚，得到的答复是："我现在很忙，没时间管这麻烦事。你打电话给民航局长，告诉他如果飞机五分钟内不落地，他就被撤职了，然后你就去当民航局长把这事搞定。"事情就是这样。不存在所谓的独裁。

埃克托尔·罗哈斯·埃拉索：后来加博想去欧洲。《观察家报》就派他去了。

SADEG——援助加比托友人会 [1]

托独裁政权的福,加西亚·马尔克斯得以了解欧洲,结识一生的朋友,独享纯粹的贫穷。

何塞·萨尔加尔: 加博很想了解欧洲,想去那儿拍电影,去那儿干点事,正巧赶上了四国首脑会议 [2]。他受邀去意大利参加几项电影课程。几件事赶在一起,报社便报销了他的旅费。我不知道具体花费,因为报社从来就不富有,但还是尽可能为他提供了路费……没有比可以亲自了解欧洲更让他高兴的了。他自然没意识到滞留在那儿的危险,完全不知道报社倒闭。欧洲之行也丰富了他的经历,因为他被推向了赤裸裸的现实。

费尔南多·雷斯特雷波: 费尔南多·戈麦斯·阿古德洛和加博是在飞往欧洲的航班上认识的。加博去报道艾森豪威尔和赫鲁晓夫那次著名的会谈,《观察家报》派他去的,我的伙伴费尔南多去做欧洲电视行业的调研,想挑选设备,因为罗哈斯·皮尼利亚派他去开创哥伦比亚的电视行业。二十几岁的费尔南多在罗哈斯·皮尼利亚将军掌权的时期是哥伦比亚国家广播局的局长。将军派他去做装配电视的调查,他在很短的时间内完成了任务,不到八个

---

①SADEG 为 "Sociedacl de Amigos para Ayudar a Gabito" 的缩写,即 "援助加比托友人会"。
② 指 1955 年 7 月 18 日至 23 日在瑞士日内瓦举行的日内瓦首脑会议。与会者为美国总统艾森豪威尔、英国首相安东尼·艾登、苏联部长会议主席尼古拉·布尔加宁和法国总理埃德加·富尔。

月。就是为了这个他去了欧洲，在飞机上遇见了加博，那时候的加博是《观察家报》的记者，那是1954年。加博没有回到《观察家报》，因为他留在了那里。据我了解，他把返程机票卖了，留在欧洲生活。

何塞·萨尔加尔：他完全被眼前的新世界迷住了：他已经成了报纸上的人物，已经获得了记者的头衔，将代表哥伦比亚的重要报社在欧洲活动。他已经有了身份，而且有了作家的影响力，他是出版了一部小说的成功作家。《枯枝败叶》是《百年》的开端。

吉列尔莫·安古洛：我去《观察家报》找他，却被告知："他不在，作为我们报社的通讯员去欧洲了，要在意大利电影实验中心学习电影。"我说："啊，太好了，我也要去实验中心学电影。"加博给我留了一封信，告诉我去哪儿可以找到他。地址是意大利广场，2号，二楼。信里还说："你到了那儿就上二楼，会有一个头上扎着毛巾的女士唱着歌剧出来开门，然后你就问她……"我忘记导演的名字了，他是一位阿根廷的电影导演，后来加博在哈瓦那创办了一所电影学校，他是校长。他叫啥来着？也许我一会儿就想起来了。阿尔茨海默病把我弄得一团糟。不管怎么说，我到罗马以后就去中心找他，先遇到了剪辑老师，意大利人管剪辑叫"蒙太奇"，她很肯定地说，加博是她教过的最好的学生。为什么？因为加博做的就是剪辑这件事，而不是在搞创作。他从美国小说里学到了这套本领，应用得很娴熟。他是一个很棒的剪辑师。于是我就去意大利广场找他，那位女士出来开门，我笑了出来。

她见我笑出声就有点恼火。但我笑是因为她的确用毛巾包着头，唱着歌剧出来开门。我问她那位朋友在不在，就是那个我记不起名字的导演，他当时在学习电影，后来在阿根廷做了不少事，甚至参演了《巨翅老人》。女士回答说："他不在，回阿根廷了。"哦对，他叫费尔南多·比利。我追问："那加夫列尔·加西亚·马尔克斯呢？"她说："谁知道呢？"① 这话很有道理。谁认识他呢？后来加博通过我们俩共同的朋友给我捎了封信，告诉我："我得去巴黎。"

圣地亚哥·穆蒂斯：加博说去巴黎，但巴黎给了他什么呢？加博像被镊子夹走般离开了哥伦比亚，加博是属于那里的人：那儿有他的父亲，有他的家庭，有他的故乡，有他的家乡人。有他的朋友们。那里是他的全部。他没必要去巴黎找灵感。加博去巴黎有其他的原因……实际上报社因为政治问题倒闭了，他就滞留在那儿了。

吉列尔莫·安古洛：他把一个朋友送到了我这边，普帕。普帕不是个贬义词。"普帕"这个词的原意是"尖尾弄蝶"。普帕的故事很美，因为普帕爱上了一个弹吉他的罗马人，名叫罗马诺② 。但罗马诺不理她，一点也不把她当回事。于是她就决定跟所有的拉丁美洲人上床。她是哥斯达黎加人，被送去了欧洲，这样就不会闹出跟所有人上床的绯闻来，或者她最多在欧洲闹绯闻，那儿的

---

① 原文为意大利语。
② 罗马诺（Romano）和西班牙语中的罗马人（romano）拼法相同。

容忍度高多了。她是哪位前总统的女儿还是孙女来着，总之是个很重要的人物，她在哥斯达黎加驻罗马大使馆担任一等秘书，但住在巴黎。他们自然没有派她去工作。

我还有他寄给我的那版《没有人给他写信的上校》呢。是用黄色的纸印刷的。那时候我们就是朋友了。他寄给在罗马的我，让我读，我告诉他我喜欢这本书。我给他写信，给他加了注解之类的东西。他回信说："我要去巴黎了，住在居贾街16号。"那儿就是加博和那位著名的女士同住的地方。她叫什么来着？夫人，拉克罗瓦夫人，应该是这么称呼的。于是我说："那我也得去巴黎。我会在巴黎待上六个月左右，我们就在那儿见吧。我先住酒店。"

圣地亚哥·穆蒂斯：巴黎带给他的是收留了他一年的女人，他的房东，一位老妇人，同样不是巴黎人。我想说，是的，这位老妇人代表了巴黎的深邃，但那样的巴黎没能把列奥纳多·达·芬奇①带给加博。巴黎带给他的是残酷的禁闭生活，让他说出了这样的话："好吧，我是谁？我在这里做什么？"他不得不为自己做出决定。他决定保持他一直以来的样子：一个来自巴兰基亚、卡塔赫纳、阿拉卡塔卡，喜欢埃斯卡洛纳②，喜欢亚历杭德罗·杜兰③，爱瓜希拉这片土地的人，他认为瓜希拉的女人是世上最美的。就

---

① 列奥纳多·达·芬奇（1452—1519），意大利文艺复兴时期的博学家，在众多领域有显著成就。
② 拉斐尔·卡利斯托·埃斯卡洛纳·马丁内斯（1927—2009），哥伦比亚作曲家，主要音乐风格为巴耶纳托。
③ 希尔维托·亚历杭德罗·杜兰·迪亚斯（1919—1989），哥伦比亚手风琴家，巴耶纳托作曲家与歌手。

是这样。

吉列尔莫·安古洛：酒店叫弗兰德酒店，在居贾街上，对面住着古巴的非裔诗人纪廉。他流亡到那里，住在一家比居贾街的酒店更廉价的旅馆里。他每天都出门，回去时胳膊下面夹着面包，就和所有法国人一样，也许有人会觉得把面包当除臭剂很奇怪。后来纪廉成了大使，驻在巴黎，那是一个很有趣的故事。人们问他："怎么样……外交怎么样？很艰难吗？"他说："是是是。外交是很艰难，但工作要艰难得多。"

后来我到居贾街16号找加博，那位老妇人告诉我"加西亚·马尔克斯不在，他去做东欧相关的报道了"。那时他和普利尼奥一起去做东欧的报道。我感觉自己再也见不到他了。于是我说："夫人，我需要一个房间，最便宜的那间。"她问："你要住多久？"我说至少住三个月。她说"啊，好的"，然后就给了我顶楼的房间。那儿很不舒服，因为抬头就是屋顶，在床上一起身就会撞到头。

有一天，有人敲门，站在我面前的是一个穿着蓝色毛衣、围巾在脖子上绕了好几圈的家伙，他说："老师，您怎么在我的房间？"是加博。那就是我们见面的场景。我有一张那时候拍的照片。

圣地亚哥·穆蒂斯：他付不起钱，就一直在那儿写作，饿着肚子过日子……他对拉克罗瓦夫人来说是什么呢？什么都不是。他只是一个借住在那里的穷记者，不停地工作。

吉列尔莫·安古洛：那时候的加博非常非常穷。我在那儿的那段时间，他每天都跟我一起吃饭。他会来的，我留了五张地铁票。他后来住在讷伊区的单间里，讷伊区那一带很优雅，可那是一间给女仆住的房间。卫生间在房间外面，有一个很小的炉子可以烧热水、煮咖啡、煮蛋。那是他唯一的口粮。他非常非常穷。于是我每晚请他吃饭。他问我："有什么可以读的？您要知道我得在地铁里待上大约四十五分钟。"我一辈子都是杂志读者。我有《电影手册》[①]和《巴黎竞赛画报》[②]。他随便挑了一本跟我说"我明天带给你"，然后拿了一张往返地铁票。从那时起，我们成了非常非常好的朋友。

何塞·萨尔加尔：那天他对我说："告诉我，我是什么时候去的欧洲，《观察家报》是什么时候倒闭的，我什么时候失去了工作，失去了报纸。这样我就能坐下来把所有的心碎事全讲一遍，写几封很长的信告诉你我在巴黎的所有奇遇，最后在信的末尾向你哀求一张报社开给我的支票。"那是他唯一的收入来源。"你记得我寄给你的那些信吗？"我的回答是……这再悲伤不过了，就像所有寄往报社却没能发表的东西一样，我把它们扔了。饶了我吧，这都是什么事啊！那些信简直就是一本书。当然，他把所有的坎坷经历都重新构思过了，用另一种方式讲了出来。

但那些信是一手资料，非常非常私人。信写得棒极了，因为

---

① 法国电影杂志，由安德烈·巴赞等人于 1951 年创办，在电影史上具有重要地位。
② 法国时政类新闻周刊，1949 年创刊。

他一旦坐下来写东西，不做到极致是不会罢休的。这是一种狂热的习惯。他说自己在写我们两个生活过的那个年代，问我回忆录的第一卷里出现的一些历史事实。他在重塑一切，但是注重细节，而且肯定会提及一些我不知道的事情。

胡安乔·希内特：有一个"援助加比托友人会"，简称SADEG。它就是个空名头，根本就没有什么友人会。但朋友们的确筹钱寄给他。我连五分钱都没给。但胡里奥·马里奥和阿尔瓦罗的确给了他钱。

吉列尔莫·安古洛：我继续讲之前的事，我还没把普帕的故事讲完。我遇到加博以后就问他："说说，你是怎么认识普帕的？"他说："啊，这事说来话长。你看，我穷得不得了，但有一天收到了从巴兰基亚寄来的卡片，是'洞穴'的朋友们寄来的，署名维拉、毛孜塞佩达和亚历杭德罗。卡片上满是棕榈树和阳光的气息，上面写着：'尻包，你在那儿忍受严寒，我们这儿可是阳光普照。回来吧。'我说：'浑蛋，妈的！怎么不给我寄点钱呢！'"

埃里维尔托·菲奥里略：他们是在"洞穴"的吧台上写的明信片。豪尔赫·伦东，世界书店的老板，会包"三明治"。赫尔曼·巴尔加斯给加比托发了封电报，提醒他明信片里有一百美元的纸币。

吉列尔莫·安古洛：没过多久他就收到一封从巴兰基亚寄来

的加急信："你粗枝大叶的，肯定不会注意到卡片是个'三明治'，里面夹着一百美元。"

基克·思科佩尔：过去的明信片上的图像可以剥下来。胶水不行，一碰水就脱胶了。阿尔瓦罗在里面放了一百美元。那个年代禁止邮寄现金，所以不能明目张胆地寄。

吉列尔莫·安古洛：于是加博就去酒店楼下的垃圾桶里找，你想想，那里面有避孕套，什么都有。他在垃圾堆里翻找，找到一看，的确有一百美元。

基克·思科佩尔：阿尔瓦罗出了九十美元，我出了十美元。把钱封在明信片里面。

吉列尔莫·安古洛：但那天是星期六，美元在那个年代就像黑市上的东西，很难兑换，不像现在可以在换汇的机器里兑换成其他货币。他很绝望，那是因为他饿了。于是他就开始问别人去哪儿才能换汇，有人跟他说："我们有个叫普帕的朋友。她昨天从罗马到这儿，刚领工资，一定有很多现金，你去找她换钱。"
　　他和以往一样把自己裹得严严实实的，冷得要命。那是个冬天，普帕开了门，热浪扑面而来，房间"供暖很好，对吗？"[1]普帕全身赤裸。她不漂亮，但有曼妙的身材。她会跳脱衣舞，但没多

———————
① 原文为意大利语。

126

少挑逗的意思，或者说根本不是挑逗。人们对她说："看啊，这眼镜多漂亮。啊，你是在哪儿买的？"然后她就一边跳脱衣舞，一边竭尽所能地炫耀那副眼镜。加博去了之后普帕坐了下来。"最让我困扰的，"加博说，"让我困扰的，不，让我惊讶的是她的言行举止让人觉得她好像穿着衣服，极其自然。她双腿交叉，开始聊天，和我说起哥伦比亚，说起她认识的那些哥伦比亚人，然后我告诉她：'我有这么个困难。'她说：'行啊，当然可以。'然后她就非常优雅地站了起来，去了房间的另一头。那里有一个箱子。她打开箱子，取出钱，跟我说……我这才发现她想要跟我上床，但我没那个心思。我只想吃饭。她又说：'我们为什么不喝点什么呢？''如果我现在喝酒，'我跟她说，'我没办法不喝醉。'于是我说：'不不不，这样吧，我们之后再见。'我后来去吃饭了，但那一顿我吃得太多了，之后连续一周都消化不良，之前实在饿过头了。"

埃克托尔·罗哈斯·埃拉索：他有一群很棒的朋友，他们很喜欢他。多数朋友会在某个时候背叛你，给你造成巨大的创伤。但他的朋友们对他绝对忠诚。那可是命中注定的美好存在。否则他怎么从来没抱怨说朋友们轻视他或者对他做过什么……没有，没有这种事。那些朋友们甚至想了为了他工作，那是毫无疑问的。

普利尼奥·阿普莱约·门多萨：加夫列尔每天晚上埋头写小说，一直写到天亮，后来就写成了《恶时辰》。他刚开始动笔的时候，就打断了自己的故事：其中一个人物，那位无望地等待着内战退伍金的老上校，需要另辟一个故事，一本书。他另外写了一篇《没有人给他写信的上校》，这样就能为《恶时辰》腾出路来，同时也是为了通过文字消除当时的日常烦恼：他和自己笔下的人物一样，不知道第二天怎么吃饭，一直在等一封信，一封从未寄来的夹着钱的信。

基克·思科佩尔：那个时候我住在哈瓦那。他知道我住在哈瓦那。我的父亲是古巴人。父母在哈瓦那给我留了住处，但我还是在巴兰基亚买了鳄鱼皮，带去了哈瓦那，在日光下晒干后做成皮夹和鞋子，然后去迈阿密，把这些制品都卖了。换句话说，我会在巴兰基亚待上两三个月，在哈瓦那待一个月，然后再去迈阿密过两三个月。暴动的时候我离开了哥伦比亚，就是菲德尔①来的那一年，我女儿在哈瓦那出生……加博知道我玩斗鸡，所以就寄给我一张问卷。他私下里让我帮他这个忙，打电话跟我说："基克老兄，我会寄一张问卷给你，因为我在写一章关于……"反正我不清楚他要写什么。问题有："斗鸡长什么样？斗鸡什么颜色？""怎么抓斗鸡？""什么时候会拧断它的脖子？"总共有大约两千个问题。

胡安乔·希内特：基克一辈子都在玩斗鸡。

拉蒙·伊良·巴卡：我是在 1958 年听说加西亚·马尔克斯的。

---

① 菲德尔·亚历杭德罗·卡斯特罗·鲁斯（1926—2016），古巴政治家、军事家、革命领袖。1948 年，卡斯特罗前往哥伦比亚首都波哥大参加拉丁美洲学生组织的反帝反殖民学生大会。盖坦被暗杀后，波哥大陷入大暴乱。卡斯特罗是暴动中的活跃分子，所以也在哥伦比亚政府的追捕名单之列。

我不知道《枯枝败叶》，也不知道早期的那些短篇小说，我对这些一无所知。巴兰基亚一代出现的那会儿我还在一所神学院里念书，跟这些东西沾不上边。我记得1958年《没有人给他写信的上校》在《神话》杂志上发表了。

　　普利尼奥·阿普莱约·门多萨：《没有人给他写信的上校》是在一本文学杂志上发表的，没有编辑要求事先获得授权，也没有支付任何版权费用：他们真心地以为刊出一篇被出版商们瞧不起的手稿已经足够慷慨了。

　　圣地亚哥·穆蒂斯：不能说《没有人给他写信的上校》是一本政治小说，虽然书中强烈谴责了政府在这个国家犯下的欺骗罪行。但书中的慈悲之心实在太强大了……

　　拉蒙·伊良·巴卡：我喜欢《没有人给他写信的上校》，但没有托马斯·曼 ① 的书给我带来的那种震撼，不是《魔山》那样的作品。我当时在读《德米安》和《荒原狼》②。那些书是我当时在读的，给我留下了深刻的印象。

　　卡梅洛·马丁内斯：他把收集的故事写进了书里。在蒙特里亚 ③ 有一位叫娜塔莉亚的女士。瘸腿的娜塔莉亚。她的腿瘸了，被

---

① 托马斯·曼（1875—1955），德国作家，1929年获诺贝尔文学奖，代表作有《魔山》等。
② 同为德国作家赫尔曼·黑塞的作品。
③ 位于哥伦比亚北部，科尔多瓦省的首府。

在巴黎，五指张开
拍摄于 1954 年

打伤了脚踝，拄着拐杖走路。当她没东西吃的时候，就往锅里扔石头，这样邻居们就会说"娜塔莉亚在吃饭呢"。她把这事告诉了我父亲，她是我父亲的朋友。她住在靠近墓地的一间小屋里……她把锅放在外面，往里面倒水、扔石头。"为了不让人知道娜塔莉亚在挨饿。"你还记得写上校的那本书里有这段吗？上校的妻子在锅里煮石头，免得在邻居面前丢了面子。

神圣的鳄鱼

得益于结交靠谱好友的杰出能力，他在委内瑞拉找到了工作，又因为"神圣的鳄鱼"回到了巴兰基亚。

普利尼奥·阿普莱约·门多萨：在巴黎的时候，他的房间里只有一台红色的好利获得牌打字机，是我卖给他的。墙上有一张梅塞德斯的照片，用图钉固定着。她是加博在哥伦比亚的女朋友。我第一次去他家的时候，他指着照片跟我说："神圣的鳄鱼。"

吉列尔莫·安古洛：他从巴黎回来后就和普利尼奥一起在委内瑞拉当记者。我不记得那本杂志的名字了。"鳄鱼"的心意很坚定，等加博到加拉加斯他们就结婚。

杰拉德·马丁：他和巴黎的女朋友塔查没办法继续下去，那是暴风雨般的短暂关系，不过也很重要。

米格尔·法尔克斯-塞坦：普利尼奥在那段时间一直给加博提供着帮助。那是五十年代的巴黎，他身无分文，生活停滞不前，因为罗哈斯·皮尼利亚把《观察家报》关了，加博就没了工作，连五分钱都没有。碰巧，那个年代巴尔加斯·略萨[①]也住在巴黎，虽

[①] 马里奥·巴尔加斯·略萨（1936—   ），秘鲁作家、诗人，2010 年获诺贝尔文学奖，代表作有《绿房子》《酒吧长谈》等。

然听说他们住的地方只隔着一个街区，但互相之间不认识。那时候加博穷困潦倒，好在普利尼奥和德利亚·萨帕塔·奥利维利亚[①]跟着哥伦比亚芭蕾舞团，叫民俗芭蕾舞团还是其他什么，一起到欧洲巡演。普利尼奥一直都是记者。他父亲是有名的政客，和盖坦是朋友。盖坦是在他父亲的臂弯里死去的。盖坦被刺杀的时候他父亲也在场。他父亲的名字和他一样，全名是：普利尼奥·门多萨·内拉。

加博想和芭蕾舞团一起去苏联，但他们找不到合适的理由负担他的旅费。为了能让加博一同前去，普利尼奥跟德利亚谈了谈，把他当成摇沙槌的人加进团里，于是加博就这么跟着去了，好像他真的会摇沙槌一样。他们坐火车到了苏联。

叛变军针对佩雷斯·希梅内斯[②]发动政变的时候他和普利尼奥一起住在委内瑞拉，在那儿认识了卡彭铁尔[③]。由此我得出结论：著名的魔幻现实主义根本就不是什么魔幻现实主义，只是奇妙的现实罢了。加西亚·马尔克斯成名之前，人们就是这么称呼卡彭铁尔的文学世界的。

海梅·阿维略·班菲：委内瑞拉见证了他记者生涯中最耀眼的时刻，他在委内瑞拉迈出了一大步。普利尼奥把他叫去巴黎。普利尼奥管理着卡普里莱斯集团[④]旗下的一本杂志，叫《时刻》，委

---

① 德利亚·萨帕塔·奥利维利亚（1926—2001），哥伦比亚舞蹈家。
② 马科斯·埃万格利斯塔·佩雷斯·希梅内斯（1914—2001），委内瑞拉总统、军事独裁者。1958 年 1 月 23 日，叛变军发动了针对佩雷斯·希梅内斯的政变。
③ 阿莱霍·卡彭铁尔（1904—1980），古巴小说家、散文家、文学评论家、新闻记者，代表作有《人间王国》《光明世纪》。
④ 委内瑞拉的媒体集团。

内瑞拉也正处在欣欣向荣的时期，石油业正在蓬勃发展。加博见证了佩雷斯·希梅内斯下台前后的一切。他撰写了几篇令人难忘的文章，比如《加拉加斯断水》①。现在我要指出一点：写《加拉加斯断水》的加博和写《一起连环绑架案的新闻》②的加博很不一样。他声称写《绑架案的新闻》的自己完全遵照事实，没有添油加醋。但他承认《加拉加斯断水》这篇报道中的德国人就是他自己，那个用桃汁刮胡子的人就是加博，他用捏造的事来说明当时的境况，他把新闻事实戏剧化了。他说："这是一则新闻报道，都是真的，但我加了一点点虚构在里面。"但对于《一起连环绑架案的新闻》，他坚称里面叙述的一切都是非常详细的，经过了调查、考证和研究，全都做了核实。为此他在基金会里也反复强调新闻道德的重要性，不能杜撰新闻。也就是说，那时的加博已经成熟了，更谨慎，因为他自己也是不实消息的受害者。所以他对当时人们做采访的方式表示担忧，人们滥用录音机。

普利尼奥·阿普莱约·门多萨：他到加拉加斯的第一个周末就结婚了。梅塞德斯一言不发，直到我们认识后的第三天才说了话。

玛利亚·路易莎·艾里奥：他和梅塞德斯是什么时候认识的？从小就认识了，对吗？

---

① 加西亚·马尔克斯撰写的纪实报道，从一名德国移民的视角记录了1958年加拉加斯缺水时期的生活，收录在《世纪丑闻》，即中文版《回到种子里去》中。下文提到的"桃汁"在原报道中实为"橙汁"。
② 哥伦比亚"麦德林"贩毒集团首领巴勃罗·埃斯科瓦尔因惧怕被引渡到美国，绑架了九名哥伦比亚记者和一位政要亲属，作为和政府谈判的筹码。加西亚·马尔克斯以真实事件为基础，记述了人质所受的严酷折磨，以及营救者与绑匪进行的谈判。

拉斐尔·乌略亚：他们很小的时候就认识了。她是苏克雷的。巴尔恰家族祖籍在马甘格，但他们搬到苏克雷去了，加比托的父亲去了辛塞，后来又从辛塞到了苏克雷，他们就是这么认识的。

玛利亚·路易莎·艾里奥：有一次，梅塞德斯大概十一岁的样子吧，她在父亲的药店里。加比托进药店跟她说："等你长大了我就跟你结婚。"

玛格丽塔·德拉维加：她不单纯是沿海人，还是西班牙和土耳其混血。我们说的"土耳其人"包括从叙利亚或者埃及来的人，但他们是奥斯曼土耳其人，因为他们的护照是奥斯曼帝国的。她的家族比加西亚·马尔克斯一家要富足得多。到苏克雷之后，加西亚·马尔克斯家族才过上了中产阶级的生活，他的父亲成了一名药剂师。《一桩事先张扬的凶杀案》的发生地就在苏克雷。

米格尔·法尔克斯-塞坦：她的父亲是一名药剂师，而且比加西亚·马尔克斯的父亲地位高。放假的时候他和父母住在一起，所以在某一个假期就认识了巴尔恰家的女儿，她还是个小女孩，于是他对她说："你长大后我就会回来娶你。"然后他就离开了苏克雷。他再回去时至少三十三岁了。他和她没有任何关系，就像印度式的爱情一样，两个人小时候订婚，然后在互不了解的情况下结婚。他履行了承诺，回到那里，娶了她，带着她离开。就是这样一个故事。

卡梅洛·马丁内斯：这你可不要讲出去。他爱上了乌里科埃切亚家的女孩，乌里科埃切亚医生的女儿，是波哥大人。她叫卡米拉。卡米拉……不对，卡米拉是姐姐。卡米拉在这儿，和奥尔瓦尔的哥哥结婚了。那个女孩是妹妹，安帕罗。他爱上了她，但乌里科埃切亚医生的阶级意识很强，他不接受加比托，因为加比托穿着寒酸。他穷得很，还不修边幅。老医生反对这桩婚事。于是安帕罗就去了波哥大。她进了一所护理学院，和所有护士一样，她嫁给了医生。她和一个波哥大的医生结了婚，去了加利福尼亚，但后来他们离婚了，她再婚了，她的前夫也再婚了。据我所知，她再也没回到哥伦比亚。梅塞德斯是安帕罗的朋友。当然她没有从安帕罗的手里抢加比托。是乌里科埃切亚医生把他们两拆散的。

玛格丽塔·德拉维加：梅塞德斯非常漂亮。有一双美丽的眼睛。不是传统意义上的那种美，但总是能吸引我。她有一双很大的眼睛，一头靓发，给我很深的印象。她比加博漂亮多了。

玛利亚·路易莎·艾里奥：后来加博和她这么说："你应该和我结婚，因为我会成为很重要的人物。"我觉得他的确什么都料到了。

玛格丽塔·德拉维加：《百年孤独》里那段关于他和她相遇的故事都是真的。那时的她很年轻，是他的邻居。但这段故事里也有很重的男权主义色彩，不是吗？因为姑娘很小的时候他就看

梅塞德斯·巴尔恰

上了她，她会成为一个理想的妻子，自那以后别人都不能觊觎她了。他回去和她结婚，姑娘爱上了他。我把这称作"波莱罗的哲学"，是男权主义的一部分。"只有一次"，爱情是独一无二的，不管发生什么，和初次爱上的人的特殊结合高于现实。男人可以行为不端，但不是因为他想这样，而是天性使然，况且你是他第一个爱上的人。这就像一种病，存在于所有的文化之中。崇拜、爱慕、露骨的恭维让你受宠若惊，还有那种源于浪漫主义的浪漫想法：一定存在一个特别的人在等着你。别跟我讲外国人没有这套，一定有。

"那份共产主义报纸"

加西亚·马尔克斯来到古巴革命的官方通讯社——拉丁美洲通讯社[①]，一段真实且鲜为人知的历史。

普利尼奥·阿普莱约·门多萨：我决定离开委内瑞拉回到哥伦比亚的时候，正着迷于古巴革命，我想参与到它所激发的政治活动中去。

加博则计划去墨西哥继续写作。

一天晚上我们在他家门口告别，他住在加拉加斯的圣贝纳迪诺区。我们的委内瑞拉之旅到此结束。

但我们没有料到，不到一个月我们俩就在波哥大重聚了。多亏了古巴。

吉列尔莫·安古洛：有一天一个墨西哥人到了波哥大。加博从来没说过这件事，因为他觉得更重要的是来者是一个游击队员，他得顾及自己的形象。但事实是这样的：来的是个墨西哥人，我还认识他——我在墨西哥生活了五年——他给我打了个电话。他住在特肯达马酒店，我跟他说："别啊，兄弟，你来我家住。"我当时是单身汉。我把他接回家，他叫"瘦子罗德里格斯"，总是随身带着行李箱。他上厕所也带着箱子，一刻不离箱子。我就想：

[①] 于1959年创立于古巴首都哈瓦那，是直接受古巴共产党领导的官方通讯社。下文简称"拉美社"。

"是一本小说。"很明显啊，谁会把一本小说随便乱放呢？于是我就说："听着，你为什么从来不把这该死的箱子放下呢？"（其实里面有票子①。有钱！）"因为我带着票子。"他带着创办拉美社的钱。钱的数额在今天看来甚至会显得荒谬，但在当时是一笔大钱。一万美元。"啊，什么？用来干什么？""为了在这里创办拉美社，你来当第一任经理。"我告诉他，我既不是记者也不是经理。"你是我唯一认识的人、信任的人，所以你来当第一任经理。"于是我就成立了拉美社。后来我认识了菲德尔，对他说："你们欠我一座雕像，因为我是创始人。"这逗乐了菲德尔。我给普利尼奥和加博打电话，对他们说："看，这事你们两个熟。我不熟。我该做什么？"于是他们俩从那时候起就在拉美社工作了。

普利尼奥·阿普莱约·门多萨：我的口袋里揣着烫手的支票，给加拉加斯去了电话："听着，加博，我这儿有一件很重要的事情，没办法在电话里告诉你。你来波哥大，一家报社的办公室，我到时候告诉你……我们要当领导了。"

我已经像墨西哥人那样说话了。

四五天后，加博带着梅塞德斯走下了飞机的舷梯。梅塞德斯正期待着孩子的降生。

拉斐尔·乌略亚：卡斯特罗喜欢他喜欢得要命。

---

① 西班牙语原文为"lana"，口语中指"钱"。

普利尼奥·阿普莱约·门多萨：当然，多年以后回看历史，我们探究古巴革命的意义，看到它的幻象、由它衍生出的修辞义（雷吉斯·德布雷的欠妥的中心论①）曾触及我们许许多多人的命运时，会发现那个年代具有戏剧性的内涵。

但在这场政治变动的边缘，我们过着有条理的、轻松的生活，这样的生活在我们日常的新闻办公室、加博和梅塞德斯的公寓里展开。当时我还是个单身汉，是他们家的常客：在早中晚饭时报到。

我和加博买了一模一样的蓝色长风衣，无论在哪儿（撰稿室、咖啡馆、共同朋友的家中）都会看到我们同时进门，就像两个穿着同一个母亲准备的衣服的青年。

加博（他凭借着让人钦佩的自律能力在晚上写作《恶时辰》的终稿）留在家中工作的时候，我常带梅塞德斯去看电影。

吉列尔莫·安古洛：之后他们去了古巴，在那里工作。

普利尼奥·阿普莱约·门多萨：然而我每次回到哈瓦那（加西亚·马尔克斯在我之后到达）都愈发觉得党员对一切事务的干预越来越多，党员和报社的其他记者之间的界限愈发清晰。

后来他们组织无用的宣教会议，在走廊里散播集体管理拉美社的理念。

---

① 游击中心论，该理论受切·格瓦拉启发，由雷吉斯·德布雷继承并发展。切·格瓦拉在《游击战争》中指出，古巴革命的经验说明"未必总是需要等待一切条件均已具备才发起革命"。一个微小的中心就可以相对快速地使革命蔓延开来。他认为这一理论主要对工业发展水平较低的国家有效，并且该"中心"应以农民为基础。

胡安乔·希内特：那位共产党员进了报社，他是拉美社的通讯员，一直时不时地出现在巴兰基亚。

普利尼奥·阿普莱约·门多萨：有个叫何塞·路易斯·佩雷斯的人以报社特邀访客的身份出现在波哥大。这对加西亚·马尔克斯和我来说是第一个预警信号。

吉列尔莫·安古洛：后来加博去了纽约。

普利尼奥·阿普莱约·门多萨：加博在哈瓦那接受了几周的培训后回来了。后来他被派往纽约，没去蒙特利尔。消息应接不暇，他忙得不可开交……

吉列尔莫·安占洛：那些害虫们开始打电话谴责加博。他的第一个孩子刚出生，他很害怕。

普利尼奥·阿普莱约·门多萨：为了防止各式各样的攻击，加夫列尔工作时会在手边放一根铁棍。

吉列尔莫·安古洛：普利尼奥辞职了。

普利尼奥·阿普莱约·门多萨：梅塞德斯微笑着转向我，孩子却在她怀里动来动去：

"大兄弟，共产党的人接管了普雷拉①吗？"

"是的，嫂子，他们接管了。"

当我和她讲起自己辞职的事，她和以往一样平静地说：

"加比托也写了辞职信。但他在等你一起递交。"

吉列尔莫·安古洛：他通过陆路前往墨西哥城。他已经看见了这一切，因为《枯枝败叶》就像是福克纳的《我弥留之际》。他看到了真正的福克纳。他在影像中见到的他，但他已经对福克纳非常了解，两个人仿佛就是双生的灵魂。我认为从技巧角度来说，福克纳对他的影响最为重要，因为之后他造出了完整的世界。我不知道这对文学而言是好是坏，因为尽管加博很棒，但模仿加博的那些人却很糟糕。

普利尼奥·阿普莱约·门多萨：现在是时候了，加博想要实现拖延多时的老计划——去墨西哥生活。依旧没钱，和几年前的冒险一样疯狂，那时一无所有的他决定留在巴黎。

威廉·斯蒂隆：我认为这就是他如此敬佩福克纳的原因，福克纳也想象并创造了一个世界、一个宇宙，基于现实世界，也就是密西西比，他造出了自己的世界，取名为约克纳帕塔法。马孔多就相当于约克纳帕塔法。我认为这是福克纳的重要贡献，让加博能够创造自己的文学。

---

① 原文为"Prela"，拉美社（Prensa Latina）的西班牙语简称。

玛利亚·路易莎与赫米

埃曼努埃尔·卡巴略：好的，加博是怎么来的墨西哥呢？让我想想。穆蒂斯应该跟他说过："来墨西哥吧。"穆蒂斯因为在哥伦比亚犯下的欺诈案逃到了墨西哥，被关在莱昆贝里。他写了一本关于莱昆贝里的书，那是墨西哥最著名的监狱。他出狱后在电视台工作。他为一部很有名的美国连续剧里的人物配音。加博到墨西哥的时候去见了穆蒂斯，他们俩在哥伦比亚就是朋友了，加博把穆蒂斯介绍给了当时从事文学创作的我们。

达涅尔·帕斯托尔：那部连续剧叫《不可触犯》。是关于艾略特·内斯①执法队的黑白电视剧，就是他们把阿尔·卡彭②送进了监狱。穆蒂斯负责节目一开始的画外音。

埃曼努埃尔·卡巴略：他的声音很有名，为他赢得了金钱和威望。他认识墨西哥最有趣的人。加博到了之后，他就把加博介绍给了大家。

胡安·加西亚·德奥特伊萨（墨西哥编辑）：加博在巴兰基亚的"洞穴"里就认识了我的父亲胡安·加西亚·庞塞。我父亲和玛尔塔·特拉巴作为评审一起出席过一场绘画竞赛。他跟亚历杭德罗·奥夫雷贡和阿尔瓦罗·塞佩达一起聚在"洞穴"里，他让加博到墨西哥找他。

---

① 艾略特·内斯（1903—1957），美国禁酒令法的执法者，芝加哥著名执法小队队长，绰号为"不可触犯"。
② 阿方斯·加夫列尔·卡彭（1899—1947），绰号"疤面"，美国黑帮、商人，在禁酒时期成为芝加哥犯罪集团的头目。

"再讲一点"

加夫列尔·加西亚·马尔克斯抵达了墨西哥城，大声向一个熟人讲述自己想写的那本书的故事。

玛利亚·路易莎·艾里奥：我们是在哪儿认识的？他当时还不在墨西哥。他是跟着拉美社来的。加博要去巴黎，路过墨西哥。他很年轻，很年轻。很瘦，很瘦。我记不清究竟是在哪里认识的了。一起的还有阿尔瓦罗·穆蒂斯。有一次阿尔瓦罗对他说"加博，写写那艘船的故事"，于是加博就写了《百年孤独》里船的故事。你应该还记得丛林中发现的那艘船。你记得吗？我就是在那时认识的他。

罗德里戈·莫亚：那天我到母亲的家里参加聚会。我当时已经在跟吉列尔莫·安古洛一起学摄影了。我看到有个男人几乎占据了整个躺椅，人们杂乱地聚在一起，有很多人坐在椅子上，椅子的扶手上。那个年轻男人傲慢的态度给我的感觉不太好。他就是加夫列尔·加西亚·马尔克斯，像印度贵妇一样躺在沙发里，就好像沙发是他的，他就在自己的宫殿里一样。那时候他已经是一名作家了，哥伦比亚作家中的一员，得过奖。他让所有人都如痴如醉地听他讲话。

在墨西哥时，他是我母亲家中的常客。几年之后他跟我聊起我母亲，说他很喜欢她，他说："你母亲好几次救我于饥饿之中。"

他经常到母亲家里吃饭，吃安蒂奥基亚菜。我母亲做哥伦比亚家乡菜。她做侧腹牛排很快，而且总是备着冰镇红糖水。还没买电冰箱的时候，她会把红糖水放在冰柜里。于是我在母亲的家里看到了加博，这次我们互相做了介绍，彼此间多少有点好感，后来在其他场合我又遇到了他。有一次他跟我讲了一个散步的故事："我和罗德里戈·莫亚一起散步，他有一只懂得如何在街上散步的猫。"我记得他问了我一堆问题，我们谈论了很多事情。

吉列尔莫·安古洛：加博得的第一个奖有我的功劳。埃索小说奖。

是的。那是第一届埃索小说奖，后来这个比赛办了十年或者更久一点。那是哥伦比亚很重要的奖项。我曾和埃索公司合作过。我不是公司员工，但帮他们拍照、拍影片。我制作了几部未知海岸、波哥大这座城市的纪录片，还有另外两部片子。所以那时候我经常跟公关部的人来往。博特罗就是其中一个。他负责做杂志。费尔南多·博特罗 ①，他是杂志的设计师。

某天我看见有个比赛，很重要的比赛。你知道一等奖的奖金有多少吗？一万五千比索。多重要啊。有了这些钱你就能买一辆车。第一批进口的大众汽车售价是三千八百比索。于是我说："我有一个很重要的朋友。"当时作为记者的加博已经有了名气，虽然在文学方面还没有很多作为，但人们已经通过《枯枝败叶》知道我们这儿出了个作家。

---

① 费尔南多·博特罗·安古洛（1932— ），哥伦比亚画家、雕塑家，饱满的夸张感是其标志性的艺术特色。

加博已经有了名声，但这不只是一种期望，毕竟他已经写出了实实在在的作品。博特罗说："那就让他寄点什么吧。"然后加博就把小说寄给了我，稿子是用领带捆着的，上面的标题我给去掉了，我说："起这个标题是得不了奖的。"那个标题是《狗屎的小镇》。我把稿子交上去的时候是这么说的："看，这部小说没有标题。无题。"我还说："这儿有一部很重要的小说，是加博写的。有了这小说，其他人都没机会得奖。"最后奖的确颁给了加博。那部小说就是《恶时辰》。

米格尔·法尔克斯－塞坦：赫尔曼·巴尔加斯是比赛的评审。六十年代的赫尔曼是个举足轻重的人物，而加西亚·马尔克斯在哥伦比亚却平平无奇。多亏了《神话》杂志的朋友，《没有人给他写信的上校》的两三个章节得以发表，除此之外，他没有其他作品出版。他在五十年代发表的第一部小说《枯枝败叶》是他自掏腰包出版的。初版的印发量很少，根本不像现在说的那样印了很多。他当记者时在《观察家报》上写的短篇小说在波哥大得了奖，之后他就去了欧洲和墨西哥。他没有回到哥伦比亚，在国外写了那本叫《恶时辰》的小说，但它原先不叫《恶时辰》，而是《狗屎的小镇》。他就以这个标题寄出了稿子。埃索奖由石油公司埃索颁发。埃索有一名耶稣会神父，我不认识，但他的名望很高，是哥伦比亚语言学院的院长。因为他是个神父，所以很虚伪。赫尔曼为了能让加西亚·马尔克斯得奖费了很大的力气。最后奖的确颁给了他，他也是第一个得这个奖的人。赫尔曼·巴尔加斯一直都是评审，他总是帮他的朋友们。

何塞·萨尔加尔：他赢得了埃索奖，获奖小说是他第一部公开出版的书。他说："我用这个把天鹅的脖子接了回来，因为我终于出版了自己的书。"他送出的几本样书在市面上传阅，可没有人买他的书。这本是他给我的。他把书送给了朋友们。

爱德华多·马尔塞莱斯·达孔特：他得了奖，帮了他大忙。那个时候我才真正了解到他来自阿拉卡塔卡。他的名声一天比一天大。我的亲戚们说："嘿，加比托……""哎，加比托现在发展得不错，多好啊！"类似这些。他们把加比托当作榜样。所有人都叫他加比托。加比托，加比托……因为他们还记得小时候的他，那个加比托。没有人叫他加博或者加夫列尔，全都叫他加比托。特别是那些打小就认识他的人。

圣地亚哥·穆蒂斯：他有全世界最好的交友运和租房运。在巴兰基亚靠阿方索·富恩马约尔，在巴黎靠房东太太，然后在墨西哥也有同样的好运。

吉列尔莫·安古洛：穆蒂斯一直是公众人物，他很长一段时间都很受追捧。一天我跟穆蒂斯一起去墨西哥的办事处，女人们都扑向了他，拥抱他、吻他。我对他说："老师，我可太嫉妒了。你是怎么办到的？"他说："我来告诉你一个秘密。你应该让所有女人都觉得你是单身。"我有一本他的书，里面写道："献给唯一一个据我所知一直单身的朋友。"之后加博来墨西哥的时候给了我这样的印象：他已经从文学中抽身，投入电影世界中。

埃曼努埃尔·卡巴略：穆蒂斯帮他和作家、出版社、报刊保持联系，也让他和电影结缘。他和巴瓦查诺家族的人共事。他们一起制作每周新闻集锦，一起做电影。很多人都在那里工作。他遇到了卡洛斯·富恩特斯，但很遗憾，现在富恩特斯没法告诉你什么了。

玛利亚·路易莎·艾里奥：我和我的丈夫赫米拍了一部实验电影，叫《空荡荡的阳台》。我们是在墨西哥拍的。每次放映这部电影——不能在电影院放，只能在艺术馆里放——都能看到加博的脸，他会躲起来，不让我们再看见他。但他的确在那儿看电影。我觉得那部电影他看了有两万遍了。他总在那儿看。电影里有一堆人出镜。有赫米，他是电影制作人，有埃米利奥·加西亚·里埃拉，有何塞·路易斯·冈萨雷斯·德莱昂，有海梅·穆尼奥斯·德巴埃纳、迭戈·德梅萨。有萨尔瓦多·埃利松多，有胡安·加西亚·庞塞，有托马斯·塞戈维亚，还有谁来着？原先它就是我写的几个故事，后来被聚到了一起。电影由我的丈夫执导。加博没有出演。萨尔瓦多·埃利松多扮演神学院学生，约翰·佩奇扮演神父。加博没有出演，因为他一看就不是在西班牙出生的人。他有一张异国情调的脸，颧骨长得很奇妙，很漂亮……他的脸非常漂亮，但那不是西班牙人的脸，那种肃穆的脸。

吉列尔莫·安古洛：他对电影的迷恋犹如乱伦，这对他来说很糟糕。加博没有执导过哪怕一部精彩的电影，也没有写出任何一个精彩的剧本。他的想法很奇妙，很厉害，但他太文学化了，他的文学作品是没办法搬上荧幕的，或者说得有一个像伯格曼①这样很特殊的人才能实现，就好像在某个时刻，我不记得具体怎么说了，我想我们会看到上帝打开一扇门。不是吗？需要一位很特别的天才，拥有与加博相当的天赋。另外……我该怎么跟你说呢？我觉得要求加博既是一名出色的作家又是一名出色的编剧有点过了。

卡门·巴塞尔斯： 他根本不想把《百年孤独》影视化。哪怕到今天，他的家人依旧遵照他的意愿行事，我相信他们也会一直坚持下去。但我不知道他为什么不愿意，我只知道要把这样精彩的文本、这样的艺术作品转换成另一种呈现方式是不可能的。影视作品做不到和原书一样精彩。这一点也同样适用于加西亚·马尔克斯的其他所有作品。但我经常强调，有时他也会因为资金原因，接受影视项目的邀请，也有时是因为他信任项目的合伙人。但实际上，要把产生于灵感之中的句子转换成图像太困难了。

埃曼努埃尔·卡巴略： 我认识他是因为我当时和埃拉出版社②的联系很紧密。埃拉出版社是加博在墨西哥的出版商。《恶时辰》就是埃拉出版的，还附了按语，说是他撤回了对初版的授权，当

---

① 安斯特·英格玛·伯格曼（1918—2007），瑞典电影、戏剧导演，代表作有《第七封印》《野草莓》等。
② 创建于 1960 年的墨西哥出版社。

初他的这部作品在一家哥伦比亚石油公司举办的竞赛中获了奖。初版中的哥伦比亚地方话被翻译成了西班牙本土的卡斯蒂利亚语①，他对此感到非常恼火。于是他把版权给了埃拉，埃拉的版本上写着："这是西班牙语的初版。"之前那版的语言与哥伦比亚地方话相近，但既不是哥伦比亚地方话又不是真正的卡斯蒂利亚语。那时候我跟埃拉出版社的老板兼主编结了婚。她是加泰罗尼亚人，内乌斯·埃斯普雷萨特。维森特·罗霍是加博另一个很要好的朋友。是他把加博带去了埃拉出版社。我经由维森特的介绍认识了加博。内乌斯·埃斯普雷萨特认识了他，我也认识了他，我们成了朋友，经常见面。我们几乎每周都聊一两次。和他的妻子梅塞德斯一起。我们是非常要好的朋友。

基克·思科佩尔：啊，这是和加博在一起的时候，他那时已经在墨西哥了。有天阿尔瓦罗给我打电话，让我为狂欢节做准备。我们要在狂欢节上闹腾一番。我知道阿尔瓦罗一直有现钱，因为他在酒馆里一分钱都不给，但有的是钱，他说："我有钱闹狂欢。我需要你给我把所有的狂欢节都拍摄下来。我们两个来做一个狂欢节的纪录片，咱们了解巴兰基亚，知道狂欢节是啥样的。你准备一下。首先需要解决的是胶卷，可以用来……""没问题。"他给巴拿马那边打电话："寄两百卷 16 毫米的胶卷。"那时候没有现在的数字胶卷，只有 8 毫米、16 毫米、35 毫米的胶卷。"给我寄两百卷，"阿尔瓦罗说，"这两百卷胶卷的钱不用你出。我已经准备

---

① 卡斯蒂利亚语即西班牙本土的标准西班牙语。

了一辆啤酒厂的车供我们差遣。我明天早上三点来接你（因为狂欢节在早上三四点就开始了）。”我们做到了：我负责拍摄，阿尔瓦罗在我身边喝朗姆酒，加比托在我们身后。阿尔瓦罗把胶卷寄去墨西哥处理，加比托在那里剪辑影片。很快他们就给我看了成品。电影叙述者现在已经过世了。他叫什么名字来着？马科斯·佩雷斯。演职人员中写着：由加夫列尔·加西亚·马尔克斯摄影，阿尔瓦罗·塞佩达剪辑。恩里克·思科佩尔这个名字根本没有出现。《蓝色龙虾》里也没写我的名字。

吉列尔莫·安古洛：他喜欢拍电影，跟我说：“这是我的唯一所学，不是吗？”你还记得吧，他曾经在罗马的电影实验中心学习。

埃曼努埃尔·卡巴略：墨西哥、拉丁美洲和西班牙的有识之士都知道有这么一位作家，但他并不出名。我们这些年轻有趣的小伙们认识他，但实际上我们很普通很平凡，没多大身价。我们是他的朋友。维森特·罗霍把他带到了埃拉出版社。几个月里我们一起吃午饭、晚饭，闲聊，一起醉酒。埃拉出版社出版了他在哥伦比亚写的所有书，还有他在巴黎和墨西哥写的新书。

卡门·巴塞尔斯：1965年我卖出了第一本短篇集，那年我从华盛顿去墨西哥城，路上我第一次亲眼见到了他。那是我第一次去那儿，和我丈夫路易斯一起，我在墨西哥见到了加博和梅塞德斯。那次相遇很奇妙，从那时起我们的关系就渐渐变得紧密起来。第一次的美洲之旅让我有了不同寻常的发现，也是我职业生涯的原点，现在我可以用一句话来总结："美洲就是我的命运。"

玛利亚·路易莎·艾里奥： 那是我们第三次见面。我们又一起去阿尔瓦罗·穆蒂斯家里吃饭，那时候他还没跟卡门结婚。卡门准备了加泰罗尼亚风味饭，讲座结束后我们就去吃饭。加夫列尔就在我旁边，开始讲话，讲话，不停讲话，对所有人讲话。

埃曼努埃尔·卡巴略： 他很简单。他看上去可以是任何人，但就是不像个作家。他不傲慢不自负，不会用很多文学修辞和精美的辞藻，他和其他人一样随意地讲话。不如说，他用平实简单的话语让那些卖弄学识的人理屈词穷。

玛利亚·路易莎·艾里奥： 我们到阿尔瓦罗的那个小公寓时，人们已经在听他讲述了，但他一直走来走去的。他讲的事情让我很受触动，所以我就继续待在他旁边。我说："再讲一点，接下去呢？后面发生了什么？"后来其他人都走了，我还一个人留在那里，听他给我讲全部的故事，《百年孤独》的一切。那和他后来写下的内容很不一样，但那一刻已具备所有要素……我还记得他跟我说那个浮在空中的神父的故事，我以为是真的，完全当真了。他的话很有说服力，于是我说："为什么神父就不能飘浮在空中呢？"我还说："如果你写出了这个故事，就相当于写出了《圣经》，你有能力写一本《圣经》。"他问我："你喜欢吗？"我回答："太棒了。"他说："那它就是为你写的。"我说："别为了我写，请别为了我写！"我觉得也许是我看上去太天真了，以至于他说："我把它献给这个傻女人。"

吉列尔莫·安古洛：我记得加博做过一则著名广告。有一个叫卡尔梅克斯的品牌。卡尔梅克斯是加利福尼亚－墨西哥的简写，专做鱼罐头等罐头制品。加博做的广告是这样的："如果您事先不知道有人会来，但您的婆婆或者别人突然造访，卡尔梅克斯，太太，有卡尔梅克斯。"很妙的广告。

玛利亚·路易莎·艾里奥：我跟赫米、梅塞德斯，还有加夫列尔一起坐车去穆蒂斯家，赫米负责开车……加夫列尔对梅塞德斯说："你觉得我把下一部小说献给玛利亚·路易莎这个主意好吗？"梅塞德斯说："当然了。""赫米，你觉得呢？""好啊，当然好了。"就这样……

埃曼努埃尔·卡巴略：我觉得他们成了很好的朋友。另外，那是个很美丽的献词。赫米·加西亚·阿斯科特和玛利亚·路易莎·艾里奥。她很美丽，很聪明，很开明，和丈夫一起拍电影。赫米是个迷人的男人，长相英俊，总骑着摩托车到处跑。当时我是墨西哥大学校刊的主编，他到我家来，把文章放在摩托车上。玛利亚·路易莎很有趣，很聪明，有很大胆的见解，总是一语中的，或者说她很精干。是个很有才华的女人。好看、漂亮。她很会穿衣服。她跟当时墨西哥最棒的那些人交朋友，也许是全世界最棒的人。不管去哪儿，人们都会被她的美貌和才华吸引。她对加西亚·马尔克斯很好，所以他把那本书献给了她。

卡门·巴塞尔斯：我在美国顺利拿下了五本书的合同。我不记得了，但应该是预付了一千美元，我把喜讯告诉加夫列尔·加西亚·马尔克斯时，他说了一句令人难忘的话："就是个狗屎的合同。"几天前，由于他的逝世，我接受了秘鲁电视台的采访，主持人问我这段故事和这句答复是真是假。他问我："您是怎么看待这样的回答的？"我说："那时候我觉得这是一个嚣张的答复，但随着时间的流逝，在和其他备受尊重的大作家打过交道之后，我发现作家自己是第一个意识到自身价值的人，那是一种自我尊重。"所以我现在觉得那样的答复一点也不嚣张，毕竟那与他当时的文学成就是相匹配的。

孤独与陪伴

绝望的作家经历了十八个月的孤独，也感受了人们的陪伴。

玛利亚·路易莎·艾里奥：加博说："我得从工作中抽身一年。你看看你怎么安排。"他对梅塞德斯说："你怎样都行，但我接下去的这一年就不工作了。"梅塞德斯尽其所能地度过了这一时期。

吉列尔莫·安古洛：她申请到了一项贷款。

玛利亚·路易莎·艾里奥：她向屠夫赊肉。

吉列尔莫·安古洛：她到处借钱。加博开始写作，用只有他具备的那种自律来写作。住在隔壁的建筑师罗赫利奥·萨尔莫纳 ① 也是这样。萨尔莫纳（他建造了哥伦比亚最宏伟的建筑）身无分文，他说："我不喜欢钱。"他自掏腰包把整栋楼重新翻修了一遍，然后再去工作。他们俩是很好的朋友。他建造了加博在卡塔赫纳的家，还建造了总统的迎宾馆。

埃曼努埃尔·卡巴略：他放下了一切。他干活，省钱，向别人借钱。他像一个绝望之人那样动笔写《百年孤独》。像个疯子。除

---

① 罗赫利奥·萨尔莫纳（1929—2007），哥伦比亚建筑师，以在建筑物中大量使用红砖和螺旋、放射结构和曲线等自然界中的形状而闻名。

了写作什么事都不做。不再去见朋友。他干活，接一些有报酬的差事。他借钱，好让自己继续写《百年》。

玛利亚·路易莎·艾里奥：他写了笔记，但就只写了这些，因为梅塞德斯为了让他能整天专心写作而腾出的房间还没收拾好。他们住在洛马街的一间小屋子里。梅塞德斯让人在大厅里砌一堵墙，墙上开一扇一直到天花板的木门，这样就可以阻隔噪音，还在房间里做了一张和厨房桌子一样的松木桌，上面摆了一台旧打字机。加博就待在那里面，整天写作。房间很小，比这里还小，也就是从这里到那里的大小。房间里有桌子、椅子、小扶手椅，能容纳的东西都很小。扶手椅上面有一幅画，还有一个看上去像日历的东西，但很俗气。

埃曼努埃尔·卡巴略：他穿得很像村夫，穿得很土，很难看。村夫就是那种穿得很邋遢的人，但试图变得优雅，结果却完全事与愿违。这就是穿得像村夫的意思。

玛利亚·路易莎·艾里奥：我们每天晚上都去看他们。因为加博不出门，所以我们夫妻两个就每晚去他家。我们大概晚上八点左右到。有时带一瓶威士忌，有时带一块火腿。我们会在那儿喝点酒，吃梅塞德斯做的菜。我们每天都见面，还在那儿遇到了穆蒂斯一家。孩子们就在楼上的房间里闹腾。

埃曼努埃尔·卡巴略：有件事情只有我知道。加博开始写这部小说的时候，他问我能不能每周读读他写的原稿。所以他每个星期六都会把当周写的稿子拿给我看。

玛利亚·路易莎·艾里奥：我经常待在家里，读一下午书，什么也不做，他经常打电话给我。加夫列尔在电话里说："我给你读一小段，你看看怎么样。"然后就给我读一小段。他还打电话跟我说："我来讲讲姨妈们的穿着。如果是你的话还会给她们穿什么呢？你觉得衣服应该是什么颜色的？"我们就在电话里讨论。他还说："你看，我把这个词放在这里，但我不知道它是什么意思。你的姨妈们会这样说吗？我的姨妈们就是这样说的。"就像这样，很奇妙。我们就在电话里聊这些，讨论女人穿衣服的方式，讨论其中的某位赶火车时的穿着……我觉得应该是家里某本讲二十年代的事情的杂志上的。

玛格丽塔·德拉维加：你已经知道他在写《百年孤独》时的事情了，我是听他讲的。他需要《大英百科全书》来考证那些他想用来构成书中世界的东西。在我看来，这就是《百年》的迷人之处，书中的语言平实、日常，但又像百科全书，包罗万象。所以《百年孤独》的销量那么高，有那么多人去读它。你可以像一个哥伦比亚看门人（不是像昨天还是前天报纸上登出的那个来到哥伦比亚生活，然后毕业的外乡人，而是一个土生土长的哥伦比亚人）那样去读《百年孤独》，而不是像那些查证每一个典故、考据各种无谓之物的学者那样站在学术的角度去理解它。他经历过那些故事，就生活在那些悲剧、家族、革命和历史背景之中，因为他亲身经历过、遭受过那些，听他的家人们讲述过那些事。人们读到的不是书中的故事，而是自身文化的一部分。

埃曼努埃尔·卡巴略：我从一开始就很敬佩加西亚·马尔克斯。我很喜欢他的短篇小说和长篇小说。我认为他是一个伟大的作家。他把正在写的小说的第一部分带给了我，每个星期六都准时把稿子拿给我看，直到完稿的那一天，他问我："你发现什么缺点了吗？告诉我哪些部分你不喜欢，为什么不喜欢。"我告诉他："我喜欢。小说棒极了。你就这样继续往下写吧。我没有任何建议和不满。相反，我要称赞你。"后来他就完成了这部小说。我最多也就是去掉了两三处，加了些东西。这就是我为《百年孤独》所做的极小的工作。小说是完美的。我什么也不用做，只需要告诉他："太精彩了，这个人物在成长，你把这个人放到一边了，我不知道为什么，但是接下来的几周你一定会告诉我原因。"我们探讨书中的人物，他们就是我们的朋友。我们会聊上两三个小时，但不是以师徒的身份，而是像朋友那样聊天，我是他的粉丝。这个词好像更多用来指球迷而不是书迷。这本小说几乎是由超人类的神风造就的。我做了六十年的文学批评，从来没见过技巧如此高超、如此有灵气的小说，也从没见过哪个作家像加博写《百年孤独》时那样全身心投入。

他选择让我来读稿子是因为我也很有天赋。如果我没才能的话，他是不会选我的。我不是个谦虚的人。我为他此前出版的所有小说写过评论文章。他知道我铁面无私，如果我不喜欢就会直说，指出好坏以及缘由。所以他选了我。他看到了我的惊喜，因为我从未在西班牙语文学中见识过如此高的天赋，比我这个小伙子的天赋更高。我说小伙子是因为虽然他比我年轻一点，但也就小上几岁。我们几乎是同龄人，现在都老了。

玛格丽塔·德拉维加：加博需要百科全书，于是就买了一本。那时候的人会买百科全书和成套的经典书籍。全拉美都有卖，那个年代的销售商是阿吉拉尔出版社。销售员会每个月给你拿几本书，你按月付买下全套。这是1965年、1966年的事情。加博说他需要用那些书，梅塞德斯说："那一册你已经不需要了。"由于欠缴书费，销售员要来把书取走。于是梅塞德斯就把已经用过的书还给销售员。梅塞德斯总是更实际的那个人。所以在一开始的几次采访中，尤其是《花花公子》那次，那次采访非常好，他说男人是梦想家，是诗人，女人们则着眼实际，没有女人就没有宇宙。他的话激怒了我，以至于有一次我质问了他。当然，他没有给我答复。除非是他想回答的问题，其他一概不予回复。但我认为梅塞德斯是马孔多创建者的妻子乌尔苏拉的原型，乌尔苏拉经营着糖果小动物的生意，是她支撑着家庭的生计。

埃曼努埃尔·卡巴略：亲爱的小姑娘，我现在已经相当老了。很多事我已经记不清了，但我会把记得的告诉你。几个月里我们一起吃午饭、晚饭，闲聊，一起醉酒。他开始写《百年孤独》的时候，他对埃拉出版社说："我把我所有的书都交给了你们，因为你们是我的朋友。这是墨西哥最有趣的出版社，但我对现在在写的这本书抱有很大的期望，我想把它交给一家重要的西班牙语出版社。"所以他去了西班牙和布宜诺斯艾利斯。他把埃拉出版社抛到了脑后，他说我们的出版社对于他而言规模太小了，撑不起他对小说的期望。

吉列尔莫·安古洛：当加博的太太最后凑齐了稿子的邮费时（他们没有钱，就把车拿去抵押了，他们欠肉铺钱，欠所有人钱），她说了这么一句话："现在就差这本小说成为一坨屎了。"

埃曼努埃尔·卡巴略：他对自己有十足的把握，认为自己写了一部非常重要的作品。

拉斐尔·乌略亚：后来他把小说寄去阿根廷的南美出版社。他为了邮寄那本该死的书花光了所有的钱。他对妻子说："现在就差他们说这本书他妈的一文不值了。"你可以想象当时的情况……

埃曼努埃尔·卡巴略：我们家里有三个人跟他走得很近。商业管理学院四号，就在大学城旁边，我们星期六下午五点左右在那儿见面，一起工作到七点。之后我们就闲聊、喝酒、胡扯，跟其他年轻的朋友一样。他会讲起他的母亲、朋友、兄弟姐妹，讲起在波哥大和巴兰基亚的记者生活……他满怀热情地谈论这一切。我们的友谊是建立在文学上的。他尊敬我，我尊敬他。我非常喜欢他写的小说，他也因为我会花时间读他的小说而备受鼓舞。我会把每个章节读上两到三遍（花一周的时间），这样就可以在下周见面时和他探讨。随着这项工作的结束，我们的友情也结束了。

我们一起工作的那一年非常美好。我们都期待星期六到来，期待与对方交谈。

玛利亚·路易莎·艾里奥： 我记得奥雷里亚诺·布恩迪亚的第一次死亡给他带来了巨大的伤痛，所以他把奥雷里亚诺复活了。为了让他活下去，他给故事安排了另一个剧情走向。

罗德里戈·莫亚： 他那时候住在佛罗里达区①。他已经结婚了，有两个孩子。我有时候会和安古洛一起去他家。我记得我们一起去过一两次，安古洛经常去，加博当时在写《百年孤独》。我们早早就到了，大概七点左右，屋里一片漆黑，梅塞德斯告诉我们："加博正在工作，马上就下来。"我们等了一个小时，加博还是没下来，于是我们就开始抽大麻，不一会儿加博下来了，加入了我们。我们聊着天，但我想不起来聊了些什么了。你想想，那是五十年前的事情了。但我们很高兴地围坐在燃烧的壁炉旁，他给我们讲《百年孤独》，我记得他肿了。梅塞德斯告诉我们，每当他写到紧张的部分或时刻，他就会肿起来。他的脸肿了。写那样的作品是一个有点超出人类日常的过程，所以会发生这样的事情。

---

① 墨西哥城的一个街区。

"有一道强光"

《百年孤独》的问世在现实世界中引发了地震，也提升了作者在其他领域的知名度。

卡门·巴塞尔斯：《百年孤独》问世的时候我已经是加博的文学经纪人了，我读了他的手稿。我很喜欢。但作者本人直接把稿子寄到了帕科·波鲁瓦[①]的手里，他把版权卖给了南美出版社，很多年以后加西亚·马尔克斯才把这本我未能亲手代理的书委托给了我，因为他当初与南美出版社直接签了合同。

玛利亚·路易莎·艾里奥：我记得那一天。他和善地给我带了第一本样书。上面写着："献给赫米·加西亚·阿斯科特和玛利亚·路易莎·艾里奥"，他用钢笔写了个逗号，然后是签名："加博"。他没写"加夫列尔"，写了"加博"。很明显，没有比这更真挚的献词了。然后我们跑去各家书店给朋友们买他的书，让他在上面题词，就像是疯子。我是坐他的车去的，他就跟我说："你会破产的！"我买了一本送给我的儿子迭戈，在那本书上他大概写的是："献给迭戈，这本书是你的一个叔叔在你刚开始学说话的时候写的。"我的儿子还很小。我们去接赫米，然后去他家和梅塞德斯一起吃晚饭。第二天我……你记得《百年孤独》中有一幕是天

[①] 弗朗西斯科·波鲁瓦（1922—2014），别名"帕科·波鲁瓦"，阿根廷编辑、文学翻译家。《百年孤独》是经他之手出版的。

上下起了黄蝴蝶雨吧。我买了一个很大的篮子，非常大，是我能找到最大的篮子，我在里面装满了黄色雏菊。我把手上戴着的金镯子取下来放进篮子里，还找了一条小金鱼和一瓶威士忌。我把所有这些东西都装进篮子里，然后和赫米一起去加博的家。回家前赫米拿了他的那本书，我拿了我的，我们一直没出门，直到把书读完。

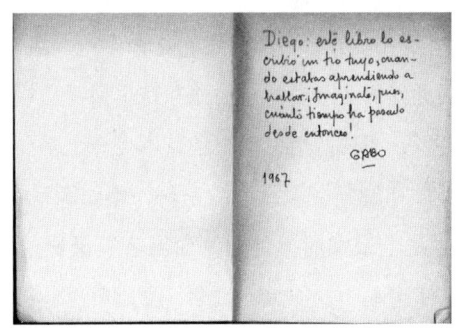

加西亚·马尔克斯写给迭戈的献词

米格尔·法尔克斯－塞坦： 1967年，当他到波哥大介绍自己的小说时，没有人在意他。他在哥伦比亚完全被忽视了。因为巴尔加斯·略萨在波哥大，他来介绍《绿房子》。所有人都想跟这个年轻俊俏的男人在一起。人们都围着他转，记者和其他人，加博只能待在角落里。没有人在意他。你找找那张照片，加西亚·马尔克斯穿着短外套，系着领带，蓄着小胡子，头发卷曲，像"卡查科"那样待在角落里。巴尔加斯·略萨在前面。

他从波哥大回到了巴兰基亚，与那里的人们久别重逢。事情是这样的：加西亚·马尔克斯和他在巴兰基亚的那群朋友一直保持着联系，主要是跟那些文学伙伴，也就是赫尔曼、毛孩塞佩达和阿方索·富恩马约尔。他不管在哪儿，欧洲也好，墨西哥也好，都会跟他们保持书信联系。那么多年，从五十年代到六十年代，他一直和他们保持着联系。

罗德里戈·莫亚：《百年孤独》问世之前，他和梅塞德斯一起到我家来，希望用我拍的照片作为初版的插图，但不幸的是，设计师是维森特·罗霍，我之前就一直觉得他是个糟糕的设计师。我一直说他是摄影界的头号公敌，但他在这里很受追捧，被奉为平面设计的创新者。胡说八道，他根本就不是一个平面设计师。他会仿造一点美国印刷品、报纸上的东西，比如沃霍尔[①]的作品，但在我看来他是个糟糕的设计师。他不珍视摄影。给他一张照片，他会把它缩得很小，加重颗粒感，弄成负片，在原片上添加一层颜色。摄影师会问："这是什么？"因为用这样的风格处理照片不恰当也没必要。于是《百年》的初版上没有我拍的照片。我本来很高兴能在初版上看到我拍的照片。照片出现在了美国的初版上，由企鹅出版集团发行，我很高兴，但如果能出现在西班牙语版本上，我会更高兴。出版的时候我甚至没有露面。我那时候很想逃避，书出版的时候我没有去见他。我在书店里买了《百年孤独》，没有让他题词。我的姐姐哥伦比亚对我说："我们去见见加博，让他在书上题词。"我从来没去找他给我题词，却有好几本写了题词的书。前不久我母亲去世了，我在她的家里找到了

[①] 安迪·沃霍尔（1928—1987），美国艺术家、摄影师，波普艺术的开创者之一。

为她题词的那本。上面写着"献给阿莉西亚·莫亚，为了那份未曾娶她为妻的爱意"。

米格尔·法尔克斯－塞坦：在哥伦比亚买不到初版，就是南美出版社的那版，它就像封面上那艘被遗弃在丛林中的船。我当时在卡塔赫纳学医，在那里看到一个女人有那版书，我和我的朋友布拉乌利奥便讨厌她，因为我们没有。后来到了1968年初，国内开始发行那本初版，我就买了。我手上这本的印刷信息是"1968年4月25日，阿根廷印刷公司印刷厂，布宜诺斯艾利斯阿尔西纳大街2049号，南美出版社出版发行（翁贝托一世大街545号，布宜诺斯艾利斯）"。我是1968年6月15日在国家书店买的。封面是维森特·罗霍设计的。

那时候我表演魔术挣了点钱。那一版的书里有纸牌。我把书救了下来，带着它离开了哥伦比亚。那不是第一版，是第三次修订版，但的确是哥伦比亚的版本。

玛格丽塔·德拉维加：我已经读过其他的了，但让我好奇的是母亲把《百年》寄到波哥大时附上的那封信。她还把采访加博父亲的剪报寄给了我。她没有把社会舆论之类的东西寄过来，但她被《百年孤独》迷住了，因为她说自己终于理解这该死的国家了。我的母亲是法国人。我当时怀着我的儿子马里奥·恩里克，他是1968年1月出生的，那会儿我的身体状况很糟糕。我在床上躺了大约八个月，我就是在床上读的这本小说。

米格尔·法尔克斯－塞坦：在读到那本书之前，我还在巴兰基亚遇见了他，他是来看朋友的，就是那时候的伙伴们。我在七十二号街上，通过之前的照片认出了他。我认识毛孩塞佩达，在照片里见过阿方索·富恩马约尔，我知道他是谁。我看到了他们的桌子，就走过去了。就在街角的酒店里，"地中海"的对面。酒店叫阿尔罕布拉，他们坐在露台上。桌边坐了五个人左右，桌上摆满了阿吉拉啤酒的空瓶子。他到巴兰基亚去见十年没见的老友们，肯定是因为他当时还没钱旅行。所以他写了那本《快乐且无名之时》①。

我喝醉了，走路摇摇晃晃的。我打断了他们的对话，问他："您是加西亚·马尔克斯吗？"他回答："是的，有何贵干？""我希望您能给我签个名，我读过两本您的书。"他笑到不行，因为我那时喝醉了。他对我说："星期一到国家书店来，如果你买上一本的话，我很乐意给你签名。"我说："但是我这个星期天晚上就要走了，因为我在卡塔赫纳念书。"我伸出手拿了一张压在啤酒瓶底的纸巾递给他，对他说："给我签个名。"他说："你想什么呢？你以为我是玛利亚·费利克斯②吗？"

拉斐尔·乌略亚：我在市中心的国家书店买了《百年》。书店就在巴兰基亚俱乐部的对面。

---

① 加西亚·马尔克斯的非虚构作品集，部分篇目收录在《世纪丑闻》中，即中文版《回到种子里去》。
② 玛利亚·德洛斯安赫莱斯·费利克斯（1914—2002），墨西哥电影演员、歌手，拉丁美洲四五十年代的电影界红人。

米格尔·法尔克斯-塞坦：国家书店里有好喝的鲜榨果汁，罗望子汁。书店里有空调，还有一块可以翻阅书的区域。书很贵，所以书店就允许人们把书拿到桌边看。那里是人们碰面的地方，取代了世界书店。

拉斐尔·乌略亚：我就是在国家书店买的……我那本应该有购书日期和印着那艘船的封面。你没有吗？那送给你，我再去找一本。既然你喜欢加博，我也喜欢加博，那么就像人们说的，"等于同量的量彼此相等"①，所以我也开始喜欢你了。

玛利亚·路易莎·艾里奥：《百年》改变了世界对拉丁美洲文学的看法。

圣地亚哥·穆蒂斯：我认为那也是很多东西衰退的开端，因为失去了与事物真实的接触。很可怕，书名就像是预言。

玛利亚·路易莎·艾里奥：他曾经很腼腆，但我觉得他后来似乎还是这样的，对吧？很奇特的人。很奇妙。他一辈子都在努力逃脱。逃、逃、逃。

拉蒙·伊良·巴卡：这道强光照亮了世界，不是吗？有人整段整页地学习《百年孤独》。我很喜欢。我觉得这是一本伟大的小

---

① 出自希腊数学家欧几里得的《几何原本》，为第一条公理。

说，但没有到让我眩晕的程度，因为书中的世界和我所知的现实很接近。当他提及香蕉种植园和某位先生……是的，小说棒极了，但因为里面的故事我已经在姨妈那儿和各种聚会上看过了……和我已知的生活一样。有点这样的感觉。

玛利亚·路易莎·艾里奥：不仅是拉丁美洲，而且是整个西班牙语世界……

圣地亚哥·穆蒂斯：《百年孤独》不能说是一部有结构、有路线的小说。它没有通向任何事物、任何文学的道路，有的是哥伦比亚别样的风景，不是站在首都的视角上。

何塞·萨尔加尔：二三十年后，加博依旧从未放弃新闻业，而是把他对文学的热爱投入到了新闻工作里。他的所有作品都体现出现实的新闻基础。

爱德华多·马尔塞莱斯·达孔特：我在书里看到的是熟人，是我认识的人。书里的地理空间也在我的脑海里清晰地浮现。人物说话时我能想象出他们的动作，能看见河流、水渠，他们居住的地方，还有我不知道的地方。我能想象小镇的模样，因为我能在脑海里的小镇上漫步。我很了解这座小镇。他提到了很多地方。比如外国佬住的普拉多酒店。火车、河流。当然，那里现在已经是一个微缩世界了。

圣地亚哥·穆蒂斯：我上中学时读了《百年孤独》，对我来说那真的就是一种启示，但不是文学上的启迪，而是他向我展示了我所在的国家是什么样的。于是我读了这本书，我不记得那时我几岁了，十五六岁吧，结果我边读边想："哥伦比亚不是波哥大。"哥伦比亚是存在的，那里的生活很奇妙。波哥大以外的生活原本是波哥大人看不起的，但小说打开了它别样的一面。

格雷戈里·拉巴萨：翻译这本书的同时，我正在教一堂关于塞万提斯的课。我看到了与塞万提斯相同的叙事方式，当然，不是同样的词句。从一段文字中摘出一句话就可以变成一则寓言，加博和塞万提斯做到了。另外，马孔多是一个虚构的地方，塞万提斯也虚构了一个世界，他的手法可能更隐蔽一些。公爵和公爵夫人承诺将一座海岛赐给桑丘·潘沙①，那就是小说的源头。如果有谁想写小说，那最好去读一下《堂吉诃德》。

基克·思科佩尔：现在人们敢拿《百年》和《堂吉诃德》进行比较了。

---

① 堂吉诃德的侍从。

地理课

马孔多在现实世界中的原型。

爱德华多·马尔塞莱斯·达孔特：阿拉卡塔卡大约有五千人。我不知道有多少人读过这本小说，但很多人都读了。如果能认出什么来，那么阅读过程就更感性了。也许对其他人来说这是个偏理性的过程。但我指的是读者认出了书里的小镇、地点和人物的情况，不是吗？这其中有一种更感性的联系，甚至可能让人陷入感伤……对那里的人而言，书中的很多事情都不足为奇。实际上，对于沿海人来说都是这样。你也知道，我们夸大了很多事情，所以我们讲的事，很多事情，好吧……我觉得沿海人会更容易觉得书中的一切都是自然而然发生的。

让我在纸巾上画给你看看。这就是海岸线：马格达莱纳河在这儿，这里是巴兰基亚。圣马尔塔在这儿。这一整片都是内华达山脉。阿拉卡塔卡在这儿。往南八十公里就是阿拉卡塔卡，坐落在内华达山脉的山脚。马格达莱纳河。这儿是丰达西翁，这儿是通往布卡拉曼加①和内陆地区的公路。看到了吗？蒙波斯②差不多就在这儿，在流经这里的马格达莱纳河边。大西洋省和玻利瓦尔省在这儿。里奥阿查在这儿。

《百年孤独》写的就是这段流域，马格达莱纳河的东段，海

---

① 哥伦比亚桑坦德省首府。
② 圣克罗斯－德蒙波斯，哥伦比亚北部城镇，在玻利瓦尔省境内。

岸的东北部。或者说圣马尔塔、谢纳加、香蕉种植园、从内华达山脉到里奥阿查这一带，创建马孔多的人们就来自这些地方。你记得奥雷里亚诺·布恩迪亚就是在瓜希拉杀死普鲁邓希奥·阿基拉尔①的吧，然后就发生了一次迁徙，离开的人创建了马孔多。这个故事来源于他的外祖父。

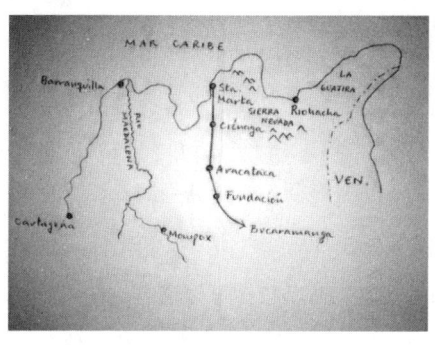

帕特里西娅·卡斯塔尼奥： 我们和他的英文传记作者杰拉德·马丁一起，重走了《百年孤独》中的路线。我们从迈考②出发，去了瓜希拉的巴兰卡斯，如今这座城市以塞雷洪煤矿著称。我们去那儿是因为马尔克斯上校当初从里奥阿查来到了巴兰卡斯。那以前是一个殖民地，就像开放的边境，大概靠畜牧业致富。于是我们就去那儿探寻家族的历史，追随马尔克斯上校抵达巴兰卡斯时的足迹。堂娜特兰基利娜是在他之后才去的，也就是说是他先到的。当堂娜特兰基利娜到那儿安家时，他已经有了好几个情妇（听起来很可怕）。其中的一个好像是梅达多的母亲，她是个有点

---

① 受访者口误，《百年孤独》中杀死普鲁邓希奥·阿基拉尔的是何塞·阿尔卡蒂奥·布恩迪亚。
② 哥伦比亚北部瓜希拉半岛上的城市。

鲁莽的女人。

我们在那里采访了很多人，有些是亲戚，有些是了解那段故事的人。这么说吧，那段故事以及它与小镇的联系依然鲜活生动。有一件极其有趣的事情。我们找到了一位老人，很老很老，他说自己目睹了梅达多之死。他说当时自己还很小，只有七八岁，在跑腿送东西。他走到拐角那儿，撞上了马尔克斯上校扣动左轮扳机射杀梅达多的那一瞬。口述故事的奇妙之处就在于，那天晚上我们坐在巴兰卡斯街上的那些摇摇晃晃的长凳上，其中一位女士的孙女跑了过来，大概十二岁的样子，说："我的爷爷给我讲过这次凶杀的故事。"于是她就站在马路中间开始讲故事，你想象不到有多精彩。我不知道那时候为什么没带相机。不过那时候的相机特别重。"当时马尔克斯上校在等梅达多出现，他知道那天是圣女庇拉尔的纪念日……"梅达多住在农场里。"他会带着喂牲畜的饲料来，因为他要在节日期间待上几大。上校对他说：'我必须杀了你，梅达多。'梅达多说了些什么我记不清了，和荣誉子弹有关。"小女孩讲得就像是昨天发生的事情一样。我记得格里的书里有这个故事，但真正让我印象深刻的还是口头讲述的故事。小女孩就像是在复述欧里庇得斯的故事一样，仿佛把书里的故事背了出来。这件事给我留下了非常深的印象，因为事情是1907年发生的，但我觉得，这个故事依旧活在镇子上，活在1993年。

爱德华多·马尔塞莱斯·达孔特：阿拉卡塔卡很热，但它毕竟坐落在内华达山脉的山脚下。所以"湍急的河水清澈见底，河床里卵石洁白光滑宛如史前巨蛋"，就像他在《百年孤独》里写的那样。为什么？因为那条河的源头是克里斯托瓦尔·哥伦布和西蒙·玻利瓦尔这两座雪峰。还有弗里奥河，丰达西翁河。天气很热，但是到了晚上，因为有山，还有从山脉上流淌而下的河和小溪，所以很凉快。再加上植被茂盛，那里美极了。

这里是典型的沿海气候，分旱季和雨季。如果你在旱季来阿拉卡塔卡，会看到尘土飞扬。雨季是很重要的，因为香蕉树需要大量水分。下暴雨的时候那就是倾盆暴雨，就像《伊莎贝尔在马孔多观雨时的独白》①中写的那样，狂下不止。

整个阿拉卡塔卡都在小说里。那条清澈见底的河流就是阿拉卡塔卡河，很美的一条河。因为它有河滩，有巴旦杏树。主广场周围都是巴旦杏树。天气很热，人们会午睡。所有人都会经过驿站般的阿拉卡塔卡。内华达山脉上的土著会来这儿，很多人都会经过这里。有火车，有各种想法。比如哥伦比亚的香蕉种植业繁荣的时候，人们拿成捆的钞票当蜡烛，跳昆比亚②舞蹈。小说里也写到了。

你应该发现了，在加博的叙述中，环境有很大的影响力。迷信起着很重要的作用。这些也都来源于小镇。自然现象，雨，暑热，这种影响力是肯定会有的。你也知道暴雨可能一连下个两三天，就像天降子弹一样，那些暴雨和水流应该对他产生了很大的影响。我想说的是，当热带地区的这些高强度的自然现象在他身边发生时，他就开始从中汲取一切了。阿拉卡塔卡前不久才通电，有了一家发电厂。

---

① 加西亚·马尔克斯写于 1955 年的短篇，收录在《蓝狗的眼睛》中。
② 流行音乐流派，起源于哥伦比亚沿加勒比海地区，最初是非裔哥伦比亚人的音乐。

从谢纳加到阿拉卡塔卡，一直到丰达西翁的这块区域都是香蕉种植区。土壤非常肥沃，因为山土淤积在宽阔的山谷里。阿拉卡塔卡是一个农业小镇，当时香蕉产业造成的影响已经开始显露了。整个地区都是香蕉种植园。起初地主们都住在这里，有很多种植园。

我的外公安东尼奥·达孔特从意大利来到这里，成了镇子上受人瞩目的人物。他开了一家店，名叫"安东尼奥·达孔特的店"。他不是一般人。他大约在十九世纪末的时候从意大利移民到了圣马尔塔。他是首批到阿拉卡塔卡的移民之一。实际上，他为小镇的建设出了力。当他和土耳其人、意大利人刚到这里的时候，阿拉卡塔卡只是一个很小的村落。

因佩里亚·达孔特：年轻的三兄妹来到这里：佩德罗·达孔特·法马、玛利亚·达孔特·法马和安东尼奥·达孔特·法马。我的父亲安东尼奥留在了阿拉卡塔拉。他们到这里的时候非常年轻，父亲在阿拉卡塔卡过得很好，在这儿有三个农场。大部分房子都在父亲名下，但他后来去了欧洲。其他人没去。

爱德华多·马尔塞莱斯·达孔特：他来到镇子上，我不知道他是带了足够的钱还是做生意很成功，他一到这儿就开了一家规模很大的店，还建了电影院。他的房子是镇子上最大的房子之一，在那条叫"四拐角"的街上，人称"阿拉卡塔卡的时代广场"。就叫"四拐角"。那是一栋建在拐角的房子，很大。可以说占了整个街区的四分之一，因为他就把电影院建在院子里。那里摆着椅子，他还弄来了机器，用火车把电影胶卷从圣马尔塔运过来。有人给他送货运货，还有一名电影放映员，什么都有。他把电影和留声机带到了镇上。各种新奇的东西陆续出现，是他把这些带到阿拉卡塔卡的，因为他经常在圣马尔塔和阿拉卡塔卡之间往返。

因佩里亚·达孔特：父亲一早就带我们去农场呼吸早晨的空气。那里有很多小香蕉，会从树上掉下来，于是人们就把它们套起来，我就从这串里挑一根，再从另一串里挑一根。

爱德华多·马尔塞莱斯·达孔特：后来联合果品公司来了，收购了很多农场。虽然原来的农场主还在，但实际上公司成了香蕉种植业的垄断者。他们收购香蕉、加工香蕉、出口香蕉。他们有自己的船。

拉蒙·伊良·巴卡：当然，致富并没有那么难，来这儿的所有人都先开店，然后收购土地。第二次世界大战后，1947 年，土地重新升值，人们变得富有起来，也就是所谓的"香蕉繁荣"。我的姨妈们，圣马尔塔的诺格拉家族的人比之前有钱了。

埃利希奥·加西亚·马尔克斯：为了保护高层管理人员，联合果品公司在种植园中央远离镇子的地方建了专属驻地。阿拉卡塔卡的驻地是一个名叫"普拉多"的街区，里面都是木房子，为了不受蚊子侵扰，窗户上蒙了粗麻布。在宽大得令人难以置信的草坪中央还有游泳池和网球场。就这样，铁轨的一边、凉爽的种植园中央是美国佬的驻地，远离暑热、丑陋、贫穷和臭气，加西亚·马尔克斯称之为"电网保护下的鸡笼"。铁轨的另一边是镇子，木头盖的房子，屋顶是锌做的，或者只是泥巴糊的茅屋，用麦秆铺一层屋顶。马尔克斯·伊瓜兰家族在一定程度上受到了"香蕉繁荣"的吸引，1910 年 8 月来到了镇上，在这里安了家。

爆炸

有些人认为是加博引发了拉丁美洲小说的"爆炸"，有些人认为不是。

拉蒙·伊良·巴卡：后来就有了文学爆炸，我读了卡洛斯·富恩特斯的《好良心》。我想补一点卡彭铁尔的小说，但加比托不属于这类作家。《百年孤独》1967 年问世，文学爆炸也随之而来。但我说的是没有人把加西亚·马尔克斯和魔幻文学放在一起看的时期。那时说到魔幻风格，人们会想起卡彭铁尔，想起他的《埃古·扬巴·奥》和《人间王国》。人们不会联想到加西亚·马尔克斯。对于像我这样一直在断断续续阅读的人来说，他是后来的作家了。

威廉·斯蒂隆：他对文学爆炸作出了很重要的贡献，但并不是只有他。我认为所有文学爆炸时期的作家，包括卡洛斯·富恩特斯、巴尔加斯·略萨以及另外一两名作家都有贡献。当然，还有科塔萨尔。我觉得文学爆炸是所有这些作家合力的结果，因为每一位作家都有其独到之处。是他们作品的力量让拉丁美洲文学走入了非拉丁美洲读者的视线之中。我觉得一个很重要的事实是，正如卡洛斯在多部作品中指出的那样，西班牙语文学几乎不存在。自《堂吉诃德》以后几乎就看不到了。小说不是引人注目的艺术形式。这其中不包括西班牙语戏剧文学，比如加西亚·洛尔卡等人的作品。我说的是纯粹的小说。只是直到这场文学爆炸，世界才意识到西班牙语小说的存在。这场爆炸几乎奇迹般地赢得了欧洲和美国读者的注意。

圣地亚哥·穆蒂斯：是的，是他打破了壁垒。

威廉·斯蒂隆：很多人过着流亡的生活。大多是由于他们的作品被本国的政府机关批评、抨击。我认为加博的作品很杰出，但我觉得那不是他一个人的成就。我刚才提及的那些作家的作品对爆炸来说也是必不可少的。

何塞·萨尔加尔：我记得他来为《百年》做宣传。负责公关的人来为他做宣传，想多卖几本……爆炸就这样开始了！

威廉·斯蒂隆：是的，他是皇冠上的明珠，这是绝对的事实。但没有其他人就不会有他。

格雷戈里·拉巴萨：我不知道他是不是冲锋的骑士，还是说爆炸早就开始了。巴尔加斯·略萨是后来居上的，但胡里奥·科塔萨尔和博尔赫斯[1]已经为人所熟悉了。还有加尔多斯[2]，他是一位文字功底扎实却被遗忘的作家，《悲翡达夫人》《纳萨林》。他们都不是谁的追随者，都创作着自己的东西。没有人像胡里奥那样写作。他是最国际化的作家，这与他在巴黎的经历有很大的关系。他比

---

① 豪尔赫·路易斯·博尔赫斯（1899—1986），阿根廷作家、翻译家，代表作有《阿莱夫》《沙之书》。
② 贝尼托·佩雷斯·加尔多斯（1843—1920），西班牙现实主义小说家，代表作有《悲翡达夫人》《福尔图娜塔和哈辛塔》。

任何一个法国人都写得好，他嘲讽所有的法国知识分子。

威廉·斯蒂隆：从一定意义上来讲，加博的确是跨国文学的代表。但是说仅凭他一己之力就使拉丁美洲文学获得全世界关注，我认为是不妥当的。虽然《百年孤独》也许是整场文学爆炸中最有名的作品。

圣地亚哥·穆蒂斯：它就是一本《圣经》。讲述了生命由始至终的故事，是对人类世界的一种诠释，由颇具哥伦比亚特色的人来述说这里的生活……加博所拥有的，也是全世界都感谢他的，恰恰就是人性。

格雷戈里·拉巴萨：我说的词没人用了。在我的那个年代，摇摆乐、爵士乐的时代，我们会说"我喜欢那玩意儿"①。巴西人有一个词叫"灵气"，也可以说是"精灵"，但我喜欢"天使"的概念。《百年》里有精灵，精灵把读者引向天使。当然，我觉得加博是塞万提斯式的作家。他到底有什么？为什么月亮不会离开轨道呢？他有作家的灵气。

埃克托尔·罗哈斯·埃拉索：我被问过好几次这个问题：都有谁和他一起参与了文学爆炸，都有哪些拉丁美洲的作家、小说家和他共享了文学爆炸。我的回答是，没有。他之后的那些人都是

---

① 原文为英语。

平庸之辈。他才是真正的创造者，其他人只是宣传得好罢了。因为"爆炸"是出版商造出来的。他们之所以创造这场"爆炸"是因为作家本身没办法把它创造出来。所以最好的作家是谁呢？最好的作家……是他……这毋庸置疑。

圣地亚哥·穆蒂斯： 但是，文学爆炸中既没有鲁尔福[1]，也没有阿格达斯[2]。我认为那是因为人们在他们两位的作品里看到了艰难。大多数媒体都致力于证明贫穷是可以被救赎的，所有人都能变得富有，幸福存在于某些需要碰运气的目标之中。鲁尔福和所有这些论调背道而驰。他是一个被自己笔下的死者困住的人。这一点本身也不太容易让人消化，因为鲁尔福是他们这些人中最伟大的。鲁尔福、阿格达斯、吉马朗伊斯[3]、加博……现在，我觉得就连欧洲也感到眼花缭乱了，原因非常合理。因为连原先会讲故事的西班牙，现在也忘了如何讲述。曾经所有人都是会讲故事的魔术师……西班牙在可怕的神灵故事中垮掉了。所以应该承认，有时候文学是会改变国家的，讲故事的人在我们这里，大环境也为他博得了眼球。

格雷戈里·拉巴萨： 这本书看起来颇具拉丁美洲特色，因为它就是拉丁美洲的。但没有任何一本书与它相似，它是开创性的。内容更丰富浓密，但读起来也更简单。它跨越了界限，在界限之

---

① 胡安·鲁尔福（1917—1986），墨西哥作家，代表作有《佩德罗·巴拉莫》。
② 何塞·玛利亚·阿格达斯（1911—1969），秘鲁作家、诗人、翻译家、人类学家，代表作有《深邃的河流》《第六监狱》。
③ 若昂·吉马朗伊斯·罗萨（1908—1967），巴西作家，代表作有《广阔的腹地：条条小路》。

外自由发挥。梅尔基亚德斯①！我太喜欢了。我把书拿给印度朋友
们读，其中有一段他把梵文描述成晾在太阳下的衣服。那时候他
发现吉卜赛人最初来自印度。我认为梅尔基亚德斯并非来自印度，
因为吉卜赛人没有在印度扎根。但很明显，吉卜赛人在西班牙扎
下了最深的根。你可以在加西亚·洛尔卡和阿尔维蒂②的作品里读
到这一点。在伟大的斗牛士贝尔蒙特③身上也能看到，在墨西哥也
能看到。

罗丝·斯蒂隆：认识他的三四年前，英文版问世的时候，我
就读过了。西班牙语原版是在六十年代末出版的，但英文版直到
1970年才问世，书一出版我就读了。

格雷戈里·拉巴萨：我翻译它纯属偶然，我重拾翻译也纯属偶
然。当时我快拿到哥伦比亚大学的博士学位了，我和几位校友还
有布鲁克林学院的朋友合办了一本叫《奥德赛》的文学杂志。我
负责收集西班牙和拉丁美洲的新作。每一期我们会选两个国家：
两个欧洲国家和两个拉丁美洲国家。我会去四十二号街上的公共
图书馆翻遍所有杂志，寻找我们可能会感兴趣的文章。我们会
选取其中四到五个短篇故事，然后把它们翻译成英文。这其中
我记得一个乌拉圭作家，奥内蒂④。这些作家都有意大利语名字，

---

① 《百年孤独》中的人物，拥有超自然能力的吉卜赛人。
② 拉法埃尔·阿尔维蒂·梅雷略（1902—1999），西班牙诗人，代表作有《在石竹花与剑之间》
《潮汐》。
③ 胡安·贝尔蒙特·加西亚（1892—1962），西班牙斗牛士。
④ 胡安·卡洛斯·奥内蒂（1909—1994），乌拉圭作家，代表作有《井》《无主的土地》《为了今
晚》《让风诉说》。

奥内蒂，阿尔维蒂。我翻译短篇，这些我都翻译过，也用过不同的笔名。

　　萨拉·布莱克本本来是胡里奥·科塔萨尔在纽约的出版人。她的丈夫，诗人保罗·布莱克本，是他的文学经纪人。这里的人不知道科塔萨尔，虽然他在阿根廷广为人知。《跳房子》在六十年代初大获成功。萨拉打电话给我，她知道《奥德赛》，也知道我是译者。她问我是否愿意看看这本阿根廷小说，然后翻译出来。我回答说愿意，于是她就把书寄给了我。她让我先试译一个章节。我翻译了第一章和另外一章，把译稿寄给了她。她表示满意，胡里奥也喜欢。胡里奥说希望我来翻译这本书。我说好的，但我还没有读完整本小说。后来我发现这才是翻译的最佳方式——在没有读过小说的情况下翻译。

玛利亚·路易莎·艾里奥：他开始给当时著名的作家写信。其中一个是巴尔加斯·略萨，另一个是阿根廷作家，他叫什么来着？科塔萨尔。他随信把小说寄给他们，让他们给出评价。那段时间小说已经完成了，但还没出版。两位作家都感到很惊喜很震撼，给他的回信大概是这样的："我们还能有什么看法呢？应该是我们来请你评价。"

格雷戈里·拉巴萨：后来胡里奥和加博在巴黎见面了。他们是朋友，加博需要请人翻译《百年》。他们是因为政治原因相识的，两人都是流亡巴黎的拉丁美洲人，为某项左翼事业工作，他们也阅读彼此的作品。他想让我来翻译，但我当时忙于另一个翻译项目。我对他们说："先让我把阿斯图里亚斯①的书翻译好。"我记得是阿斯图里亚斯，但也有可能是克拉丽斯·利斯佩克托②。我刚从里约热内卢回来，离了婚，又再婚了，就在那时我得知《跳房子》获得了国家图书奖。那时候他们还会把奖颁给翻译文学。现在已经不会了。那一年我得了奖，我不记得有没有奖金了。

委内瑞拉雕塑家何塞·吉列尔莫·卡斯蒂略也涉足文学领域，他是如今名为"美洲协会"的组织的文学顾问。他和这里的出版商一起办了一场大型活动，筹钱来翻译拉丁美洲的书籍。他和出版商小卡斯·坎菲尔德为加博的书筹到了钱。小卡斯·坎菲尔德的父亲卡斯·坎菲尔德是哈珀兄弟出版社的创始人之一，后来这个出版社改名叫"哈珀与罗"。他们买下了《百年》的版权，还拨了翻译款项。他们把钱交给中心，中心再把钱付给我。没有版税，译者没有版税。我甚至想都没想过。我没有经纪人。也许我应该找个经纪人，但这会更复杂。书出版了，这事就结束了。

普利尼奥·阿普莱约·门多萨： 1968 年 3 月，加博告诉我，亲眼看见《百年孤独》在意大利引起的巨大轰动让他几乎惊呆了。

格雷戈里·拉巴萨： 我记得不超过一万美元。当然，那时候的钱比现在值钱，但他们的确可以给我更高的报酬。然而当时就给了那些，人性是贪婪的，出版社把翻译费压低。卡斯可以为我

---

① 米格尔·安赫尔·阿斯图里亚斯·罗萨莱斯（1899—1974），危地马拉作家，代表作有《总统先生》《玉米人》。
② 克拉丽斯·利斯佩克托（1920—1977），巴西作家，代表作有《隐秘的幸福》《星辰时刻》。

争取到"每月一书"①俱乐部的版税，现在这个俱乐部已经没有了，我每年可以收到三四百美元的支票，不是很多。后来我醒悟了。我巧妙地选了已故作家马查多·德阿西斯②的书，这是我最新的翻译作品。这样我就是马查多·德阿西斯，版税都归我所有。

玛格丽塔·德拉维加：当我 1974 年到达美国时，我会去书店看看加西亚·马尔克斯的书在什么位置，让店员把它放在正确的位置上。因为它总被归在字母 M 的那行里，没人知道其实应该放在字母 G 的那行。我甚至在图书馆里都看到过它被放在 M 那行。美国人以为加西亚是他的第二个名字，马尔克斯才是他的第一姓氏。③

格雷戈里·拉巴萨：我记得我花了不到一年的时间翻译。我住在布鲁克林高地，我们在汉普顿湾有一栋临海的房子。那儿有一个很舒服的门廊，我就坐在那儿翻译。那个版本的封面是紫、白、红的设计。我用奥林匹亚打字机翻译，我现在还在用，虽然用起来比以前更费时了。工作的时候我只需要那本书和一本词典。我一般会复制一份，把已经翻译好的译稿给卡斯，这样他就能开始编辑了。我认为我没有重写小说，但我的确希望译文读起来顺口，这就是我当时的全部想法。之后你也许会再去思考，但当你翻译时，你就只会专注于词汇本身。相当简单。我现在可以故作神秘

---

① 成立于 1926 年，是世界首家图书俱乐部。
② 马查多·德阿西斯 (1839—1908)，巴西作家、诗人、编剧，代表作有《金卡斯·博尔巴》《沉默先生》。
③ 在"加夫列尔·加西亚·马尔克斯"中，"加夫列尔"为名，"加西亚"为其父姓，"马尔克斯"为其母姓。西班牙语人名可以省略母姓，但省略父姓带有不尊重之意。

地告诉你，他会告诉我该怎么翻译他选中的那个词。他所选的西班牙语词只有一个完美的英语词与之对应。我不是在夸他，我不夸人。但他写得很棒。小说一问世就为他博得了名声，很快。我想南美大陆一定很高兴，因为终于出现一个可以为其代言的作家。他是那里第一个受到全世界瞩目的作家，并且带动了一大群人。

圣地亚哥·穆蒂斯：加博当时多大？那是1967年的事，加博是1927年、1928年左右出生的。也就是说，他当时四十岁。《百年》之后他就变了个人。

格雷戈里·拉巴萨：我在纽约的一次活动上遇到了他。他的孩子们还很小。书刚出版，他要参加某场会面，我们在酒店里相遇了。我不记得是哪家酒店了。是市中心的一家传统酒店。我妻子克莱姆迟到了一会儿，因为她那天要教课。我们没什么可以多聊的。天气很热，友谊的时刻就这样来了又走了，但我和他的相识跟之前与胡里奥的相识不一样。他和胡里奥不同，胡里奥的思想很开放。加博更含蓄一些。另一个不同是：胡里奥比他高一些。

圣地亚哥·穆蒂斯：不能说名望对人没有影响，但如果你脱离了大多数人，就只能独自面对问题。我觉得加博屈服于此了。不，不是他屈服了，是他被名望选中了。名望像一头野兽、一头斗牛那样扑向他。于是他渐渐地、慢慢地变成了另一个人。他已经不在原来的地方了。

加博是形容词、名词、动词

加西亚·马尔克斯成为创作了《百年孤独》的著名作家。

拉蒙·伊良·巴卡：在文学批评家、书评人和记者中盛行起了"加博崇拜"，他们把加博打造成了至高无上的存在。特别是对于我们这些尝试写作的后来人。比方说，没人再想写短篇小说了，因为所有人都必须写长篇小说，因为所有人都想追随长篇小说这一体裁之王。所有人都渴望写出另一本划时代的小说。我还记得在阿吉莱拉·加拉穆尼奥①的小说《万物简史》里有一张小贴纸，上面写着"《百年孤独》的后继之作"。都是这样叫卖的。唉！受到了"加西亚·马尔克斯主义"的荼毒。

何塞·萨尔加尔：我认为他影响了一切。他对紧随其后的那一代人产生了负面影响。这有点像水门事件②。水门事件发生的时候，所有的专业记者都觉得自己有义务把总统拉下台。当加博在拉丁美洲的文学爆炸中大获成功时，所有的记者都认为自己必须写得比他更好，这样才能赢。他们中的很多人认为加博是个烂作家，觉得他们自己写得更好，却开始模仿加博。

---

① 马尔科·图利奥·阿吉莱拉·加拉穆尼奥（1949—　），哥伦比亚作家、评论家、记者。

② 美国政治丑闻。1972 年，共和党尼克松竞选班子派人前往水门大厦民主党全国委员会办公室，安装窃听器并偷拍有关文件。几人当场被捕，尼克松也于事后辞去总统一职。

拉蒙·伊良·巴卡：我记得胡安·戈萨因 [1] 一直都在模仿加西亚·马尔克斯，他是一个获得了很高声誉的记者。很明显，他一直都在模仿加西亚·马尔克斯的写作方式。他甚至还写过一篇名为《恶草》的小说，是关于大麻的。

基克·思科佩尔：我记得有一天加比托在阿尔瓦罗的家里叫戈萨因别再模仿自己了。

何塞·萨尔加尔：这是很正常的发展。我跟加博失去了联系，他的性情开始发生改变，但突然间他就回到了哥伦比亚。除了那五年，他从没跟报界断过联系。一直到后来，我们所有人一下子说服了他，让他去写专栏，这要特别归功于吉列尔莫·卡诺 [2]。他的首篇专栏刻画了一名睿智的神父。他人在哪儿，就在哪儿写专栏，按时交稿，但那时候他已经是另一个加博了。

拉蒙·伊良·巴卡：关于加博的消息四处泛滥。他成了大名鼎鼎的加夫列尔·加西亚·马尔克斯，于是人们就想要了解关于他的事情，不是吗？甚至还出现了"加博崇拜者"。"加博崇拜"开始兴起，当然，现在依然存在，在全球范围内存在。我们这儿也有崇拜加博的人，比如卡洛斯·霍塔，他收集了关于加西亚·马尔克斯的各类信息、事迹。比如他当时在不在这里，在不在那里。之

---

① 胡安·安东尼奥·戈萨因（1949— ），哥伦比亚作家、记者。他的作品《恶草》原文为"La mala hierba"，是在模仿《恶时辰》（*La mala hora*）。
② 吉列尔莫·卡诺·伊萨萨（1925—1986），哥伦比亚记者，《观察家报》创始人菲德尔·卡诺·古铁雷斯家族的第三代继承人。

后没多久，那个法国人雅克·吉拉德就来了……

米格尔·法尔克斯 - 塞坦：雅克·吉拉德大约在 1977 年来到了哥伦比亚。到了之后，他立刻联系了阿尔瓦罗·梅迪纳，他是从参考文献中知道阿尔瓦罗的。阿尔瓦罗帮他找到了撰写博士论文所需要的研究材料。他的论文是关于加西亚·马尔克斯和"洞穴"友人的，吉拉德后来把这些"洞穴"友人命名为"巴兰基亚一代"。

拉蒙·伊良·巴卡：从那时起我就卷入了麻烦。我从内陆回到沿海地区，听说了他的事，我认识他的弟弟海梅·加西亚·马尔克斯，但我不是加博崇拜者。我对搜集信息不是很感兴趣。

费尔南多·雷斯特雷波：我回到哥伦比亚的时候，加博的身影无时无刻不出现在我们中间。我们做的第一件事就是把《恶时辰》拍成电视剧。从那时起，视觉媒体对加博产生了真正的兴趣。我们开始不停地探讨把他的小说剧情搬上电视荧屏的可能性。《恶时辰》是加博第一部被改编成电视剧、搬上荧屏的作品。

拉蒙·伊良·巴卡：这么说吧，任何伟大的作家，不论是他们的作品，还是他们本身，都能激发人们真正的、极大的兴趣。关于托马斯·曼，还有什么是没写过的呢？那天我读了一本特别厚的传记。

甚至连不那么厉害的作家也能一下子引发读者极大的兴趣。

比如，有一个人引起了我的注意，萨默塞特·毛姆①。我读过差不多所有能看到的有关毛姆的新闻。如果人们为一个不那么厉害的作家都能做到这个地步，那么对那些很优秀的作家会有怎样的关注度呢？

内雷奥·洛佩斯：他不是在哥伦比亚做出这番成绩的。他在巴黎、在墨西哥城都生活过，但哥伦比亚……

费尔南多·雷斯特雷波：1968 年我回到了哥伦比亚，那时候加博的身影无处不在。当然，他那时已经写出了《百年孤独》。我回到哥伦比亚后才和加博联系上。我回到了我和费尔南多·戈麦斯·阿古德洛一起创办的公司，也就是美洲广播电视台（RTI）②，之后我们一直在一起工作，直到他去世。我继续维持公司的运转。

基克·思科佩尔：我向你保证，你随便问一个首都的"卡查科"，他连小说的一半都理解不了。他不理解是因为小说描写的是巴兰基亚的习俗，是沿海地区的风情。因为哥伦比亚的地方性习俗分三种：我们沿海地区的，首都及周边地区的，还有那些粗野地区的。有一半的"卡查科"不理解那本书，因为他们没办法想象有人会像小说里写的那样去做那些事。这是一本完全描写地方习俗的小说。没有任何想象的成分。

---

① 威廉·萨默塞特·毛姆（1874—1965），英国小说家、剧作家，代表作有《人性的枷锁》《月亮与六便士》。
② 全称 Radio Televisión Interamericana。

圣地亚哥·穆蒂斯：那是他生活的世界，我没有领略过。我是在城市里长大的。我们的家庭生活完全不同，我接受的教育也不同。

爱德华多·马尔塞莱斯·达孔特：那是一件难事。对阿拉卡塔卡人和任何一个作家而言，它都是一件难事。加博在文学史上创造了一个难以逾越的高度，所以其他人经常觉得……我该怎么说呢？不仅在沿海地区，放眼整个哥伦比亚，在某种程度上，他都是一个在文学轨迹上留下浓重一笔的人物。当然，在全世界范围内也是这样，但姑且就说国内吧。他在文学界相当有分量，无论哪方面都让人敬佩。

圣地亚哥·穆蒂斯：加博几乎贯穿了我的一生。我最早读的几本书都是加博的，而他至今依旧有很深远的影响，所以我和他的关系是真实的。对于跟我一样提笔写作的同龄人来说，这种关系是永久的，因为从一个人开始阅读，到他长大成人，再到他成为作家，加博一直在那儿。这一点不可否认。他是一个惊人的存在。但是这么说吧，现在重读他的作品和年少时读的感觉也是很不一样的。年少时，《枯枝败叶》和《没有人给他写信的上校》对我来说就是事实。要接近生活和文学的话，那是多么强有力的方式啊！从那以后你就开启了自己的道路。唯一的影响是你想让自己的作品拥有和他同样的力度。教训就是：那是他的力度。你能要求自己做到什么地步？毕竟那是你的生活，每个人都有自己的生活。

罗丝·斯蒂隆： 比尔 [1] 和卡洛斯·富恩特斯一起在墨西哥城见到了加博。他们两个当时出席了一场规模很大的聚会，但我一直到1974年才有机会和加博见面聊天。实际上我并不知道他会到场。我当时在因为政变而动乱的智利，1974年初才回来。我记得那是1974年后半年的事，也可能是1975年。那是一次罗素法庭 [2]，有一场讲座是由一些曾被皮诺切特 [3] 囚禁、后来逃了出来的智利杰出人士主讲的。他们中有音乐家、外交家，还有各行各业的人。那次法庭把他们带到了墨西哥。于是我就飞到墨西哥去见刚到那儿的奥兰多·莱特列尔 [4]，我不知道卡洛斯·富恩特斯和加西亚·马尔克斯也会去那儿。当时我们都是激进主义者，也都是反皮诺切特主义者。我们都在一年前经历了智利的惨剧，所以我们就在那里认识了。从那以后，我们三个成了很好的朋友，共同度过了很多时光。

埃曼努埃尔·卡巴略： 他和菲德尔·卡斯特罗的友情让我觉得很困扰。

---

① 即威廉·斯蒂隆。"比尔"是"威廉"的昵称。
② 伯特兰·亚瑟·威廉·罗素（1872—1970），英国哲学家、数学家、逻辑学家，代表作有《西方哲学史》《物的分析》。罗素法庭是1966年由罗素组建的国际战争罪法庭。1973年，拉丁美洲组建起第二罗素法庭，旨在维护拉丁美洲人权。
③ 奥古斯托·何塞·拉蒙·皮诺切特·乌加尔特（1915—2006），智利前总统、智利军事独裁者。1973年，他通过流血政变推翻了民选左翼总统阿连德，建立右翼军政府。
④ 马科斯·奥兰多·莱特列尔·德尔索拉尔（1932—1976），智利政治家、经济学家，曾任智利外交部部长、内政部部长、国防部部长。1973年智利政变后流亡委内瑞拉，1976年遭皮诺切特军政府暗杀。

威廉·斯蒂隆：我认为菲德尔钦佩加博是因为他是一位伟大的作家。这一点也不奇怪，就是一种相互吸引。菲德尔尊重他、钦佩他，不仅因为他写出了恢宏的文学作品，还因为他拥有超凡的思想，菲德尔也知道加博尊重且敬佩自己的革命纲领。菲德尔在一定意义上是《族长的秋天》的原型。他们之间的关系是建立在共同的原则之上的，这样的友谊无须解释。在我看来，只是纯粹的友谊，但我认为加博也为此着迷了。菲德尔的人生经历中的确有让加博由衷钦佩的部分。

基克·思科佩尔：此外，一个起点如此卑微的人……我跟你说过，在我看来这既不是罪过也不是冒犯。恰恰相反。他是一个执着的人、真诚的人。他一辈子都很真诚。他是一个勤奋的人，坚持工作。还能对一个人要求些什么呢？也许你会对他这个人勃然大怒，但只是对他这个人，而不是对作为文人的他。他配得上这一切。他在生活中的地位是通过自己的努力得来的。

埃曼努埃尔·卡巴略：有两个加西亚·马尔克斯：《百年孤独》问世之前他是一个普通人，《百年孤独》问世后他就成了另一个人……

《百年孤独》之后

这他妈糟透了。平均每天都有三只爱管闲事的"蜥蜴"来打扰我，他们来自拉丁美洲各地，所以等夏天过去后，我们就要搬到一个秘密的寓所里。所有人都向我倾诉自己在这悲苦之世中的坚守，然后留给我八百页的原稿。如果这就是荣耀，我宁愿等自己变成一尊雕像时再去享有它。

加夫列尔·加西亚·马尔克斯

给阿方索·富恩马约尔的一封信

写于巴塞罗那

加博和富恩马约尔在巴塞罗那

名利双收

加西亚·马尔克斯偿还债务、分配钱款。

玛利亚·路易莎·艾里奥： 他们去了西班牙，在那里生活了几年。当我回到西班牙，再见到他时，发现已经没法跟他一起上街了。我那时候还没有回西班牙生活，只是短暂地回去见见他们。是的，他已经有了名气，在西班牙是个有头有脸的人物了。

卡门·巴塞尔斯： 他从1967年开始就在巴塞罗那定居了，我几乎每天都见到他，了解他的想法，参与到他所有的计划之中。他会把我的回复和反应当成预演。

吉列尔莫·安古洛： 当他准备写《族长的秋天》的时候，他决定去一个由举足轻重的族长掌管的地方，换句话说，他去追踪佛朗哥了。他去了巴塞罗那，置身佛朗哥独裁的环境之中，亲眼见证佛朗哥是个怎样的人。佛朗哥独裁时期结束后，他还继续研究了其他的独裁者。也就是说，《族长的秋天》的主要原型可能是胡安·维森特·戈麦斯[①]。但他研究了美洲的所有独裁者，特别是特鲁希略[②]。他给我讲了一件他从来没用上的特鲁希略的逸事，毕竟他掌握的信息总是远远多于最终用到的。特鲁希略有一次和他的保

---

① 胡安·维森特·戈麦斯（1857—1935），委内瑞拉独裁者，有"安第斯山暴君"之称。
② 拉斐尔·莱昂尼达斯·特鲁希略·莫利纳（1891—1961），多米尼加共和国独裁者。

镖一起散步，看见了一个老人，那是他的同学，但比他的年纪大得多。他说："某某还活着。"后来他雇的杀手向他汇报："现在不在了。"

米格尔·法尔克斯－塞坦：他需要加勒比，于是回到了巴兰基亚，说是要找寻腐烂的番石榴的味道。

胡安乔·希内特：基克把自己的房子租给了他。他和梅塞德斯一起带着孩子们回来了。他就在那里写作……但就像我之前讲的那样，他在远离一切。

基克·思科佩尔：不，我们不会因为他不再跟我们想说什么就说什么而生气，我们变得疏远的原因和其他人一样：要么因为金钱，要么因为女人。这是你疏远一个人的唯一理由，金钱或女人。没有别的理由。

胡安乔·希内特：他已经是大名鼎鼎的加西亚·马尔克斯了，但还不是诺贝尔奖得主。

基克·思科佩尔：他还不是加西亚·马尔克斯，不过已经成了半个加西亚·马尔克斯了。但还没完全成名。我当时住在自己的家里，阿尔瓦罗对我说："别他妈啥也不干，基克。加比托需要帮助。把家里的书房腾出来，你可以去你母亲家住。他会付钱给你的。他会靠那本正在出版的书赚大钱的。他赚了大钱就会把房租给你。"于是我就从自己家里搬了出来，把房子租给了加比托。但我犯了个错，当我真的管他要房租时，他很生我的气，因为我让他付钱。"别他妈赖账，既然你欠我钱就得付给我。你已经在我的房子里住了两年了，还没付我钱。"最后他把钱给了我。我们两个都很生气，但没有一直赌气下去。

玛利亚·路易莎·艾里奥：后来他有钱了，就把在肉店赊的账还清了。

卡门·巴塞尔斯：人和金钱的关系是基础，对加博、对所有人来说都是这样。所以当你一无所有的时候，会竭尽所能去赚钱。等攒了一些钱后，你就基本不会再为金钱而受苦了，当你有了足够多的钱，甚至有了闲钱时，你就可以随心所欲，不会再只为了钱做事了。

他的确喜欢最好的餐厅和最上乘的香槟。我们一起享用过很多难忘的晚餐。我不记得是谁结的账了。我主动结账的原因只有一个，加博他不喜欢付钱，他对我说："卡梅[1]，你来埋单，把钱记到我的账上。"

阿曼多·萨瓦莱塔[2]：我在《观察家报》上看到加西亚·马尔克

---

[1] 原文为"Kame"，是卡门（Carmen）的昵称。
[2] 阿曼多·萨瓦莱塔（1927—2010），巴耶纳托作曲家。

斯得了罗慕洛·加列戈斯[①]小说奖，奖金有十万玻利瓦尔[②]。他把这笔奖金给了几个政治犯。后来他又赢了一万美元，把这笔钱给了另一个囚犯。我……我很喜欢加西亚·马尔克斯的家乡，很熟悉他出生的那栋房子：院子里满是杂草和藤蔓。唯一不同的是房子的正面，有半个外立面。我知道他家的情况，房子已经废弃了。他的家乡需要一个渡槽、一家医院、一所学校……他却把钱捐给了其他人。于是我就写了一首歌，歌词是这样的：

作家加西亚·马尔克斯

作家加西亚·马尔克斯

我们需要让他懂得

一个人出生的地方

凝聚了至高的爱

不要像他那样

抛弃自己的家乡

让自己出生的房子

倒塌

胡安乔·希内特：他回来领奖，说已经把奖金给了游击队，支持革命。当游击队刚起来的时候，波哥大一场示威游行里有个小伙子引发了话题。一张照片传遍了全世界，在大学里掀起了轩然

---

① 罗慕洛·加列戈斯（1884—1969），委内瑞拉作家、政治家，1948年当选委内瑞拉首位民选总统，代表作有《堂娜芭芭拉》《异乡人》《在同一片土地上》。
② 委内瑞拉货币。

大波，那个小伙子正在逃跑，有人向他扔东西。加博写到他自己也参与了这场革命。帕乔·波萨达为此写了篇社论，说用这种方式搞革命很容易，置身事外地搞革命。现在他有钱了，也有了名气。他在巴塞罗那有了一套公寓，我不清楚还有什么。帕乔写了篇社论塞给他，对他说："你为什么不来这儿搞革命呢？来吧，来这里。"帕乔又把那张照片拿出来说事，甚至还对我说："你去墨西哥，带上相机拍拍他在那儿住的房子。他妈的！那叫什么事！你见过吗？"最后阿方索·富恩马约尔出面了。他说："帕乔，别整这事了。"但是帕乔很较真，提笔写道："他给所有那些独裁者们写信……是的，像个没事人那样……在那些总统府里受到款待。"

爱德华多·马尔塞莱斯·达孔特：阿拉卡塔卡自然也发生了改变。之前没有人知道阿拉卡塔卡在哪里。加西亚·马尔克斯让它出现在了地图上。他改变了阿拉卡塔卡的生活，那里开始有了游客。于是就得建一家新的旅馆，需要多开几家餐厅。城镇的经济得到了发展。毕竟游客会花钱、吃饭、住宿。所以到最后，他出生的那个房子就被宣布改建成博物馆了。宅子的后院重建了。宅子的正面就跟其他重建的房子一样，因为最前面的那个屋子（似乎是用茅草和泥巴搭建的）塌了。于是他们就在前面用坚固的材料新建了一个房子。而在后院里，人们依照他出生时的原样，保留了厨房和很多其他的东西。我总去阿拉卡塔卡。我的姨妈和表亲们住在那儿。我的表亲太多了，走在路上就有人叫我："表哥！"我回道："表弟！"但我并不知道他是谁，因为那是表亲的表亲，就跟布恩迪亚家族的亲戚一样多。

胡安乔·希内特：各种各样的美国佬来到我们这儿，还有外国人，我们就开着吉普车带他们在那一带转悠。有些人会问我们要大麻。那会儿正是繁荣期。

阿曼多·萨瓦莱塔：写完那首歌后，我在巴耶杜帕尔遇见了加博，他跟我打招呼，对我说："我喜欢那首歌，歌写得非常好，祝贺您。有那么三个月我很受困扰，因为人们太热情了，但三个月后那股子狂热劲就开始消散了，我也基本平静下来了。我想用另一首巴耶纳托来回复您，但我在整个哥伦比亚都找不到能为我写出比这更好的曲子的作曲家。不管怎样，事情都过去了。"他向我表示祝贺，并邀请我在某个欢庆之日共进午餐。他很喜欢我，是的。我们在巴耶杜帕尔，达里奥·帕瓦约①的家中唱歌。我们办了一场聚会庆祝我们的重聚。他很喜欢巴耶纳托歌曲。我是在阿拉卡塔卡认识他的，那时的他还没有这么大名气。《百年孤独》问世后我又见了他一次。他总是一个样，面带微笑。他一直对我说："老师，这很棒，这很高雅。"

他在巴耶杜帕尔时跟我说："我邀请您和我一起，陪我在巴耶待两天。"于是我就陪着他，苏莱塔兄弟②中的一个也和我们一起。那是为期两天的聚会，大型派对。人们邀请他共进午餐，他邀请了埃米利亚诺·苏莱塔，兄弟中的哥哥，还邀请了我。他是聚会的主角。他们准备了特色菜肴，羊肉、炖菜、鱼、鸡。聚会的氛围

---

① 达里奥·帕瓦约·莫利纳，政治家、牧场主、农民，曾任巴耶杜帕尔市市长。
② 从二十世纪七十年代起开始活跃的巴耶纳托音乐组合。

一直很浓，人们在手鼓、瓜查拉卡①和手风琴的伴奏下唱歌，在派对上唱巴耶纳托。不是为了跳舞，而是为了聆听。巴耶纳托的美妙之处在于即兴创作。当聚会达到最佳状态时，就即兴发挥，听听歌词，没有人跳舞。因为这一音乐类型的精彩之处是用来聆听的，聆听歌词，感受这些词是写给谁的。因为音乐就是民俗。音乐讲述了塞萨尔省的人物的故事。至少在这个地区，歌曲是为人而创作的。

埃曼努埃尔·卡巴略：我所认识的加西亚·马尔克斯是一个谦逊的小伙子，他对人们讲的那些他的光辉事迹不感兴趣。《百年孤独》出版后他取得了惊人的成就，之后我就没再见过他，好几年都没见到他。他有名了，爱卖弄学识，对我来说，那种卖弄学识和自命不凡的态度让我很厌烦。我不再找他，他也不再找我。有一次他从国外回来，当时他已经变得很有腔调了，他到出版社的办公室来找我，他已经不是原来的那个他了。我们在人生的某个时刻相识，成了非常好的朋友，但后来就变了样。他开始追求其他的东西，我也一样。他追求名声、认可，希望在自己走进某个场所时听到人们说"加西亚·马尔克斯来了"。但我跟你讲述的故事很美好，哪怕失去了友谊，我也依旧保有那段时光的美好回忆。

阿尔比纳·杜布瓦鲁夫雷：1971 年，我们在巴黎创办《自由杂志》的时候，我见到了加博，加西亚·马尔克斯。我认识胡安·戈

---

① 一种打击乐器，通常由棕榈树的树干制成。

蒂索洛，那位西班牙先锋派作家，那一年他来找我，因为他想把拉丁美洲文学爆炸中所有作家的作品，无论左翼右翼，统统收录到一本文学杂志里。当时很多作家都住在巴黎，也有些人不在，但是总来巴黎，因为巴黎是当时知识分子聚集的地方，文学的中心。戈蒂索洛的本意并不是展现各国政治的不同，而是希望结束美国在拉丁美洲各领域的帝国主义行为，包括经济上、知识上和文化上的。他来找我，因为我1968年就已经参加了很多活动，我还给了他们点钱，因为他让我赞助一下这个杂志，说花不了多少钱。我觉得他这个主意太棒了，不仅能推动拉丁美洲文化和文学发展，也能让那些知名作家——比如加博——和不知名作家——比如一个巴拉圭作家，名字我想不起来了——共同为世人所知。胡安选了普利尼奥·门多萨作为编辑，我那会儿还不认识他。普利尼奥在哥伦比亚驻法国大使馆工作，也就是说他已经在巴黎了，而且他是个细致的人，凡事都要做到精确无误，以他那种哥伦比亚人、波哥大人的方式，以英国人的方式。胡安觉得他是完美人选。我们打算那一年出版四期。普利尼奥列了个作家清单，然后由委员会决定收录谁的作品。我是委员会的一员。我记得有一个作家没通过，因为他是极右派。我要没记错是吉列尔莫·卡夫雷拉·因凡特[1]。对，是他，卡夫雷拉·因凡特。普利尼奥说有两个作家我们无论如何都得收录，就是加博和奥克塔维奥·帕斯[2]。只要我们能联系上这两个传奇作家那就能联系上其他人。就他们俩。也

---

① 吉列尔莫·卡夫雷拉·因凡特（1929—2005），古巴小说家，代表作有《三只忧伤的老虎》。
② 奥克塔维奥·帕斯（1914—1998），墨西哥诗人、作家、翻译家、外交官。1990年获得诺贝尔文学奖。代表作有《孤独的迷宫》《弓与琴》《太阳石》《批评的激情》。

确实如此。后来联系上了巴尔加斯·略萨和科塔萨尔，他们都住在巴黎。没几个女作家，我记得有克拉丽贝尔·阿莱格里亚①。

计划开始得很顺利。普利尼奥会私下邀请作家们撰写随笔，我就是在那个时候见到加博的。对我来说，他是个大作家，《百年孤独》是在杜瑟伊出版社出版的。我猜是塞维罗·萨尔杜伊带他去了出版社，然后出版社便出版了《百年孤独》的法语译本，就是那样。我见到他的时候非常感动。

普利尼奥把作家们带来，这样我就能见到他们。另外，刚起步的时候，杂志社的办公室就在我家客厅，在巴克街上。后来我们搬到了比耶夫尔街上。那个年代照片很少，所以我不知道加西亚·马尔克斯长什么样，我记得我见到他的时候我就在想，他长得真像刺猬和泰迪熊的结合体。巴尔加斯·略萨和科塔萨尔看起来就没什么毛病。不像他。他跟我知道的作家——比如比尔·斯蒂隆——一点都不像。他的形象跟我期望中的大作家的形象完全不同。而且我觉得他特别害羞。我记得我第一次跟他说话的时候他还没完全放开，要我说，他实在是太小心翼翼了。他当时好像问了普利尼奥："这个女人是谁？你们把我带哪儿来了？"我记不清了，但他一点也不健谈。加博从来都不喜欢社交，我总觉得他体内装着满满的害羞。他就像某种矛盾体，他对自己所处的位置感到一些不安，但他同时有清晰的自我认知，他清楚自己是个怎样的作家。所以说他就是个矛盾体。他不是那种相处时能让你觉得舒服的人。你得绕开他觉得敏感的话题，你得小心翼翼不揭开他

---

① 克拉拉·伊莎贝尔·阿莱格里亚·维德斯（1924—2018），尼加拉瓜－萨尔瓦多作家，笔名为"克拉丽贝尔·阿莱格里亚"。

伤疤下隐藏的感受，他确实有那种感受，但不会表露出来。他就是孤独与陪伴本身。一个孤独的人，知道自己是谁，但同时需要朋友，需要别人的喜爱和仰慕。

毛里西奥·蒙蒂埃尔（墨西哥记者）：八十年代中期，加西亚·马尔克斯决定在墨西哥创办《改变》杂志，我是负责文化版块的编辑。我们有好几次一起出去吃饭，他从来不让我结账。有一天我跟他讲，如果不让我结账，我就再也不跟他一起吃饭了。于是他就说："好吧。"吃饭的地方是他定的。饭后，账单上桌的时候，他抓住我的手，对我说："你看，从我们坐在这张桌子的那刻起，我就卖出了好几千本《百年孤独》。你卖了多少本书？"

胡安乔·希内特：我记得自己当初疏远加比托是因为他说我和阿尔瓦罗是圣多明戈家族的走狗。阿尔瓦罗四十二岁还是四十四岁时就死了，但加比托活了九十岁。见鬼！但你也知道加比托是个好人，因为我侄女前不久在飞机上遇见他，便走到他身边，自我介绍说是我的侄女，加比托就请她去坐头等舱了。

死过五个国王

从多种理论的角度讨论加西亚·马尔克斯与亡者的关系。

费尔南多·雷斯特雷波：让他焦灼万分的处境有很多。他非常非常紧张，表现出极度的反感和恐惧。比如他不想待在死过人的房子里，哪怕丝毫没有危险的迹象。

吉列尔莫·安古洛：我不清楚你知不知道什么是"帕瓦"①。"帕瓦"这个说法很复杂……委内瑞拉人富有的那会儿——当然，因为石油发家的暴发户品位很差——知识分子们发明了这种说法："这东西太晦气了"，以避免和坏品位扯上关系。

你知道什么叫"帕瓦的尖角"吗？把动物内脏放在高脚杯里吃。所以"帕瓦"有双重含义。在我们这里用"洛沃"②这个词。哥伦比亚洛沃，波哥大洛沃，有点阶级的意味。我们这儿说"洛沃"的都是那些有文化的人，他们从出身来看就非常有涵养，因为这里的资产阶级是有涵养的。这个说法来源于妓院，最先用这个词的是罗马的低价妓女。"洛维里亚"（lobería）这个词说的是老鸨手下的那些便宜女孩们。上层阶级的人管这叫情人，没什么贬

---

① 原文"pava"，委内瑞拉俗语，意为坏运气、霉运，后文中的"晦气"（pavoso）是"pava"的形容词。
② 原文"lobo"，西班牙语中多以名词出现，意为"狼"。但在哥伦比亚口语中，"lobo"也用作形容词，意为"品位差的、粗野的"。在乌拉圭则有"有魅力的男性"的含义。下文中"洛瓦"原文为"loba"，是它的阴性形式。后文的"洛维里亚"原文为"lobería"，是它的名词。

义。"但那个女孩是'小洛瓦',是'洛瓦'呀。"很明显这里"洛瓦"这个词包含了文化水平、阶级的意思,所以就有了"洛沃"这种说法。在古巴,人们用"皮库奥"[①]这个词。在墨西哥是……墨西哥人怎么说来着?我应该是知道的,因为孩子们就这样叫我。这跟印度的种姓制度[②]有点相似。"纳科"[③]。好吧,回到之前的话题,加博写关于"帕瓦"的事。委内瑞拉当地人说坏品位会带来坏运气,这就是"帕瓦"。他笔下的一些人物就诠释了"帕瓦"。他在日常生活中也相信"帕瓦"的存在。他越来越惧怕死亡,还相信其他人不信的一连串东西。相信撒盐驱邪,还相信各种征兆。他这样一个受过教育的人相信一切迷信的东西。但他完全把迷信藏在心里。他会拿来开玩笑,甚至还写关于"帕瓦"的事情。

费尔南多·雷斯特雷波:他有好几次住在我们在锡帕基拉的农场。农场就在锡帕基拉盐矿的上面。如果你到锡帕基拉来,就能看到农场的入口处就是盐矿的地道,农场就建在那上面,相当大,大约有三百法内加[④]。房子比较老旧,有八九十年的房龄,是我的岳父造的。加博就住在那里,因为他想追忆自己学生时代的足迹。

他要求我们做的第一件事就是把过去所有的事情都告诉他,因为他特别迷信。就像他亲口说的那样,他认为那些东西都很晦

---

① 原文为"picúo",古巴方言,形容人品位差。
② 印度的种姓制度将人分为四个不同等级:婆罗门、刹帝利、吠舍和首陀罗。婆罗门即僧侣,为第一种姓,地位最高,从事文化教育和祭祀;刹帝利即武士、王公、贵族等,为第二种姓;吠舍即商人,为第三种姓,从事商业贸易;首陀罗即农民,为第四种姓,地位最低,从事农业等体力劳动。
③ 原文为"naco",墨西哥当地人用以称呼举止粗野、缺乏教养的农夫。
④ 西班牙及部分拉美国家土地丈量单位,各地区略有差异,300法内加约等于192公顷。

气，很难想象他在这种事情上有多么迷信。他问房子里有没有死过人。因为他强调如果死过人，那他就不会在这里住下。我向他保证这栋房子里从来没有死过人。我完全是第一次碰到这样的情形。我以为他只是开个玩笑，但其实他是认真的，非常认真。如果我说这里死过人，那他就不会住下来。我感到很惊讶，因为我原本以为他只是在讽刺些什么。然而我想错了，他在这种事情上非常迷信。

米格尔·法尔克斯－塞坦："帕瓦"把他带向了病态的极端。阿方索临终的时候，他都不敢去看望这位老友，即便当初这位老友把自己的面包分给了他。

基克·思科佩尔：对我来说，死了就是死了。这是阿尔瓦罗·塞佩达的原话，"死了就是死了"。为什么还要想其他的事情呢？我的母亲死后，我去扫墓……花花草草他妈的有什么用！死了就是死了。你还能给她带去些什么呢？

胡安乔·希内特：这么说吧，阿尔瓦罗·塞佩达是在1972年去世的。胡里奥·马里奥当时不在哥伦比亚，但他立马回来了，赶在入葬的前一天。所有人都来参加了葬礼，总统也来了。加比托说他在玻利维亚，来不了（伸出手想抓住服务员），他借口说："老师……"

基克·思科佩尔：对于死去的人来说，花有什么用呢？什么墓地、葬礼、亡灵节……你要在你爱的人还活在世上的时候给他一切，而不是在他死后让他不得安宁。

胡安乔·希内特：后来富恩马约尔去世的时候也一样。他去世的前几天还跟加比托聊过天。但加比托依然找了个借口，没有出席葬礼。

杰拉德·马丁：对于阿方索·富恩马约尔，我能告诉你的是，加博也没有特殊对待。你也知道他说过："我不会埋葬我的朋友。"他惧怕死亡和疾病。他从不出席任何葬礼。他甚至没有出席母亲和他弟弟伊约①的葬礼。伊约是家里的第二大作家。唯一例外的是他出席了父亲的葬礼，很奇怪不是吗？

吉列尔莫·安古洛：我给你讲个故事。有一天……委内瑞拉有一个很棒的电影导演叫玛尔戈特·贝纳塞拉夫，你知道她是谁吗？三十年前，玛尔戈特·贝纳塞拉夫是个很有名的女人。她只拍了两部电影，但都很成功，如果你跟她聊天，她会告诉你："我当时和巴勃罗一起在昂蒂布②。"巴勃罗指的是巴勃罗·毕加索③。"后来亨利带我去跳舞。"亨利指的是卡蒂尔－布列松④。"巴勃罗把我的大腿画了下来。"

---

① 伊约（Yiyo）是埃利希奥·加西亚·马尔克斯的小名。
② 法国阿尔卑斯省城市，毗邻戛纳。
③ 巴勃罗·鲁伊斯·毕加索（1881—1973），西班牙著名画家、雕塑家、立体主义创始人之一，代表作有《格尔尼卡》。
④ 亨利·卡蒂尔－布列松（1908—2004），法国著名摄影师。

有天她决定拍一部关于加博的电影，加博对她说："你看，在《百年》里有一小段是写纯真的埃伦蒂拉[①]的，可以在瓜希拉拍，那里很美。""啊，好的，我们就拍这个！"于是加博就给她写了电影脚本。之后她就开始为电影筹钱。她去了欧洲，把我也带去了欧洲。我和加博到那儿以后住进了当时最雅致的酒店之一。那是尼克松总统下榻过的酒店，罗马的格兰德酒店。酒店里有我吉列尔莫·安古洛的预订记录。当时加夫列尔·加西亚·马尔克斯还没那么有名（《百年孤独》刚问世），他们没给他预订房间，但是当时的罗马人、意大利人很喜欢他，于是告诉他："很抱歉，我们今晚会给您安排一间皇家套房，明天再给您另外安排房间。"我们被带到一个满是锦缎的套房、梦幻般的宫殿，加博突然说："见鬼，老师，阿方索十三世就是在这里死的。""那我们怎么办？""我们出去散步。"我们整晚都在罗马散步，看到了各式各样的东西。我困得要命。"我们去看埃塞德拉喷泉吧。"于是我们就走去看了埃塞德拉喷泉。"我们去看许愿池吧。"我们还去看了许愿池。妈的！

　　第二天……那家酒店非常雅致，不需要签单。加博在拿到账单的时候，因为不用签单，所以只会问他住在哪间房间，加博就说自己住在某个国王死去的房间。酒店的人就说："对不起，先生，可是这家酒店里死过五个国王！"

---

① 人物出自加西亚·马尔克斯的短篇小说《纯真的埃伦蒂拉和她残忍的祖母令人难以置信的悲惨故事》，收录在《世界上最美的溺水者》中。在《百年孤独》里，埃伦蒂拉及其祖母随好汉弗朗西斯科来到马孔多，住在卡塔利诺的店里。

"对不起，您叫什么名字？"

加夫列尔·加西亚·马尔克斯变成了性别象征。

费尔南多·雷斯特雷波：加博在蒙帕纳斯大道①附近买了一套公寓，邀请我们过去，因为他想跟我们商量一下，能不能让我们和他的朋友组建一个公司一起拍电影。他的朋友一个是法国制片人，另一个是马达加斯加的导演，他讲葡萄牙语，非常友善，加博很信任他。我不知道他那时有没有作品，我觉得应该没有，但他的确想和加博一起拍电影。然后他就决定和我、费尔南多·戈麦斯、那个法国朋友一起开公司……我不记得他的名字了。

当然，有一件很有趣的事情。那时的加博已经有了名气，我们一起在蒙帕纳斯大道上的丁香园吃午饭，谈生意，谈电影项目。丁香园因很多艺术家的光顾而闻名。我们四个一起吃饭时，角落里有一个漂亮姑娘一直盯着加博看。他也发现姑娘在看自己。那时有个餐厅服务员走过来，问他："您是加西亚·马尔克斯先生吗？""正是。""那位盯着您看的姑娘想知道是不是您本尊，如果是的话，她想要您的签名。"服务生拿出一张白纸，加博说："不，我不在白纸上签名。"我记得他取出了一张五十法郎的纸币，对他说："把这个给那位姑娘，请她去最近的书店，买一本加西亚·马

---

① 法国巴黎蒙帕纳斯地区的一条大道。

212

尔克斯的书。只要她买了书，我很乐意为她签名。"然后我们就继续聊天。姑娘离开了餐厅，十分钟过后，她买到了加博的书，带回了餐厅，递给加博。加博就在书上签名了。"献给……你的名字？你叫什么？"他很大胆，默认蒙帕纳斯大道附近的任何一家书店里都有自己的书。我不知道他有多么大的把握，但的确有魄力。这是一件让人印象深刻的事，因为，啧，我不知道有多少作家敢说"随便找一家巴黎的书店，买一本我的书"。但他就是这么说的。服务生向我们传话时，我亲眼看见了这一幕。他给姑娘签了名，姑娘自然非常高兴。

埃克托尔·罗哈斯·埃拉索：有一次他到巴兰基亚来，他们就带他去有女孩子的地方跳舞。他给自己弄了个化名。那时候他还没得诺贝尔奖，但已经开始出名了。他和女孩跳完一支舞后，女孩突然问他："告诉我，你叫什么名字？"加博说："我不卖关子了。我叫加夫列尔·加西亚·马尔克斯。为什么问我的名字？"她说："因为你他妈跳得太好了！"

罗丝·斯蒂隆：我喜欢他写的关于爱的一切，关于被爱掌控的一切。我曾经就《爱情和其他魔鬼》向他提问，他说爱情是一个操控你的魔鬼，爱情是一场个人灾难，但如果没有就活不下去，他还说爱情开始时很纯粹，因为他肯定目睹了父母之辈的爱情，或者想起了自己的初恋。随着年龄的增长，一切都让人困惑，但爱情依旧是推动一切的力量。

我总是倾心于书中的那些年轻女孩，首先是十五岁左右的费尔明娜，然后是《爱情和其他魔鬼》里那个十二岁左右的女孩。我会想，他是怎么和她们心灵相通，一起追寻纯洁的爱情的。然后，你也知道，在《霍乱时期的爱情》里他更赞同弗洛伦蒂诺的爱情观，男主人公一次又一次地坠入爱河，追寻着自己与费尔明娜的纯洁的爱情。我很好奇他小时候是怎么看待父母之间的爱情的。

胡安·卡洛斯·克雷马塔（古巴电影导演）：我和他一起在圣安东尼奥－德洛斯巴尼奥斯办了一场电影研习会，他说比起男人，他觉得跟女人相处更舒适。会上他也更关注女学生。

罗丝·斯蒂隆：当然，他对女性特别好，不仅对他书中的女性，对现实生活中的女性也是一样。他是一个热爱女性的男人……完全是感性的、精神层面上的热爱。我不知道怎么描述这种感觉。单纯是因为他与女性相处的方式，会让人觉得他喜欢她们、欣赏她们、了解她们。他和女性在一起时很愉快，女性也觉得与他相处很愉快……这些话我是作为女性说的。他书中的女性很感性，他的很多文字都是站在女性人物的视角写的。虽然作者是男性，但他足够了解、欣赏女性，甚至能钻进她们脑中一探究竟。在我看来，就像他能钻进男性人物的脑中一样，他也钻进了女性人物的大脑。同样地，他也能钻进政治人物、情人、杀手……任何一个人的大脑。但事实上我是一个女人，所以他的陪伴让我觉得很棒。

吉列尔莫·安古洛：加巴 [①]，我们这样称呼梅塞德斯。她拥有不可思议的智慧和冷静。这就是女人，比男人聪明多了。加博更有才华，这毋庸置疑。这么说吧，加博有天赋，但论智慧与力量，她才是主宰者。不是说没有加巴，加博就成不了作家，但妻子的确是他极为有力的依靠。她非常强大，超乎母性的强大。她就像堡垒，是指挥者、主宰者。这毋庸置疑。

玛利亚·路易莎·艾里奥：夫妻俩的关系非常美好。哪怕没钱，她也从来不摆臭脸。从来不。她也不会因为加博一整天都闷在房间里生气。从来不生气。一次也没有。我相信有些事不是一个人能做到的。他得和某人在一起时才能办到。

埃曼努埃尔·卡巴略：她是待在家里的女人。我从来不跟她讲文学，只跟加博聊。我从来没跟他妻子聊过。星期六的会面也只有加博一个人来。没人陪他来。只有我们两个单独会面。

费尔南多·雷斯特雷波：她棒极了，很迷人，而且实际上她是安排一切的人。我感觉都是她为加博安排日常生活，因为他的日常习惯不太好。她会帮他协调、理顺，他们俩的关系非常好，非常好，因为在我看来，要照着他的写作计划和他共同生活一点也不容易，把他的朋友都视作自己的朋友也绝非易事。但她都应对自如，我们都很喜欢她。梅塞德斯和我妻子埃尔维拉·卡门之间

---

① 原文为"Gaba"，即加博（Gabo）的阴性形式。

的关系也非常好。她经常来我们这儿，哪怕加博不来，只要她来，我们都会见她。

玛利亚·路易莎·艾里奥：我不能说他是一个会完完全全把自己交给另一个人的男人。不能这么说。有些时候他甚至会和人保持距离。你和他交谈的时候会意识到自己是在跟一个很聪明的人交谈。与一个睿智之人交谈很愉快，不是吗？你会发现自己在跟一个特别的人交谈。我发现他是一个与众不同的人。有件事可以证明这一点，我曾经离开其他在场的人（全是杰出人士），只听他一个人讲话。我相信正是因为这样他才对我说"这本书是你的"，因为没有任何动机，我们几乎不认识彼此。我总是对他说："是加博成就了我，我本来不存在。我会成为你的一项发明。明天我会出现在百科全书里。玛利亚·路易莎·艾里奥，加西亚·马尔克斯创造的人物。"

吉列尔莫·安古洛：于是我对他说："好吧，你已经告诉我你是怎么认识普帕的了。现在告诉我为什么吵架？"因为他把普帕当作礼物送到我这儿来了。他说："有些女人很奇怪。""到底为什么呢？"我追问。他说："你跟她们讲事情，但她们有自己的理解方式……""那你跟她说了什么呢？"他说："普帕，你经常做爱，怎么还没学会呢？"普帕因为在床上的糟糕表现而出名，但实际上在床上表现糟糕的是我们这些男人。有天她钓到了一个托斯卡纳人，那个男人让她趴在墙上，叫喊着，那是非常不可思议的一次鱼水之欢了。所以说不存在好与坏。两个人在某一刻彼此了解，仅此而已。

卡伦·波尼亚奇克[①]：这是我写给加博的一封信：

尊敬的加西亚·马尔克斯先生：

我好不容易鼓起勇气给您写信，只为请求您接受我的采访。我担心自己不能给您留下足够深刻的印象，担心您不愿意和我交谈。但更糟的是，我甚至担心您接受我的采访，因为我不知道该向您提哪些问题。先生，您让我望而却步。我唯一一次见到您是几年前在纽约，您为拉丁美洲电影巡展举办开幕式，我没敢和您打招呼。是您走向了我。我想您应该不记得了：我穿着绿色的衣服。那是我第一次穿那个颜色的衣服。从小，因为某种我还没弄明白的原因，我一直避免穿绿色。开幕式的前一天，我发现有一件非常漂亮的礼服正降价甩卖，尽管它是绿色的，我还是买下了它。我习惯在买下新衣服的第二天就穿上它，所以我就穿着它去参加了墨西哥领事馆的鸡尾酒会。我感到极度不适，所以我努力不让别人注意到自己。我待在一个角落里，远离名人。您想必注意到了我的焦躁，就走向了我，并且引用了我不认识的某个人的话，对我说："这位女士一定对自己的美貌有足够的自信，连绿色都来讨好她。"您就说了这句话，之后便转身离开了。从那以后我就不再避开绿色了，还重新读了好几遍《百年孤

---

① 卡伦·保琳娜·波尼亚奇克·波拉克（1965— ），智利记者、政治家。

独》。我一口气读完了您的《异乡故事》①，因为那个只想用电话的女孩而陷入了苦恼。我应该向您坦白，我跟与我约会的美国男孩分手了，因为他说不喜欢您的书。不，先生，我给您写信不是为了请求您接受我的采访。我甚至不想采访您，有您的书就够了。当然，还有那件绿色礼服，我每次采访都会穿上它。

吉列尔莫·安古洛：俗话说："穿黄色衣服的人都对自己的美貌有自信。"我给你讲个故事。那是发生在他身上的故事，他却不得不拱手相让。他把故事送给了谁呢？富恩特斯。富恩特斯把故事写进了名为《盲人之歌》的书里，因为加博觉得自己很快就会被认出来。故事是这样的，他在鸡尾酒会上看见了一个非常漂亮的女人，但她从视线中消失了。找到她之后，她又一次从视线中消失了。他猛然间意识到，那个女人也在关注着自己。墨西哥女人很引人注目，墨西哥女人、巴西女人。她向他走过去，问："你想跟我喝杯咖啡吗？"他说想。上车的时候女人说："先喝咖啡还是后喝咖啡？"他们去了酒店，但加博那天运气不好，睡着了。醒过来的时候已经到第二天早上了。"现在我该怎么办？"他自问。他离开了酒店，送走了那个女人，然后就思考自己要做什么，最后做出了一个非常重要的决定：自己不能太晚回家，也不能太早回家，而且在这种情况下，身上不能没有酒气。酒总是一个好借口。于是他就喝了一瓶啤酒，也许是半瓶，剩下的半瓶浇在身

---

① 中文版为《梦中的欢快葬礼和十二个异乡故事》。

上，这样酒味就很重。他买了一顶宽边草帽，开车撞向了杆子，半个车身都撞坏了。到家的时候，加巴正在等他。"我差点就没命了……等会儿告诉你。"然后他就去睡觉了。这事就再也没人提起过。

奥德雷·盖姆：我们是在卡塔赫纳电影节上认识的。我穿了一身白，他也是。他还戴着白手表，穿着白鞋子。整个电影节我们都在一块儿，但他还有梅塞德斯陪着。我是梅塞德斯的好朋友。在我看来，我更像是她收养的女儿。回到马德里后，他们打电话对我说："我们要去你家喝胡安妮塔煮的鱼汤。"他们被胡安妮塔的厨艺迷住了。然后他们就到我家来，与我一起度过一个傍晚。有时候他们从巴黎打电话给我，叫我过去："你过来和我们一起看这部电影吧。"当我不得不回到厄瓜多尔后，他向我伸出了援手。我本想留在欧洲，但没那个可能。他打电话问我过得怎么样，然后把话筒递给梅塞德斯："亲爱的，你好吗？出去走走，别难过。"他给予了深切的援助。我还记得我到基多后他给我打的第一通电话，我母亲差点晕过去。是我母亲接的电话，因为我们母女俩的声音一样，他以为接电话的是我，就开始讲话，直到我母亲问："你是谁？""我是加夫列尔·加西亚·马尔克斯。"于是每次电话铃响，只要是他打过来的，我母亲都激动得要命。她会放下杯子、托盘，放下手里的任何东西。"女儿，是加西亚·马尔克斯打来的。"在我回国的那段时间，他就是这样陪伴着我的。在我认识的没有血缘关系的、不是家庭成员的人之中，加博是最慷慨的。

玛格丽塔·德拉维加：他跟父亲不亲近，因为他父亲是个糟糕的丈夫。但加博第一次领圣餐的时候也已经失去童贞了。梅塞德斯因为他的不忠受了很多苦。不忠是沿海地区的传统。

吉列尔莫·安古洛：我们有个共同的朋友叫戈蒂索洛，他是戈蒂索洛家族的一员，我不记得是哪一个了。戈蒂索洛在纽约有个情妇，他们互通书信。有一天两人决定见面，计划很浪漫，在曼哈顿碰面，一起去史泰登岛，然后再回来。于是他就去纽约了，把所有的信留在书桌的抽屉里，用钥匙锁了起来。戈蒂索洛对妻子说："我想在美国出版我的书，要跟编辑开个会，看看这事能不能成。"他一上飞机，妻子就打开了抽屉（女人能用衣架上的钩子、发卡打开任何一道锁），看到了那些信。当他们把这事告诉加博时，他说："这家伙也太蠢了，居然把信放在那里！"加巴说："不，笨的是她，她不应该打开那个抽屉。"这多少体现了加巴的哲学：不要打开抽屉。

不受欢迎的人

加西亚·马尔克斯成了美国的敌人。

费尔南多·雷斯特雷波: 他指责美国让古巴陷入了危机。他的立场很激进,很长一段时间都无法取得美国签证。现在我相信他已经拿到了永久签证。

罗丝·斯蒂隆: 那么多年他一直都在那张名单上……我在笔会[1]上组织了言论自由委员会。为了文化启迪事业,我们想要把被美国政府,尤其是尼克松－基辛格政府认定为危险的左翼分子中的许多杰出作家带到美国。加西亚·马尔克斯和格雷厄姆·格林[2]都无法入境美国,有一段时间还有卡洛斯·富恩特斯。很多作家都无法入境美国。后来突然之间,无声无息地,他能去纽约了。他想去密西西比向福克纳致敬,去他家里,但因为那是他第一次入境,所以不可以去其他州。他只能等待。美国政府阻止他入境的行为既让他恼火,又让他觉得好笑。卡洛斯·富恩特斯每年都会来美国,因为他在宾夕法尼亚大学和布朗大学授课,会在美国的几所大学里待上好几个月。

---

[1] 国际笔会(PEN International)是成立于1921年的世界性非政府作家组织。PEN取自"诗人"(poets)、"剧作家"(playwrights)、"编辑"(editor)、"散文家"(essayists)、"小说家"(novelists)的首字母缩写。

[2] 亨利·格雷厄姆·格林(1904—1991),英国小说家、剧作家、文学批评家,代表作有《恋情的终结》《命运的内核》《安静的美国人》《权力与荣耀》。

但是每次都要申请，每次提交申请后都会得到批准。

如果加西亚·马尔克斯提交申请，就会被拒绝。

胡安乔·希内特：我们在巴兰基亚费尽周折，在各种申请书上签字，请求美国政府给他签证。我们和美国领事馆工作人员是朋友。后来我们才了解到，他们中有些人居然是美国中央情报局的。

威廉·斯蒂隆：对加博来说，在很长一段时间内，麦卡伦－沃尔特法案①都是一个棘手的问题，对他这样的知识分子来说这是一项非常糟糕的禁令。我记得1985年的某一天，那天对我来说特别难忘，因为那天和我的抑郁症有关，我还写下了记录病痛的文字。我记得那天我从纽约飞往马萨葡萄园岛②。他打电话告诉我说他会住在我们共同的朋友汤姆·韦克的家里。汤姆当时还在为《纽约时报》撰写专栏。加博还说他会在汤姆家里办聚会，我记得在那之后我就陷入了严重的抑郁。我飞到纽约，参加了聚会，然后得了场重病。加博发表了很有趣的言论，说了自己是如何在麦卡伦－沃尔特法案禁止他入境的情况下进入美国的，但我说不太清了。我只能回想起他的情绪中混杂着愤怒、讽刺和逆来顺受。

费尔南多·雷斯特雷波：有一次他受邀去哥伦比亚大学讲授一门课程，参加研讨会，他拿到一个特殊签证。那时候我和费尔南

---

① 麦卡伦－沃尔特法案，又名"美国1952年移民法"，是美国统治阶级制定的限制移民和入境的法案。
② 位于美国马萨诸塞州外海的岛屿，是著名的度假胜地，许多富豪在岛上拥有豪宅。

多·戈麦斯在巴黎谈电视相关的业务。费尔南多打电话给加博说："我们去纽约吧。"

威廉·斯蒂隆： 我们聊了他对纽约的喜爱，我想说的是，那些年里他因为移民法的问题频繁往返。他在美国逗留的时间是受限制的。但我认为八十年代初的尼加拉瓜内战^①是催生我们之间的友谊的众多因素之一，虽然即便没有它，我们也会成为朋友。那场战争对我们而言是个敏感的话题，几乎是一种痛苦。后来我和卡洛斯·富恩特斯去了马那瓜^②，那是内战最激烈的时期，对包括我在内的很多人造成了极大的创伤。再后来加博就跟卡斯特罗成了朋友，这一直是一个让人不适的话题。许多拉丁美洲的知识分子都对他和卡斯特罗的关系表示担忧。

普利尼奥·阿普莱约·门多萨： 菲德尔是个神话，让加博重新找回了童年。他是奥雷里亚诺·布恩迪亚的新化身。如果有人想找一个为卡斯特罗头脑发热的关键人物，这儿就有一个十八开金纯度的代表。

费尔南多·雷斯特雷波： 我和费尔南多要参加一个首映式，那次我们决定试试新型客机，那会儿协和式超音速客机刚投入使用。

---

① 1979 年索摩查独裁政权被推翻，反政府武装组织领袖桑迪诺建立了民族复兴政府。新政府成立后不久，国内出现了反桑迪诺解放阵线执政的游击队组织，从此陷入内战。1990 年 6 月 27 日，反政府武装力量宣布解除武装，向联合国中美洲和平部队象征性交枪，长达十年的尼加拉瓜内战结束。
② 尼加拉瓜首都。

于是我和费尔南多就坐了协和式客机，加博对我们说："我在机场等你们。"我们落地时，加博果然在那儿等着，他问："协和式客机怎么样？"费尔南多说："跟他妈的道格拉斯DC–3[①] 一样快。"加博把这句话写进了一篇专栏。

卡梅洛·马丁内斯：他的父亲是保守主义者，而他支持共产主义。但他有那么多钱，成不了共产主义者。他有很多钱。

---

① 由道格拉斯飞行器公司生产的双引擎螺旋桨飞机。因其在第二次世界大战中的表现，被认为是航空史上最具代表性的运输机之一。

来点新的

本章解释了他为什么会写《族长的秋天》。

圣地亚哥·穆蒂斯：另一个加博出现了。他在聚光灯的笼罩下，被很多东西簇拥着。

拉斐尔·乌略亚：他写出《百年孤独》后，人们就把他捧上了天……全世界所有的媒体都追捧他。骄傲的毒液在他体内生长，促使他写出了《族长的秋天》，因为他想创作出比《百年孤独》更好的作品。但当时他不太清醒，在云端上飘飘然……

米格尔·法尔克斯－塞坦：他说自己1967年凭借《百年孤独》一举成名后就在和它作斗争，什么也没写，什么也写不出。他说过要打破自己的风格。你可以引用这句话，因为我记得很清楚，就像是他昨天说的："我得打破自己的风格。"也就是说他要推倒重来。他要回到起点，寻找一种全新的风格来写新的小说，他不想继续走老路。这话是我说的，不是他。和绘画一样：我不喜欢用同样的方式创作的画家，因为他没有像毕加索那样另辟蹊径。毕加索尝试了所有风格，但并不是每幅画都好。加博想打破风格，为此耗费了七年的时间，于是他决定写《族长的秋天》这部小说。我真的很佩服他，因为他的确想尝试新的风格。为了写一部新的小说，他可能研读了像乔伊斯和伍尔夫[①]这些注重行文风格的二十世纪现代主义伟大作家的作品。结果评论家们毁了他的新作。但在我看来，那是加西亚·马尔克斯最有价值的努力。

吉列尔莫·安古洛：那是最美丽的东西之一……有一件很奇怪的事：连评论家都说小说里没有标点符号，明明里面有世界上所有的标点符号。他只是没有把段落分开而已，所以有些人就觉得小说读起来让人窒息。

埃克托尔·罗哈斯·埃拉索：实际上《族长的秋天》是一本反委内瑞拉独裁者戈麦斯的书，但是书中笼统地将其称作"独裁者"。当然，《百年》让他大获成功，成了传奇，也让他在西班牙树敌。于是他就想写一本和《百年》对抗的小说，也就是《秋天》。针对他的人说："我们先读一下，看看怎么样。"结果他们都被震慑住了，因为加西亚·马尔克斯最好的小说就是《族长的秋天》，很有他的味道。甚至有人说："这不是族长的秋天，而是加西亚·马尔克斯的秋天。"

威廉·斯蒂隆：我认为，任何一个创造出世人眼中最为特别的作品的作家，通常都会希望世人也把注意力放在他的其他作品上。我觉得把全部的注意力都放在一本书上对其他的作品而言是不公平的，会分散其他作品应得的关注。这应该就是加博对《百年》

---

① 弗吉尼亚·伍尔夫（1882—1941），英国作家，代表作有《到灯塔去》《一间自己的房间》。

持保留态度的原因之一吧。

何塞·萨尔加尔： 他有新闻工作者的第六感，能够感知公众的兴趣所在，知道人们对哪些文学作品感兴趣。他知道他的读者在期待什么。所以他想写出一本奇书，就像詹姆斯·乔伊斯那样，避开句点等断句符号。就这样，他写出了《秋天》。

埃克托尔·罗哈斯·埃拉索： 从技术层面来说，这是一本伟大的小说。我很喜欢。他有独特的叙事技巧，尤其能够在开篇就吸引读者的兴趣。之前我举过一个例子，"世界悲伤地在星期二醒来"。读到这个你就会感兴趣，想知道发生了什么，这就是一种开篇的方式。我不记得这个例子是哪本小说里的了。在我看来，《秋天》是一本伟大的小说。无论是小说内容还是写作技巧，他都处理得非常好。这是一种怎样的行文技巧啊，能用带有温情的方式处理那个人物，最后让人因统治者的逝去而感到悲痛。当然，所有真正的叙述者都有着极大的柔情。可以联想到那位躺着和外婆聊天的女孩的温柔。纯真的埃伦蒂拉是非凡的。骑自行车的那个人物。这一切，一切。

拉斐尔·乌略亚： 这本书是块沉闷的砖头，因为它就像一匹失控的马，没有句号也没有逗号，啪啪啪啪啪啪啪啪。读者自然会觉得无聊。他写作的方式，我也不太懂，就像是宣泄痛苦，就像是……这是一种奇怪的叙事方式，但是他就以这种方式述说着独裁者们的种种暴行。但毕竟读者不了解那些事，没有亲历过……

我跟你说过,我只读了这本书的一些部分,但并没有……这本风格不同。他想写一本超凡的作品。你也知道名气会让人发疯。

吉列尔莫·安古洛:加博曾经在巴塞罗那陷入困境,他很绝望,因为不知道《族长的秋天》如何收尾。

格雷戈里·拉巴萨:我在长岛结识了一位来自巴兰基亚的医生,他是加博的朋友。我偶尔会打电话给他问某个词的含义。我忘了他叫什么了。他人很好。翻译《族长的秋天》更艰难,因为它更具有野性,语言中有桀骜不驯的气质,可那真是一本有趣的书。

《纽约客》想刊登书中的节选的时候,他们告诉我不会刊出"屎"这个字。我说如果把这个字去掉,那索性就不要刊登了。因为这个词就是故事。现在英文中也用得多了,但之前不常用。我记得自己住在格林尼治村①那会儿,爵士圈很喜欢这个词,因为它有相当丰富的含义。有一些是正面积极的,当你听他们演奏的时候就会听到他们说:哥们儿,这段反复"过粪"牛逼了②。这个词就是精髓中的精髓,这个词融入了灵魂,融入了四大道的格林尼治村。我有一个从事珠宝业、和银饰打交道的朋友,我们常常坐在一起谈天。有一天,一个肤色黝黑的先生从门前走过,我们听到他讲了"shiiit"。我的朋友鲍勃说:"这就是时代精神。"最后,

---

① 纽约市曼哈顿南部下西城的一个大型居住区,是二十世纪六十年代纽约反主流文化运动的中心,汇集了咖啡馆、酒吧、爵士俱乐部、剧院等。
② 原句为英文:Man, that riff is shit.

《纽约客》同意了，那是《纽约客》第一次刊出"屎"这个字。

费尔南多·雷斯特雷波：他写《族长的秋天》的时候……就像我跟你说的那样，音乐是把我和他联结在一起的因素之一。他很喜欢享受音乐，从巴耶纳托和兰切拉①到古典音乐他都听。我和他一起听，因为我也是个乐迷，我们总是能围绕音乐展开话题。比如他觉得布鲁克纳②很晦气。他不听布鲁克纳，因为他觉得会招来霉运。有一天我们坐下来谈论他的两部主要作品，也就是《百年孤独》和《族长的秋天》，他给出了一个很奇妙的比喻："你看，《百年孤独》就是第九交响曲，《族长的秋天》就是第十四号弦乐四重奏。"人人都爱这支弦乐四重奏，对于乐迷来说，这是贝多芬创作的最深邃的四重奏。

---

① 墨西哥民间流行音乐流派。
② 安东·布鲁克纳（1824—1896），奥地利作曲家、管风琴演奏家、音乐教育家，作品多为交响曲、弥撒曲与弦乐重奏。

"见鬼，他死了"

加夫列尔·加西亚·马尔克斯于 1982 年被授予诺贝尔文学奖。

吉列尔莫·安古洛： 加博邀请我和费尔南多·戈麦斯·阿古德洛参加聚会，于是我们俩离开波哥大，在纽约中转后到了墨西哥城。宣布诺贝尔文学奖颁给加夫列尔·加西亚·马尔克斯时，我们正坐在纽约的出租车里。我们没听清，我们不信……觉得那是不可能的事。于是我们换了个电台，才确认了这件事。

费尔南多·雷斯特雷波： 你知道奥夫雷贡在墨西哥给加博修复一幅画的故事吗？我们在加博的家里见到了那幅著名的画，画的是顽强之人布拉斯·德莱索①。事情是这样的，有一天加博到卡塔赫纳，亚历杭德罗家里，喝了几轮朗姆酒后，不知道为什么（加博在墨西哥的家里把画拿出来给我们看的时候，我私下里听他说的），亚历杭德罗拿出一张卷起的画布，是顽强之人布拉斯·德莱索的肖像，但是亚历杭德罗在他的一只眼睛上开了一枪。他说是孩子们为了争夺这幅画的所有权打闹了起来，他很生气，就在那只健康的眼睛上开了个洞。我觉得亚历杭德罗对失明有点痴迷，他的父亲好像有视力问题。他那次说："我不想要这幅该死的画了。送给你了。"于是他就像这样举起手，说"送给加博"，把画

① 布拉斯·德莱索 - 奥拉瓦列塔（1689—1741），西班牙海军上将，在 1741 年的卡塔赫纳战役中立下战功，但失去了左眼和左腿，右手也受到重创。亚历杭德罗·奥夫雷贡非常崇敬他。

给了他。加博高兴地拿着画走了，一直都保存着。奥夫雷贡答应会给他修复这幅画，但从来没付诸行动。后来有一天，亚历杭德罗去了墨西哥城。

胡安乔·希内特： 有这么一个有趣的故事，我不知道你有没有听过。当时奥夫雷贡老师正在卡塔赫纳拍摄电影《奎马达政变》[①]，那个叫马龙·白兰度的男人不跟任何人往来。你也知道像他这样的人很奇怪，他在几个场景里见到了奥夫雷贡老师。他骑马出场，扮演一个蓄着胡子的贵族绅士。他们就这样认识了，成了朋友。后来马龙·白兰度每天都去老师家里喝白朗姆。那个朗姆酒叫什么来着？三拐角[②]。

后来他们去摩洛哥取景，奥夫雷贡老师准备从那里回来的时候，加比托让他去墨西哥城。他路过伦敦，几经辗转到了墨西哥城。加比托给他留了自己的住址，他住在富人区，那里住着墨西哥的电影艺术家们……好吧，长话短说，他就住在那里。于是奥夫雷贡老师就喊了一辆出租车来到他家，看见房子的露台上全是花束，忍不住说了一句："见鬼，他死了。"因为那些花是缅怀致敬的时候用的。这是个好故事。他回到巴兰基亚的时候跟我说的第一句话就是："胡安乔，看看我都经历了些什么。我下车的时候看到那么多花就以为他死了。'见鬼，他死了。'"那天就是他获得诺贝尔奖的日子。

---

① 1969 年上映的战争片，由马龙·白兰度主演。
② Tres Esquinas，朗姆酒品牌。

吉列尔莫·安古洛：我们到的时候，聚会已经办得如火如荼，我们就怀疑（虽然加博一度否认）他提前知道自己会得奖。他执意邀请我们参加聚会，但我们没想到是这样盛大的聚会。看上去的确像是他已经提前得到了消息。

玛利亚·路易莎·艾里奥：我知道消息是因为朋友们从西班牙给我打电话。大概是我这里的凌晨四点左右，我就陆续接到从西班牙打来的电话。于是我穿上裤子和毛衣，吹着口哨赶去他家。我到的时候，梅塞德斯把所有的电话都放下了，她在讲话。"她来了，《百年孤独》就是献给她的，你们跟她讲吧。"她拿着话筒，这样我们就都能听到电话那头在说些什么。他们在佩德雷加尔①的房子的大门牌上有这么几个黄色的字：恭喜，加博。他的眼睛泛着光。

---

① 墨西哥城南部的高档住宅区。

"我不想一个人待在斯德哥尔摩"

全国人民都去瑞典参加诺贝尔奖颁奖典礼。

吉列尔莫·安古洛：当时的总统贝利萨里奥·贝坦库尔[1] 跟他说："把你最好的十一个朋友列出来，让他们陪你去瑞典。"他说："不行，排在第十二位以后的那些朋友会恨我的，这事我不干。"于是我说："总统，这件事得你来做。"结果他说："不，我也不干。你来。"于是最后我列了张名单，把在我看来跟加博关系最亲密的朋友挑了出来，由政府出资让他们和加博一起。

格洛里亚·特里亚纳：我负责协调参加颁奖典礼的音乐家代表团。这个点子是加博想出来的，尽管他只是随性一说，并不觉得大家会照着他的意思办。"我不想一个人待在斯德哥尔摩。我想要昆比亚和巴耶纳托的陪伴。"他是这样说的。我立马去找了文化部部长，跟她说："既然他这么说了，我们就给他组织一下吧。""女酋长"阿劳霍[2] 挑选了几位巴耶纳托音乐人，却遭到了拒绝。我们的驻瑞典大使认为这一做法很愚蠢，简直就是扮小丑闹笑话。已故的哥伦比亚记者达达尼昂写过一篇题为《愚蠢的"洛沃"行为》的文章。在波哥大"卡查科"的语汇里，用"洛沃"来形容一样

---

[1] 贝利萨里奥·安东尼奥·贝坦库尔·夸尔塔斯（1923—2018），哥伦比亚律师、作家、政治家，1982 年至 1986 年任哥伦比亚总统。
[2] 孔苏埃洛·伊内斯·阿劳霍·诺格拉（1940—2001），哥伦比亚政治家、作家、文化事业推动者，人称"女酋长"，她创办了巴耶纳托传奇节，促进了巴耶纳托音乐的发展。

东西，意思就是说那东西很粗野。这就是当时人们对派乐团同行的态度，除了达涅尔·桑佩尔[1]，他支持这一做法。

内雷奥·洛佩斯： 文化部部长奥拉·露西亚·梅拉（我们管她叫梅拉）让我去当代表团的摄影师。于是我们出发了，抵达了那里。当然，我们很晚才到。我们在下午五点左右离开哥伦比亚。一百五十个人的代表团，有几支民俗乐团，"黑女帝"[2]和"蒙波斯托托"[3]，一支来自巴兰基亚的乐团，还有一支来自巴耶杜帕尔的乐团。特邀嘉宾走另一条路线，我们是 1982 年 12 月出发的。

拉斐尔·乌略亚： 老加夫列尔·埃利希奥（加博的父亲）是个喜欢参加茶话会的人。在卡塔赫纳的时候，他总是在公园里和其他人聚在一起聊天，于是人们就祝贺他。不过他是一个无比简单的人，他和加比托不一样。加比托得了诺贝尔奖后大张旗鼓办无聊的聚会，甚至还让巴耶纳托乐团陪他同行。总之，他们做了一连串奇怪的事情。

基克·思科佩尔： 只有几个人去了。他们也劝我去，但我说："想什么呢！我才不花这钱呢，没门儿！"阿方索去了，赫尔曼也去了。

---

① 达涅尔·桑佩尔·皮萨诺（1945—　），哥伦比亚记者、作家。
② 莱昂诺尔·冈萨雷斯·米娜（1934—　），哥伦比亚歌手、演员、民俗家，曾任非洲哥伦比亚商会前会长，人称"黑女帝"。
③ 索尼娅·巴桑塔·比德斯（1940—　），哥伦比亚民俗歌手，擅长演唱带有非洲土著元素的沿海民俗歌曲。其艺名"蒙波斯托托"中"托托"是她的昵称，"蒙波斯"是她的故乡。

胡安乔·希内特：那时候阿尔瓦罗已经去世了。

内雷奥·洛佩斯：几经周转，我们终于在天亮的时候到了斯德哥尔摩，可冷了！

基克·思科佩尔：他们把巴耶纳托乐手也带了过去。写黄蝴蝶之歌的那些人也去了，去那里唱满是谎话的巴耶纳托歌曲。

内雷奥·洛佩斯：巴耶纳托乐手们听说瑞典女人很放荡，就准备把遇到的所有女人都搞到手，但是到了第三天，其中一个家伙说："还是没有人给我们打电话。"当天晚上我们就出去了。山不来就我，我便去就山。去他妈的脱衣舞！简直是给修女看的！裹得严严实实，就只能看见一点乳头。那些巴耶纳托乐手就抱怨："就给我看这！"我们在那儿待了差不多两个星期。

过了两三天，民俗乐团的人开始抗议，因为我们被带到一家正宗的瑞典餐厅吃饭。为了御寒，那里的食物油脂含量很高，比如鳕鱼。但团里的这些人平时都吃木薯、香蕉……他们吃不惯那玩意儿，于是就抗议，强烈抗议，一直闹到有人出面。"你们想要吃什么？"他们说："我们只想要饭钱。"然后他们就拿到了钱，去吃汉堡……我跟他们一起，住在一艘船上。那是一艘设施完善的船，更经济实惠。那些特邀嘉宾住在头等酒店里。

普利尼奥·阿普莱约·门多萨：我见到了大酒店，宽大的外墙上彩旗飘扬。我看见走廊里铺着紫红色的地毯；套房和皇家寝殿一样宽敞，高高的窗户里可以望见北欧的夜晚。我看见托盘上摆着烟熏三文鱼薄片和柠檬片，香槟酒瓶插在金属桶里冰镇，大朵大朵的新鲜玫瑰，陶瓷花瓶里的黄玫瑰在每张桌子上怒放。我在大厅中间看到了加博和梅塞德斯，他们自顾自地说着话，完全不受即将举行的颁奖典礼影响，就好像时光倒退了三十年，他们在苏克雷或者马甘格，在佩特拉姨妈或者胡安娜姨妈的家里共度某个星期六的下午。

格洛里亚·特里亚纳：我是公务员，有差旅费，可以住在其他人下榻的大酒店里，但我得负责那六十二个人。我得关注那些反对带乐团同行的哥伦比亚人，毕竟他们还等着报道我们的"'洛沃'行为"。

内雷奥·洛佩斯：他们问我想住在哪里，我想和民俗乐代表团在一起。我的同伴是一位医生。他告诉我，有一天晚上一个巴兰基亚女孩来找他，对他说："医生，请听我说，等我们到了巴兰基亚就给我一份泻药，让我把在这里吃的乱七八糟的垃圾都排出来。"还有一个平原地区的男人对我说：

"内雷奥先生，您是上面的人……我，我不知道，我想回去。"

"回去？你知道自己在哪里吗？"

"无论如何我都要回去。"

"我们坐了二十四小时的飞机才来到这里。我们已经在这儿了。你想想，我们是下午五点从波哥大起飞，看看我们走了多少路，到这儿的时候已经是凌晨两点了，也就是哥伦比亚的早上八点。你为什么想回去？"

"我有个困扰。我希望您能帮我解决一下，跟奥拉·露西亚女士谈谈。"

"你的困扰是什么？"

"是男人的问题。你看，我出去撒尿但看不见尿在哪儿。"

"你去哪儿撒的尿？"

"我去甲板上撒的。"

因为甲板上有四五厘米的雪。

"你去厕所呗，像你那样撒尿是看不见的。有什么问题？天这么冷，就是会这样。"

"不是，是……我怎么才能回去？我在老家有三个老婆，该怎么跟她们交代？"

"天哪哥们儿，你在想什么呢？别瞎想。你看，这下面有一间厕所。"

"我已经把衣服脱得只剩一件衬衫了，我不知道衣服在哪儿。"

于是我只能把他带去厕所。他居然想回去！另一件我记得的事就发生在那家餐厅里。你可以想象，大冬天的，一堆油腻的食物。突然柜台那儿的女士发出一声尖叫。没人知道发生了什么。我们只听见了尖叫声。拉斐尔·埃斯卡洛纳正准备去拿一杯看上去是果汁的东西，但那是沙拉酱，装在玻璃杯里的酱汁。埃斯卡洛纳以为那是果汁。一开始他可能只是造成了一点小破坏，但后来……他毁了我们所有人准备吃的沙拉！他问："发生了什么？"有人告诉他："你没看见自己在喝沙拉酱吗？"阿拉卡塔卡走向了世界！人们期待的是诺贝尔奖得主，但并不期待一场表演。整个镇子走向了世界。他们不知道该把这场表演安排在什么时候。

吉列尔莫·安古洛：他为诺贝尔奖做的演讲里，有一场的讲稿不是他写的，是阿尔瓦罗·穆蒂斯帮他写的。正式的演讲稿是他自己写的，但另一篇，大概是讲诗歌的吧，我已经记不太清楚了，那篇是穆蒂斯写的，因为他没时间写了。他跟穆蒂斯说"你来写吧"。于是穆蒂斯就坐下来写了那篇稿子，然后他照着讲。我把这当成一个秘密，没告诉任何人，直到有天看见加博自己把这事讲了出来。

普利尼奥·阿普莱约·门多萨：大酒店的 208 套房里人们大张旗鼓地准备……那是下午三点，但在瑞典的冬天里已经是寒冷的夜晚了，城市的灯光点缀着被黑色浸染的窗户……来了一位专门给加博和他的朋友们拍照的摄影师。梅塞德斯这才想起那些黄玫瑰，开始帮我们装点在领子上。"像这样，大兄弟。"

我知道这个仪式背后的原因。加博、梅塞德斯和我一样信"帕瓦"那一套……因为迷信，我们会避开某些装饰、行为、人和衣服，比如燕尾服。于是加博决定在典礼上穿利基利基 ①，那是委内瑞拉的传统服饰，后来风靡整个加勒比……

我们这些赶来斯德哥尔摩的朋友们背对着高高的窗户站在一

---

① 委内瑞拉传统男性服饰，在哥伦比亚也很流行。样式特点：立领、长袖，通常有五六颗纽扣，在胸部位置设有左右两个方形口袋，有时在衣摆上方也会设计两个口袋。总体类似于中山装。

起，好让摄影师用授奖典礼开始前的几分钟给我们拍一张和加博的合影。梅塞德斯也帮忙协调了一下。"阿方索和赫尔曼站在加博旁边。"她说。就是阿方索·富恩马约尔和赫尔曼·巴尔加斯，跟她丈夫交情最深的两位老朋友。

格洛里亚·特里亚纳：他穿着利基利基，而不是燕尾服。他的演讲是诺贝尔奖史上最诗意、最美的——"拉丁美洲的孤独"。他在所有音乐家的陪伴下在皇宫里办了宴会。

内雷奥·洛佩斯：他在宴会上做了那番演讲。在宴会上跳舞是件很有意思的事，因为来了很多的人，但礼宾部的领导很担心。通常来说是需要事先得到许可才能跳舞的，可组织宴会的人一心想着享乐。他跳起了水手舞，沉醉在舞蹈中，忘了一切。他不看我的证件。于是我只能假扮成狂欢者，这样才能走上台去。台下的侦探们看得一清二楚，那个带着相机的舞者在跳些什么呀！我的相机就挂在脖子上。这就是宴会当天的场面。颁奖典礼是在上午举行的，宴会就安排在晚上。我们准备了两个小时的表演。有个家伙说："过来，这不在计划之内，不能这么办。"另一个人说："这根电线不能放这儿，因为我们的国王（是神一般的存在）不允许眼前有电线。"国王的眼前不能有……他们不断地拿国王和王后说事，把国王和王后当神。他们规定演出不得超出十五分钟。

乐团走下台阶时把鼓敲得震天响……还有比这更激动人心的吗？真的很激动！本来说好只有十五分钟的表演持续了四十五分钟。因为他们发了疯似的鼓掌。情绪非常高涨，非常高涨。连那个给我们施压的人都说："这也不在计划内，但国王让我们邀请各位一起用餐，宫廷御厨稍后就会为一百五十人献上饭食，还请原谅我们。"他们请我们吃饭，还跟我们道歉。那顿饭比我们之前吃的好多了，当然对那些发号施令的人来说不是这样，因为他们在请求我们的原谅。是国王，国王亲自要求他们接待我们。这太让人激动了！

玛利亚·路易莎·艾里奥：他被授予诺贝尔奖的时候，我就待在自己家里。我儿子迭戈和他儿子罗德里戈待在他们家里，开着电视看诺贝尔奖授奖典礼的直播。我在家里边看直播边拿着话筒跟儿子和罗德里戈聊天。我哭得歇斯底里。

格洛里亚·特里亚纳：第二天，瑞典最重要的报纸在头版刊登了四个专栏，题目叫：加西亚·马尔克斯的朋友们教我们如何庆祝诺贝尔奖。

内雷奥·洛佩斯：拉法·埃斯卡洛纳和我们在一起。加比托没法从欢庆活动里抽身，那一刻他像个囚徒。他参加了乐团的表演活动，但那是事先安排好的行程。我们办了一个简短的聚会，他和我们一起庆祝了一小会儿。我在跳昆比亚舞的时候撞见了他。"发生了什么？怎么了？"他拽着我的胡子："山羊须？你什么时候开始留山羊须了？"从那以后我就没见过他。

格洛里亚·特亚纳：第二天，除了哥伦比亚记者，全世界的

在斯德哥尔摩，加西亚·马尔克斯正在问候一位昆比亚舞者

媒体都来船上采访我们。最开始持反对意见的达达尼昂做了一件很高尚的事情。他写了一篇社论，说我们坚持演出是对的，他必须承认演出很成功，我们感动了冷冰冰的瑞典居民。

拉斐尔·乌略亚：人们感到相当自豪。不管说什么都可以，哪怕加比托不是你的家人，他也在你家扎根了，所有人都知道加比托很酷。他的想象力……可不是随便谁都有的。我突然相信了当地一位老人的话：他有两个大脑……在他得诺贝尔奖之后，我凭借自己所知的信息写了一篇文章，寄给了《观察家报》，1982年10月10日发表了，第二天，《先驱报》转载了这篇文章。他们用传真把文章发给了加比托，他对我说："传点其他的东西给我。"我喜欢讲述小镇上的故事，在我工作的地方有一位女秘书。她知道我跟加西亚·马尔克斯是亲戚，就对我说："您从加比托那里继承了这些故事，因为这些故事都是加比托的。"

格洛里亚·特里亚纳：那一年是诺贝尔奖设立以来的第三十一年，之前从来没有发生过类似的事情，后来我也还在持续关注着。得奖的还有非洲作家、加勒比作家、中国作家，但再也没有人和我们当初一样载歌载舞。

埃克托尔·罗哈斯·埃拉索：他得诺贝尔奖的时候我们在西班牙。大使邀请了我们，他也是一名小说家。哥伦比亚驻西班牙大使邀请我们一起为他庆贺。加博是个很爱笑的人，什么事都能让他笑。我满心欢喜地答应了，我们给了彼此一个大大的拥抱。

教座权威 ①

加西亚·马尔克斯直面名声。

玛利亚·路易莎·艾里奥：我不知道哥伦比亚的情况如何，但墨西哥的情形太让人印象深刻了。街上的女人们冲上去亲吻他。他跟罗伯特·雷德福 ② 一样受欢迎。

基克·思科佩尔：有个词是讲教皇从不犯错的，叫什么来着？傅油圣事 ③。叫什么？教座权威，就是教皇在教座上讲出的话是权威的。他平时也许会讲错话，但他在教座上的时候是不会犯错的。我们这儿也是这么回事：加比托说的话就是权威。首先就是因为那本书，要我说那是本烂书，然后就是因为诺贝尔奖。你想听我说实话吗？我不明白为什么他能得奖，因为那是一本烂书，一部糟糕的民俗小说。《罗密欧与朱丽叶》是一个爱情故事，但《百年孤独》是……我不懂该他妈怎么把这玩意儿翻译到俄语，跟俄罗斯人讲他妈的黄蝴蝶。你怎么把这玩意儿翻译成俄语？这些都只是加比托说的话罢了。他得了诺贝尔奖之后，一切都变了。他的人生被分成"得诺贝尔奖前的加博"和"得诺贝尔奖后的加博"

---

① 教座权威（Ex cátedra），是教皇无误论的体现，即教皇端坐于教座之上所说的话在信仰方面是绝对正确的。
② 小查尔斯·罗伯特·雷德福（1936— ），美国著名导演、演员，代表作有《骗中骗》《大河恋》。
③ 傅油圣事（Extrema unción），旧称"临终圣事"。天主教会为临终病人施与圣事以宽慰其灵魂。后因患病的信徒可多次接受该圣事，借助傅油仪式治愈身心，而不必等到临终，所以如今已不常用"临终圣事"这一说法。

两部分。

卡门·巴塞尔斯： 诺贝尔奖一点都没有改变他。

威廉·斯蒂隆： 这么说吧，我对此持非常消极的态度。我想说的是：他的才华为他博得了非同一般的影响力、世人的追捧和权势，拉丁美洲人为他的才华倾倒，但这种情况是绝对不会在美国发生的。拉丁美洲对加博这样的大作家的崇敬之情在我们这儿是找不到相同的例子的。因为我们生活在一个对作家不怎么关心的国家。大多数作家处在社会的边缘，哪怕是最好的作家。这种漠视达到了无法想象的程度。我想加博是不可能存在于盎格鲁－撒克逊世界中的，我们不具备真正意义上的传统。不是说作家在美国完全不受尊重，他们受尊重，但仅仅是尊重罢了，不是崇敬。

爱德华多·马尔塞莱斯·达孔特： 我来跟你讲讲，我和加西亚·马尔克斯是在古巴认识的。我在哈瓦那遇见了他。我当时受到美洲之家[①]的邀请去参加一场会议，加博是会议组织者之一。会议的主题是拉丁美洲的主权与政治，那是 1981 年的事。我到哈瓦那的第二天，在哈瓦那里维拉酒店里乘电梯下楼，见到加博正在跟前台接待员讲话。他穿着加油站服务员的工作服，脚蹬一双凉鞋，报纸夹在胳膊下面，正在跟接待员讲话。我见到他，就对他说："过得怎么样啊，加博。"你想想看，那是我第一次亲眼见到

---

① 1959 年在古巴首都哈瓦那创建的非政府文化机构，隶属于古巴文化部（前文化委员会）。

他，但我立刻认出了他。"我叫爱德华多·马尔塞莱斯。"然后跟他强调了自己的母姓是达孔特。他说："嚯！所以你是谁的儿子？"我告诉他我母亲是因佩里亚。"见鬼！又一个在哈瓦那的阿拉卡塔卡人。现在这情况可真他妈……这儿又来一个阿拉卡塔卡人。真他妈。去那儿坐一会儿吧，我们有一堆话可以说呢，好家伙！"然后他就打开了话匣子。我记得他最先告诉我的是这个："你想想，好家伙！安东尼奥·达孔特，我对你外公的记忆有多深啊。要知道，我写《百年孤独》的时候，脑中浮现的那个意大利人就是你外公。他叫安东尼奥·达孔特，那个意大利人就叫这名字。我写这个人物的时候一直在想你外公，但写着写着，这个人物变成了娘炮，是的，变得像个女人。"他说人物发生这样的改变是受到了情节等环境的影响。他接着说："我不得不重新看了全部的手稿，把安东尼奥·达孔特删掉，改成了皮埃特罗·克雷斯皮。他是我母亲在巴兰基亚认识的钢琴调音师。她告诉我，有一个非常英俊的钢琴技师曾经来过这里，其他我就不知道了。"这两个形象在他脑中并存。一边是我的外公，另一边是那个路过巴兰基亚的意大利钢琴技师。他说："那个人物变成了娘炮。我就开始思考，告诉自己，当你的舅舅加利略·达孔特读这本小说的时候，可能会突发心脏病，你也能想象，达孔特家族的人读到这么一个娘炮的人物……"然后我们聊了聊阿拉卡塔卡，聊他认识的那些人。我们就像两个老乡回忆往事那样聊着。"你们家怎么样？你舅舅呢？那件事后来怎么样了？"我们聊着镇子上的事情，他给我讲他记得的那些事。我说："啊哈，所以你把我们家族的姓氏写进小说了。"他说："他妈的！看来你想跟我要几百万美金。"我赶紧说："不，我不会的，放心……"

埃克托尔·罗哈斯·埃拉索：他得诺贝尔奖的那一刻起，事情就开始一发不可收拾。哥伦比亚沸腾了。不管说什么都跟加比托有关。到处都是加比托。我的意思是，国家扭曲了。著名的卡利诗人波菲里奥·巴尔瓦·雅各布[①]说过，那是"一个有大主教的车库"。说的就是哥伦比亚。那个在奥林匹克运动会上获得金牌的女孩也引起了一样的轰动……

内雷奥·洛佩斯：有一幅画作，已经丢了，是罗达斯画的。我给那幅画拍过照。富恩马约尔写过一篇关于加西亚·马尔克斯的故事，这个故事原先是关于我的，他把我换成了加西亚·马尔克斯。

玛格丽塔·德拉维加：他赢得诺贝尔奖的时候，梅塞德斯在卡塔赫纳进行了复仇。所有人都希望加博邀请自己，但梅塞德斯一概不邀请那些曾经用恶劣态度对待自己和加博的人，也不出席他们办的聚会。当时梅塞德斯被排挤得更厉害，因为她来自更近的周边城镇，而且人们总是觉得女人就是女人，不是吗？有些圈子冷落女人，有些不这样。人们从不冷落男人，但冷落女人。梅塞德斯很漂亮，但也与众不同。她在墨西哥和欧洲生活过。从某种意义上来说她为人更老练，但从另一些层面上来看就不是这样。你懂我的意思吗？她属于无阶级的那类人，不被自己所在的社会

---

① 米格尔·安赫尔·奥索里奥·贝尼特斯 (1883—1942)，哥伦比亚诗人，笔名为"波菲里奥·巴尔瓦·雅各布"。

阶级所固化。我认为那是人在一生中值得拥有的优点。

圣地亚哥·穆蒂斯：我认为离开哥伦比亚的人没有再回来是因为他们不能回来。他们的眼界已经太宽广了，这里容不下他们，因为没这个可能。但我觉得和童年隔绝的人的怀旧之情是一种找不到入口的感觉，就好像人们不让他回到之前的生活里。当一个人变强大了，哪里都容不下他。

何塞·萨尔加尔：只要有加博在，坐着聊天都会变得很精彩。有问有答，他会认真听。我对他说："你为什么这么说？"在某次聚会上，发生了一件有趣的事。我儿子当时还很小，他兴高采烈的，因为加博到家里来了。他说："我要把录音机放在椅子下面，把加博说的话全录下来。"很机灵。他全部录了下来。结束的时候我告诉加博："我跟你坦白吧，小鬼头把刚才说的话都录了下来。一会儿我们看看有没有值得整理下来的部分，把它发表出去。"

埃克托尔·罗哈斯·埃拉索：人们不让他好好过日子。他只能请保镖跟着自己，担心自己会没命。

何塞·萨尔加尔："我们应该摆脱卡斯蒂利亚语中的种种束缚。"加博说。"比如？""H①。我们应该去掉 H。"我们在家办的一次漫长的聚会里聊到了这个话题。在场的还有奥苏纳、阿尔戈

---

① 在西班牙语中，字母 H 是不发音的。

斯、梅塞德斯。然后我们就开始聊怎么让"加博热"达到可以改变卡斯蒂利亚语的地步。

玛格丽塔·德拉维加：他获得诺贝尔奖之后，在卡塔赫纳的一所公寓里住了很长一段时间。我记得1983年还是1984年是卡塔赫纳建城450周年。他当时住在城里，人们大张旗鼓地庆祝了一番……我记得我跟他开玩笑说，他的话就是哥伦比亚的神谕，有人打电话问他会不会下雨，谁会成为选美皇后。我问他："你接下来有什么打算？"他回答说："我现在还是每天早上写四五个小时，我在写一部关于卡塔赫纳的小说。"也就是《霍乱时期的爱情》。这本小说明显受到了巴尔扎克的启发，我认为这在一定程度上是我的功劳，因为我父亲相当热爱巴尔扎克的作品。

何塞·萨尔加尔：我觉得他获得如此大的名声相当奇怪。当然，加博很喜欢别人认出他并且说出来。

罗丝·斯蒂隆：是的。他跟我说过名声带给他的重大责任，每当他坐在纸张面前写作就得倍加谨慎，因为他是在为外面的人写作。当然，他讲话的时候也小心翼翼。因为我们在卡塔赫纳的时候，我记得那是九十年代末，他的名气更大了，比起电影节的明星，人们更追捧他。总是有记者紧盯着他说的每一个词不放……我认为那是很可怕的负担。在1974年、1975年的时候，情况还不是这样。你知道（我的丈夫斯蒂隆用"无忧无虑"这个词形容他，我用"洞穴"里的老伙计们用的那个词来翻译），他那个时候还是个"扯淡者",可以更自由地表达自己,做一个激进主义者。你也知道,他会诅咒皮诺切特。他说过自己不会再写小说,一个词都不会写,除非皮诺切特倒台并且离开智利。那段时期他可以更大胆地发表言论。现在他依然关心政治,很高效,很活跃,但是以一种更沉静的方式。哪怕不那么谨言慎行,至少也得思前顾后。

奥德雷·盖姆:我当时住在马德里。他打电话告诉我:"我要去马德里了,但你别告诉任何人。我谁都不想见。"三天后他又打电话给我,说:"你陪我去一家书店,我需要被人们认出来。"

拉斐尔·乌略亚:他成名后,我在卡塔赫纳又一次见到了他。你也知道,他回来的时候,人们都出来迎接他。加比托离我很远,因为他是名人……

海梅·加西亚·马尔克斯:某个星期天上午,加博和我穿着睡衣在露台上办"帅角落",那是我们给见面后聊个不停的谈话起的名字。突然总统来了,他想见加博。

玛格丽塔·德拉维加:加博和我的父亲什么都聊。我觉得他们会在任何公共场合、任何一场聚会,在某家餐厅或者我父母的家里见面。我记得我曾经去他圣马丁大街的公寓吃早饭,当时他不住在卡塔赫纳,也还不是诺贝尔奖得主,我很高兴,因为听加博讲话是一种享受。他什么都能聊,聊吃的:"为什么玉米糕跟乳清这么配呢?"然后就聊起某某写的书或者某某的诗:"为什么居伊·德·莫泊桑 [①] 死在了病院里？""因为他得过梅毒。"然后我的父亲就会把所有的细节都告诉他，当时父亲就在写这方面的主题：关于作家的疾病。我的父亲出版的第一本书叫《他们是这样受苦的》，而且从某种意义上来说，这本书是在国际上出版的，因为加博把书寄给了卡门·巴塞尔斯，她出版了这本书。

卡门·巴塞尔斯： 我这一生都在努力做他希望我做的事，实际上这也是我的工作，我以此度日。

费尔南多·雷斯特雷波： 他成名后人们很难注意到一点，他其实是个不擅长交际的、腼腆的人。他的确给我这样的感觉。私下里他很讨人喜欢，拥有奇妙的幽默感。

埃克托尔·罗哈斯·埃拉索： 名气改变了他，这是很自然的事，不可避免地改变了他。这很可怕。他很有幽默感，很多事都能让他发笑，但那一刻之后，他不得不认真地对待向他倾泻下来的荣誉，所以就有了戏剧性的转变。

玛利亚·路易莎·艾里奥： 一定很烦人。人们不让他好好过日子。之前从没有这样的情况……我和奥克塔维奥·帕斯一起出去了上千次，不只是一次，上千次，但从来没见过人们如此热情地迎上来亲吻奥克塔维奥·帕斯，问他："您就是奥克塔维奥·帕斯

---

① 亨利－勒内－阿尔贝－居伊·德·莫泊桑（1850—1893），法国作家，被誉为"短篇小说之王"，代表作有《羊脂球》《我的叔叔于勒》。

吗？给我在这儿签个名吧。"从来没有！追捧加西亚·马尔克斯的浪潮很特殊。他的魅力完全吸引住了人们……我之前也跟你说过，他就像是罗伯特·雷德福。

埃利塞奥（利奇）·阿尔维托·迭戈：有天下午，我和加博一起在卡塔赫纳的城墙下面散步，那儿还有一对年轻的恋人。小伙子见到加博就示意我们走过去。我们走近后，他对加博说："加博，请你告诉她我爱她，她不信我。"

何塞·萨尔加尔：有人问过我这个问题，我的回答是，没有区别。因为一旦你和加博相见，你就会感觉时间仿佛没有流逝。就像重接一根被距离和时间扯断的电线，这是一回事。同样的能量，同样的接口。没有任何区别。这是成为加博的朋友的最大好处之一，他认识很多人，但被他称为朋友的人并不多。他对待其他人是一种方式，对朋友却是另一种方式。如今在外漂流很久的他回来了，这里还是原来的样子。在众人面前，加博以另一个自己示人，这是很正常的事情。

吉列尔莫·安古洛：你想让我说他的坏话吗？有些事情是注定要发生的，人们会因为名望和金钱而改变。而且这两样东西似乎总是同时出现。我是说，不能用之前的加博和现在的加博作比较。现在的加博离我们遥远得多。他不再像以前那样毫无保留。

米格尔·法尔克斯－塞坦：普利尼奥和戈蒂索洛一起办那份

重要的杂志《自由》的时候，加西亚·马尔克斯已经出名了。他到巴黎时，普利尼奥和马弗尔在哥伦比亚大使馆为他举办了一场私人聚会。就在俄罗斯使馆的旁边。他们请了一支巴耶纳托乐团，还请了一名厨师做鸡蛋饼、猪肉肠和肉馅饼……做他喜欢的沿海地区食物。聚会上还有白朗姆。他到场时说："啊，不，这太无聊了。我想要的是鱼子酱配香槟。"

吉列尔莫·安古洛：有个作家是我们共同的朋友，他说加博是当今世界上最著名的作家。当然，从古至今从来没有哪个哥伦比亚人比他更有国际知名度。这么说吧，也许中国人没有听说过玻利瓦尔 ①，但应该听说过加西亚·马尔克斯。

---

① 西蒙·玻利瓦尔（1783—1830），拉丁美洲革命家、军事家、政治家、思想家，对拉丁美洲的独立做出了至关重要的贡献，曾领导玻利维亚、哥伦比亚、厄瓜多尔、巴拿马、秘鲁和委内瑞拉取得独立。

卡洛斯·富恩特斯、威廉·斯蒂隆和加西亚·马尔克斯在美国

破损的货物

讨论了《一桩事先张扬的凶杀案》的故事原型，一位哥伦比亚法官陈述了他知道的事实。

玛格丽塔·德拉维加：那件事发生在苏克雷，当时他的父亲还是一名药剂师。凶杀案发生的时候，那对孪生兄弟在卡塔赫纳的医学系念书。

帕特里西娅·卡斯塔尼奥：我们和杰拉德·马丁一起去了苏克雷。我们回顾了整个故事，去了被杀害的意大利人的墓地。他就是那个故事的人物原型。我们看到了墓碑，上面有死者的照片。每个人都讲述了自己的版本。"他们从这扇门进来，从这扇门出去"，诸如此类。

卡梅洛·马丁内斯：卡耶塔诺被杀害的时候，加比托不在苏克雷。他当时在巴兰基亚念书，但他的父母在。于是我把自己知道的情况告诉了加比托。我当时亲眼看到了那场凶案。他到我家来，我就是在这个露台上告诉他的。事情发生在1951年2月的某个星期一，不是21号就是22号，就在这个水上小镇苏克雷。前一个星期六我还和卡耶塔诺·亨蒂雷在一起，那天是米格尔·雷耶斯·帕伦西亚的婚礼。新郎也是苏克雷人，但平时住在圣马可斯，新娘是玛格丽塔·奇卡，就是小说里的安赫拉·维卡里奥。我和卡耶塔诺一起去港口看这对新婚夫妇的告别。我记得自己差点就被当成犯人,因为我拿了父亲的左轮手枪去追击奇卡家族的人。奇卡家的两兄弟藏在亨蒂雷家对面的那栋房子里,帕伦西亚的家,穿过教堂就能看到。我看见维克多的时候,他正挥着一把刀,说自己是因为悲痛才捅死了卡耶塔诺。我拿着左轮手枪冲了过去。他见我冲过去就躲进屋子锁上了门。

海梅·加西亚·马尔克斯: 卡耶塔诺·亨蒂雷被杀的时候我才十岁。我一听说这件事就冲出去看,在大厅里看见了他。他躺在一张简易的单人床上,面色非常苍白,因为他已经失血过多了。他的衬衣上除了血,还有泥。就在那一刻,医生拔下了听诊器,宣布他已经死了。后来,加比托写《一桩事先张扬的凶杀案》的时候发现一个疑问:如果凶案是在一月发生的,那么卡耶塔诺被杀的时候,外面有没有下雨?他总是认为悲惨的事件与天气有关。有人说一月的苏克雷从来没有雨。我对他说:"下雨了,因为我记得卡耶塔诺的衬衣上沾了泥。"但疑问还是没有消解。小说问世后,我和姐姐玛尔戈特谈起这事,她记得另一个有趣的细节,在亨蒂雷去世前不久,她和我的哥哥路易斯·恩里克还在港口跟他说过话,当时的确在下雨,有个小孩在他们面前绊倒了,卡耶塔诺把孩子从地上搀起来,衬衣上沾满了泥。也就是说,那天的确在下雨,所以我才会记得那件被污泥弄脏的衬衣。

卡梅洛·马丁内斯: 米格尔·雷耶斯把玛格丽塔送回了娘家,这件丑事就在街坊邻居中传开了。那一片的人都知道了。但我们住在广场附近，没听到消息。

她是星期六晚上结的婚，卡耶塔诺是星期一被杀的。星期一早上八点，或者八点半。星期天晚上他住在自己家里，出去办了点事。他压根不知道他们在找他。更荒谬的是，我之前还跟他在一起，那天早上我们一起去了港口。他当时在跟一个姓纳赛尔的女孩谈恋爱。她的父亲是埃及人，母亲是意大利人。她的名字叫尼迪亚。尼迪亚·纳赛尔。他们约好在港口见面。既然恋人们在那儿说情话，还有我什么事呢？我就离开了，给他们独处的空间。我们原计划在港口碰面，坐小船去庄园。

我们在外面等卡耶塔诺回来，他要去找一个女仆，把她也带过去。他正要来船上跟我们会合，结果奇卡家的两兄弟杀了过去，袭击了卡耶塔诺。我做的第一件事就是跑到我家二楼取出点三八口径的左轮手枪，是我父亲的那把白色之星。我像个疯子，不知道为什么要这么做，但拿着左轮就冲了出去。我还不知道到底发生了什么。我到了卡耶塔诺家，才知道奇卡家的人用刀捅了他，他们就在对面的房子里，也就是维克多·帕伦西亚家。于是我就去了那里。他们见我过去，就把门闩上了。他们自首了，其他人冲进屋子，把他们交给了警察。

拉斐尔·乌略亚：加比托的母亲不希望他把这个故事写出来。她很同情卡耶塔诺的母亲。加比托是在卡耶塔诺的母亲过世后才写的。

卡梅洛·马丁内斯：婚礼是星期六办的，当天晚上蜜月就开始

256

了，星期一新婚夫妇就会出发去圣马可斯。但事情并没按照原计划发展，因为当天晚上的事让这段婚姻破灭了。米格尔·雷耶斯把玛格丽塔还给了她母亲，就像是退回一件破损的货物。他发现新娘不是处女。于是他郑重其事地把玛格丽塔还给了她母亲，因为他是个传统的桑坦德人。然后麻烦就来了，家里人让玛格丽塔坦白谁是那个……谁是那个……本应娶她的男人。她说是卡耶塔诺。他们俩曾经有过一段儿。但卡耶塔诺跟她分手了，因为他在哈维里亚纳大学[①]念书的时候，她找了个瓜兰达[②]的情人，是另一个镇子上的人。大概就因为这个，卡耶塔诺没有跟她结婚。我到门口的时候，他已经在用手攥着肠子，不让它们流出来。他们用刀对着他。维克多·奇卡，维克多是凶手。不是华金，华金是帮凶，但他没杀人。华金只是负责调停的人。维克多是屠夫，他宰牛，把肉拿去市场卖，所以他有刀。他就是用宰牛刀捅死了卡耶塔诺。

玛格丽塔·德拉维加： 加博的书问世后，两兄弟想要起诉他。

卡梅洛·马丁内斯： 那么后来发生了什么呢？玛格丽塔说出那个男人，卡耶塔诺，是为了复仇，因为卡耶塔诺无论是社会地位还是经济地位都高于她。所以当卡耶塔诺抛弃她的时候，她的所作所为就是典型的受了伤的女人的报复行为。我觉得她是因为卡耶塔诺没有娶自己才报复他的。很可能，我觉得几乎可以百分百确定，她

---

① 哈维里亚纳大学是成立于 1623 年的私立高等教育机构，位于波哥大。它是哥伦比亚最古老、最传统的大学之一。
② 位于哥伦比亚北部苏克雷省境内的城镇。

曾经是卡耶塔诺的女人。她和他发生过关系。后来卡耶塔诺抛弃了她，于是作为报复，她就把卡耶塔诺指认为坏了她贞洁的男人。

玛格丽塔·德拉维加：加博想知道当初审判的情况。凶杀案是在卡塔赫纳审判的，法官是我的另一位叔叔，安东尼奥·德拉维加。他有查看卷宗的权限，于是就去帮加博找了。当时的卷宗保存在卡塔赫纳司法大厦的地下室里，那里非常潮湿，就跟电影里的场景一样。我不知道你有没有看过那部电影，糟糕透了。电影的确能让人联想起这个地方，但演员是三流的，虽然他们很出名。鲁伯特·艾弗雷特[1]的演技叫人看不下去。《霍乱时期的爱情》的电影版也很糟糕。我觉得《一桩事先张扬的凶杀案》电影版是最差劲的。我的叔叔就是那个法官。你记得他们去找卷宗，结果发现地下室被水淹了那一幕吗？加博就是从现实生活中得到的灵感，把这件事写进了小说。

卡梅洛·马丁内斯：那时候刑法里有一条，是关于维护荣誉的。之前我们这里没有维护荣誉一说。这一法条原先出自贝尼托·墨索里尼[2]独裁统治时期的意大利刑法，但我们这儿的人总是追赶潮流，于是就照抄了。照抄、照抄，就这么回事。根据1936年修订的哥伦比亚刑法，允许以维护荣誉为由提请辩护，但那起案件是谋杀，因为凶手有预谋。有预谋就是说提前监视受害者，

---

[1] 鲁伯特·艾弗雷特（1959—　），英国演员，曾于1987年出演《一桩事先张扬的凶杀案》。
[2] 贝尼托·阿米尔卡雷·安德烈亚·墨索里尼（1883—1945），意大利独裁统治者。他于1925年宣布国家法西斯党为意大利唯一合法政党，从此开始了近二十年的法西斯主义独裁统治。

掌握他的行踪，他做了什么，没做什么，以便找机会下手。

米格尔·雷耶斯·帕伦西亚的母亲出生在保守家庭，父亲是自由派的，但温文尔雅，是个正直的男人。米格尔·雷耶斯现在住在巴兰基亚。玛格丽塔住在辛塞莱霍。她没电影里的女演员那么漂亮。

马列拉·马丁内斯（卡梅洛的妻子）： 她是裁缝。

卡梅洛·马丁内斯： 有一个八卦。我把它当八卦讲给你听。后来米格尔·雷耶斯回到了玛格丽塔住的地方，两个人之间发生了点什么。他们做回了夫妻，但是断断续续的。就像是在逝者的骨灰上栖息片刻，因为是他们两个杀死了他。他们两个是卡耶塔诺之死的推手。为什么？因为只有两种可能：一种是她之前已经跟瓜兰达的男人发生了关系，就是那个瓜兰达的情人，这是最有可能的，卡耶塔诺就是因为那个男人才跟她分手的；另一种就是卡耶塔诺的确是夺走她贞操的男人。

玛格丽塔·德拉维加： 他对荣誉这个题材非常感兴趣，尤其是和女人有关的荣誉主题，因为他在早期的短篇小说中就写到过这一点，也写过同题材的剧本。《大限难逃》① 也涉及了这个主题。

卡梅洛·马丁内斯： 在镇子上，每个人都有自己的说法。故

---

① 《大限难逃》（*Tiempo de morir*）是加夫列尔·加西亚·马尔克斯创作的剧本，曾于 1965 年由墨西哥导演阿图罗·利普斯坦搬上荧幕，后又于 1982 年和 1985 年分别由哥伦比亚导演豪尔赫·阿利·特里亚纳改编成电视剧与电影。

事就是有人为了维护荣誉用刀捅死了一个男人。对我来说，故事的女主人公已经是一个成年女人了。如果她还未成年，还在青春期，没满十五岁或者只有十二岁，那也许是侵害未成年的性暴力。但既然她已经是个二十来岁的成年人了，怎么会遭受性暴力呢？她跟男人上床是因为喜欢那个男人。而她之前喜欢的是卡耶塔诺。我认为米格尔的出现就像是一根救命稻草，因为二十来岁的女孩不抓住机会以后就没人要了。在小村镇里，那个年纪的女孩已经没人要了。

所以卡耶塔诺临死时说自己是无辜的。我相信他，因为人死前往往会说真话。我赶到的时候，卡耶塔诺是这么说的："我是清白的，我是清白的。我是被冤枉死的。这个人杀死了我。"于是我就冲出去想杀了维克多……

帕特里西娅·卡斯塔尼奥： 苏克雷……苏克雷是一座不可思议的城市。他写的《伊莎贝尔在马孔多观雨时的独白》里的故事也来自苏克雷。他把这篇故事献给了一位名叫塔查·金塔纳的女士，是他在巴黎的情人，他把故事的版权送给了她。

杰拉德·马丁： 我怎么能不把塔查写进传记里呢？塔查是他生命中排名第二的女人。塔查是出现在他书里的女人，出现在《上校》（他写这本时，他们俩在巴黎同居，一起挨饿）《百年孤独》和《雪地上你的血迹》里。

帕特里西娅·卡斯塔尼奥： 前年塔查在卡塔赫纳第一次把这

篇故事搬上了舞台，后来又在波哥大演了这出戏，演了三天左右。让人印象非常深刻，因为故事本身讲的是被洪水淹没的苏克雷。塔查结束在波哥大的演出后的第二天，是星期六晚上，我们正在经历哥伦比亚史上最糟糕的冬天，结果看到一张超级厉害的新闻照片，说威尼斯搬到了苏克雷。照片里是洪水袭来时的苏克雷。不可思议的是，在加博描述那场洪水的五十年后，苏克雷的人们还在经历同样的剧情。

卡梅洛·马丁内斯：基本的事件是真的。加在事实之上的是加比托的魔法、他的风格。事实是确凿的，是真实的。只是加比托的想象力很丰富，除此之外，他还有绝佳的文采。作品是他的，文学作品是他的，但事实是确凿的。没有夸大也没有杜撰。事实就是那样。我试图在这里把我的理解说给加比托听的时候，他说："如果你把自己的理解告诉我，那就会毁了我的想法。我想做的是写一部小说。"

格雷戈里·拉巴萨：我翻译过的很多东西都成了陈词滥调。现在所有人都会起这么个题目，《一桩事先张扬的什么什么》。

权力之梦

加西亚·马尔克斯与独裁者、总统共进晚餐。

吉列尔莫·安古洛：你知道发生了什么吗？加博有个非常奇怪的倾向，他崇拜权力。不管是经济方面还是政治方面。是的，只要是权力，他都喜欢。他这个改变不是很好。托里霍斯 [①] 对他说："嘿，你喜欢独裁者啊。"当别人对他这么说的时候，他就会深吸一口气，挺起胸。他问托里霍斯："为什么？"托里霍斯回答道："因为你是我和菲德尔的朋友。"有九个国家首脑会接听加博的电话，他以此为荣，而且自称是克林顿的朋友。

阿里斯提德斯·洛约：他们的第一次会面原计划只有几个小时，在法拉隆，托里霍斯的海边公寓里进行。那次的对话非常愉快，两人建立起了亲密的友谊。当时是七十年代初期，将军派了一架飞机去卡塔赫纳机场接他。作家本人很想见奥马尔，因为菲德尔和洛佩斯·米切尔森都跟他说过，巴拿马元首奥马尔正在带头为收回巴拿马运河、维护国家领土主权作斗争。他们原计划只聊几个小时，但这次对话却持续了好几天，成了两人终生友谊的开端。

1977 年 9 月 5 日，加夫列尔·加西亚·马尔克斯作为巴拿马代表团的一员，登上了巴拿马航空公司的飞机，去参加《托里霍

[①] 奥马尔·托里霍斯（1929—1981），军人、政治家，1968 年至 1981 年担任巴拿马领导。

斯－卡特条约》的签订仪式。他和格雷厄姆·格林都在无签证的情况下进入了美国，但并没有遇到阻拦，因为那趟行程是巴拿马元首奥马尔·托里霍斯安排的，美国当局便放宽了他们的入境条件。

第二天，也就是签订协议的前一天，已经没有官方议程了，托里霍斯和吉米·卡特举行了一次会谈，托里霍斯希望卡特解释两位重量级作家被拒绝入境的理由，一位是英国作家格雷厄姆·格林，一位是哥伦比亚作家加夫列尔·加西亚·马尔克斯。卡特把这个问题抛给了国家安全顾问兹比格涅夫·布热津斯基教授，教授在两位国家元首的交谈中离开了约十五分钟。

他回去之后解释说，加夫列尔·加西亚·马尔克斯频繁访问古巴，长时间与菲德尔会面，分析美洲大陆的政治问题。后来，他们意识到这位哥伦比亚作家并不是间谍，也不是阴谋家，便给他发了签证，后来他的作品被笔会授予某个奖项时，他就用签证入境了。至于格林，他们解释说拒发他的签证是因为他每年都去莫斯科找他的朋友金·菲尔比，一个潜入苏联内部的英国间谍。没过多久，格林也拿到了签证。他们应该弄清楚了格林只是跟菲尔比一起在苏联喝伏特加而已。

威廉·斯蒂隆：我跟加博和总统的联系主要是我们和弗朗索瓦·密特朗①的往来，他是我们共同的朋友，因为密特朗非常热爱文学，于是我们两个就成了他的朋友。实际上，我和加博还出席

---

① 弗朗索瓦·密特朗（1916—1996），1981 年至 1995 年任法国总统。

了密特朗的就职典礼。当天我们甚至还在密特朗领导下的爱丽舍宫共进了第一顿午餐。密特朗分别邀请了我们俩，但最后把我们安排在了一起，因为他读过我们的作品。他就是另一位让加博着迷的总统，加博也写了关于他的文字。我们两个都被授予了法国荣誉勋位勋章①。我们不是同时被授予的，但都在八十年代中期。

埃克托尔·罗哈斯·埃拉索：这就是我想告诉你的。如果要授予他一枚十字徽章、一枚勋章，或者其他什么，他去得可快了。他会跑着去赶飞机。但后来，由于世界在他身上寄予厚望，他变得越来越重要，自然就躺在功劳簿上了。

威廉·斯蒂隆：关于国家元首，我们曾经展开过很有趣的探讨。我们两个碰巧都觉得总统们有致命的吸引力。我们都承认自己经常梦见他们，但又会问自己："这有什么不好呢？"你看……（作家的脸上第一次现出浅浅的微笑，似乎略显紧张，然后用调皮的语调继续说）我长期和总统们谈精神恋爱。我梦见过杜鲁门，也梦见过约翰·F.肯尼迪。我说的是那些好总统。甚至还包括艾森豪威尔②，在我看来，他是危害最小的共和党总统之一。我承认，强大的政治领袖对我有致命吸引力，你也知道，我曾经公开说过，比尔·克林顿③是吸引我的人物之一。我们认为，这种强者的吸引

---

① 法国荣誉勋位勋章，全名为法国国家荣誉军团勋位，是法国政府颁授的最高荣誉勋位勋章，以表彰对法国做出特殊贡献的军人和其他各界人士。
② 德怀特·戴维·艾森豪威尔（1890—1969），美国政治家、陆军将领，1953 年至 1961 年间任美国总统，美国历史上的九位五星上将之一。
③ 威廉·杰斐逊·克林顿（1946—　），通常被称作比尔·克林顿，美国民主党政治家，1993 年至 2001 年任美国总统。

力中有超自然的成分，因为这些人几乎总是残忍无情地登上权力宝座，然后对他人的生活造成巨大的影响，而这样的影响占据了国民生活的中心。比如说，卡斯特罗这样的人和那些拉丁美洲的领袖们、墨西哥的总统们、中美洲的总统们一样，控制着整个国家。他们也因此理所当然地令作家们着迷。

海梅·阿维略·班菲：比如 1994 年，他热情满满地准备回到哥伦比亚。当时执政的是加维里亚 [①]。加博加入了所谓的"智者委员会"，那是一个聚集了思想家和科学家的团体，负责教育、科学和发展方面的研究。但他当时也正筹划建立一个（新闻界的）基金会，又见到了我们。他当时刚出版小说《爱情和其他魔鬼》。那一年他和富恩特斯还有斯蒂隆夫妇一起在马萨葡萄园岛上会见了克林顿。他决定在卡塔赫纳造个房子，同时也在巴兰基亚买套房，买一套公寓。他买了教女卡特亚·冈萨雷斯·里波尔建造的大楼里的公寓。当时他准备回来。1994 年是个关键的年份。

罗丝·斯蒂隆：不止一次。我记不清是在纽约见面的时候，还是在电话里，或者只是通过卡洛斯·富恩特斯的传话，但是我们曾经就让他来葡萄园岛这件事聊了很久，因为克林顿每年夏天都会来岛上。你知道的吧？反正就是通过某种方式谈论的，或者也许是卡洛斯突然说："你为什么不趁克林顿在岛上的时候过来？这样我们就都能碰面了。"

---

① 塞萨尔·奥古斯托·加维里亚·特鲁希略（1947—   ），哥伦比亚自由党前领袖、经济学家。1990 年至 1994 年任哥伦比亚总统。

威廉·斯蒂隆：可以肯定的是，1994年他来和我们共进晚餐的时候，他已经可以自由入境了。法案已经被废除了。

罗丝·斯蒂隆：卡洛斯每年都来看我们，和我们待在一起。我们让加博也过来，那应该是1994年，那是他第一次过来和我们聚在一起。实际上，他晚上住在离我们家很近的酒店里，白天和我们在一起。

威廉·斯蒂隆：卡洛斯是跟我交情最深、最亲近的朋友之一。应该是1994年春天，我们在纽约见面的时候，我告诉他克林顿计划来葡萄园岛，并且肯定会在夏天来。卡洛斯很担心古巴禁运[①]的事，当时不只是拉丁美洲人，其他地区的很多人也表示担忧。加博想见克林顿，卡洛斯也是。如果加博能够与克林顿会面，就古巴禁运一事向他施压，那岂不是既有趣又有益吗？加博知道自己也许能做到，因为克林顿曾经表示自己是《百年孤独》的忠实崇拜者。实际上他的女儿切尔西刚读完这本书，也非常喜欢。最后，那年夏天我告诉卡洛斯我们可以如愿以偿了，克林顿会来我们家。我提议邀请加博来岛上。1994年8月末，我们安排了晚餐。加博来了。那是非常小型的家庭聚餐，克林顿夫妇、弗农·乔丹[②]夫妇、墨西哥前外交大臣塞普尔韦达夫妇、我的朋友比尔·吕尔斯和

---

①1962年2月3日，美国时任总统约翰·肯尼迪签署法令，正式宣布对古巴实施经济、金融封锁和贸易禁运。

② 弗农·乔丹（1935—2021），美国商业主管、民权活动家，曾是比尔·克林顿总统的顾问。

他妻子都来我家共进晚餐。比尔·吕尔斯曾经是美国驻委内瑞拉和捷克斯洛伐克的大使。那就是小型的聚餐。啊，还有加博的教女帕特里西娅·塞佩达，她和她丈夫约翰也来了。她嫁给了约翰·欧莱瑞，缅因州波特兰市的杰出律师，不久前刚当了美国驻智利大使。反正当时他们也在我家。帕特里西娅负责翻译。你也知道加博……他的英语相当好，但他不喜欢说英语，因为他还没达到完美的水平。我和他在一起的时候都用英语聊天，因为我没法用西班牙语交流。就跟其他没能完全掌握一门外语的人一样，他更喜欢用母语讲话。帕特里西娅是一位非常有能力的翻译，她跟加博和克林顿坐在一起。我和希拉里坐在桌子另一边。我虽然没有凑近了听，但能察觉到加博和卡洛斯正在把话题带到古巴禁运这件事上。当时他们俩对这事满怀热情，当然，不止他们俩，许多人脑子里也都是这件事。好吧，我认为这是他们俩接近克林顿的原因之一。后来我出于好奇跟比尔·吕尔斯重提了这件往事，他当时坐在离他们更近的位置，比尔跟我证实，克林顿当时回避了这个话题。我猜那是因为他已经做出了决定，一点也不会受到外力的影响，哪怕是加博这样让他如此钦佩的人也无法让他动摇。比尔·吕尔斯看到了克林顿失神的双眼，我想眼神里应该暗含拒绝的意味，就完全摆出前外交官的架势，用足够强硬的语言把话题从对古巴的政策转向了文学，这很有趣……后来话题就变了，我不记得是比尔·吕尔斯还是克林顿本人，总之有个人开始说起了自己最喜欢的小说，克林顿的眼睛重新亮了起来，神情相当愉快，于是我们就围着桌子玩起了文学游戏。政治话题被抛到了一边，大家都说起了自己最喜欢的小说。我说有趣是因为他们在古巴问题上没有任何进展。

吉列尔莫·安古洛：我认为从根本上来看，每个人都总想吹嘘自己不太了解的东西。加博想展现出大政治家的风范，但他不了解政治。我觉得当别人夸他是个了不起的作家的时候，他会感到厌烦，为什么要反复说呢？他很清楚自己是伟大的作家，他明白得很，不用多说。

威廉·斯蒂隆：克林顿开始调查大家最喜欢的小说，我记得卡洛斯说他最喜欢的小说是《堂吉诃德》。加博说在所有书籍中，他选择《基督山伯爵》并解释了原因。他说那是一部完美的小说，非常迷人，不仅仅是一出时代剧。小说很有深度，是世界级的杰作。我说的是《哈克贝利·芬历险记》，那是我脑中想到的第一本书。最后轮到克林顿，他说是福克纳的《喧哗与骚动》，随即开始逐字逐句地背诵书中很长很长的一个段落，让在座的我们都感到吃惊。目睹这一切的确是很神奇的体验，之后他还就福克纳的力量和对他自己的巨大影响做了一番演讲。我记得他还跟加博聊了起来，加博说如果没有福克纳，他就一个字也写不出来。他在哥伦比亚刚开始阅读世界文学时，福克纳就给予了他直接的写作灵感。他还去过牛津[1]。我记得他跟克林顿提起过。就算他真的因为自己没能在古巴的事情上取得任何进展而感到失望，那也没把情绪表现出来。他饶有兴致，甚至激动不已。他们一开始谈论伟大的小说，我就察觉到

---

① 指美国密西西比州牛津市，福克纳的故乡。

了。所以那天的晚宴的确很成功，尽管在政治方面完全失败了。

　　罗丝·斯蒂隆：我记得比尔·吕尔斯觉得也许克林顿已经听够了古巴的话题，于是就把对话的主导权从加博转给了克林顿，克林顿想聊写作和文学……卡洛斯也加入了对话，谈论了克林顿读过的那些作家。我想说的是，克林顿对拉丁美洲文学的了解提起了他们的兴趣。他开始讲起之前读过的一位年轻的墨西哥小说家，觉得他很不错。我记得卡洛斯和加博目瞪口呆，因为他们认识这位小说家。我不记得他的名字了，但他们对克林顿读过他的小说感到惊讶。当然，克林顿还引用了各种原文。他的文学素养给他们留下了深刻的印象。他不只了解加博的作品，而且对整个文学世界也很了解。后来我才知道克林顿的女儿切尔西是加博的崇拜者，正在读他的作品。再后来，加博被邀请去了白宫。应该也是那一年的事，或者晚一些。我觉得可能是那年冬天，切尔西希望他能去。

　　威廉·斯蒂隆：我认为加西亚·马尔克斯确实很想见克林顿，他非常崇拜克林顿，想和克林顿聊聊拉丁美洲的政治关系，聊聊古巴、哥伦比亚、墨西哥等等，而克林顿想聊文学。那个夜晚很美妙。克林顿好像什么都读过，所以谈话内容很丰富。席间他接了一个从爱尔兰打来的电话。打电话的是一位市长，他提出让克林顿介入爱尔兰的和平进程。于是我们就谈论古巴、爱尔兰和墨西哥文学，就这些话题。但我认为那次晚宴还是引起了一定反响的，因为后来我在拉丁美洲听到了关于晚宴的言论。

圣地亚哥·穆蒂斯: 这就是加博的雄心壮志:帮助拉丁美洲,帮助古巴和学习电影的人。他介入政治问题,帮助那些正在经历我也不清楚究竟是什么事情的人。他觉得自己也许可以解决某些问题。

威廉·斯蒂隆: 的确是这样。但这在拉丁美洲是很普遍的现象。不仅仅是加博,卡洛斯·富恩特斯也是这样。我记得我们俩在萨利纳斯①担任墨西哥总统的时候去见过他。加博是这类现象的杰出代表,你发现了吧。作家们普遍都这样。奥克塔维奥·帕斯在墨西哥很有影响力。巴尔加斯·略萨差点就当上了总统。但这种事从来不可能在美国发生,因为没办法想象哪位作家对美国的政治和文化产生像加博对拉丁美洲所产生的那样深远的影响。

海梅·阿维略·班菲: 你记得吧,贝利萨里奥政府上台之后,他经历了从 1982 年到 1986 年的整个"大暴乱"时期。他在哥伦比亚待了很久,因为贝利萨里奥不断打电话给他,找他,带他奔走,但实际上,贝利萨里奥执政期间面临的局势极为复杂,司法大厦被占领②、阿尔梅罗惨案③、与哥伦比亚革命武装力量(FARC)④的和

---

① 卡洛斯·萨利纳斯·德戈塔里(1948—),墨西哥政治家、经济学家。1988 年至 1994 年任墨西哥总统。
② 指"司法大厦袭击事件",发生于 1985 年 11 月的军事冲突。M-19 游击队成员围攻了位于首都波哥大的司法大厦,即最高法院的所在地。被劫为人质的法官近半数在事件中丧生。
③ 1985 年 11 月 13 日哥伦比亚托利马地区的内瓦多·德尔鲁伊斯火山爆发造成巨大灾难。尽管政府在两个月前收到了多次预警,却未采取及时撤离措施。惨案导致阿尔梅罗镇被完全摧毁,两万多人丧生。
④ 成立于 1964 年,曾是哥伦比亚境内装备最完善、战斗力最佳的游击队。

平进程在特拉斯卡拉①突然中断。之后就进入了巴尔科②执政时期。巴尔科政府也面临了复杂的局面：与贩毒问题作斗争、引渡问题、爆炸事件。再后来就进入了加维里亚执政时期。他努力重新吸引加博回国。实际上，加维里亚还请加博修正 1991 年宪法的最终文本。加博照办了。

威廉·斯蒂隆：美国媒体完全没有费笔墨报道我们那天的晚餐，但全世界所有的西班牙语报纸都把头版新闻留给了它。我想就是因为之前我提到的原因吧。是的，正因如此，美国作家和拉丁美洲作家的区别才这么大。在我的认知里，一个美国作家可能会得到杰出总统的尊重，比如比尔·克林顿，他本人就对作家很着迷，阅读过大量作品，包括我的作品。我觉得这样就已经很棒了，但如果要在某种意义上以某种重要的方式影响他，这是不可能的。在美国，作家是被边缘化的。如果我们三个是把克林顿逼到墙角的摇滚明星，那我们应该会出现在头版。

罗丝·斯蒂隆：他多年以来一直劝我们去古巴："拜托你们趁我在的时候来，这样我们就能在古巴见面了。"他总是跟我和比尔念叨这串话。当然，和加博在一起很愉快，有他的陪伴是一件很棒的事，他总是热情又亲切。你也知道，他满脑子宏伟又冒险的想法。

---

① 墨西哥面积最小的州，位于墨西哥城以东。
② 比尔希略·巴尔科·巴尔加斯（1921—1997），哥伦比亚政治家、外交家，哥伦比亚自由党领袖，1986 年至 1990 年任哥伦比亚总统。

我们曾经想去古巴，就跟阿瑟·米勒[1]谈了这事。我们想着所有人可以一起去，才知道加博至少有一年半没去古巴了，因为他生病了。但当他知道我们准备去古巴时，他说自己也会去。我不知道那是纯粹的巧合还是加博想要创造和我们同时去古巴的机会，想要我们去那儿跟他巧遇。我不清楚到底是怎么回事。我不知道那是不是偶然，我只知道当我们决定去古巴的那一刻，他也知道了我们的决定。当我们告诉他我们要去古巴的时候，他已经知道了，还对我们说他也要去。在古巴的时候，他陪着我们，为我们安排了很多事情。他饶有兴致地带我们去海明威故居，亲自把我们带过去。他想让我们融入古巴的环境里，让我们看到这个国家的潜力，它曾经是怎样的，未来会是怎样。他想竭尽所能加强古巴和美国之间的关系，特别是自己所尊敬的作家们之间的关系。他希望我们玩得开心。

圣地亚哥·穆蒂斯： 我不知道对于很多人来说，他和菲德尔的友谊是不是一件好事。肯定是的。但那已经成了媒体报道的一部分，有些事报道出来了，但还有多少事没公开呢？我们是不会知道的。我们只能当读者，只能看到公开报道的那些事。

阿里斯蒂得斯·罗约： 他与菲德尔的友谊让许多被扣留的人重获自由，也帮助了一些人离开古巴。

---

[1] 阿瑟·米勒（1915—2005），美国剧作家，代表作有《推销员之死》《萨勒姆的女巫》。

罗丝·斯蒂隆： 他会非常近距离地研究人物，不管是真实的还是虚构的。今年春天，卡斯特罗在场的时候，你就可以看出他很担心我们去见卡斯特罗的时候自己去不了。他还反复琢磨了我们对卡斯特罗的那次拜访。他非常了解卡斯特罗。我是说，他既看到了优点也看到了缺点。这一点从他和卡斯特罗合影时的反应中就能看出来。

威廉·斯蒂隆： 加博显然为我们提供了门路，就因为他在那里，我们才能和卡斯特罗共度那些迷人的时光。

罗丝·斯蒂隆： 他希望我们能认识卡斯特罗，希望我们能用看常人的眼光去理解卡斯特罗。卡斯特罗在总统府①里为我们设了晚宴。在哈瓦那和我们同行的有阿瑟·米勒夫妇和其他一些人。吕尔斯夫妇和詹克洛夫妇也在。我们一共八个人，都被邀请共进晚餐。我们进去的时候，卡斯特罗出来迎接了我们。

很明显，他对我们每个人都了如指掌，因为他跟每个人都问了一些个人问题，让我们知道他很清楚我们是谁，是做什么的。我看到加博只是微笑着站在他身后，但他希望卡斯特罗能喜欢我们，希望我们和他相处愉快，也希望我们能互相了解。那时候我们没有说什么特别的话，但我记得晚餐时我就坐在加博旁边，他在纸巾上画涂鸦，时不时给我讲点趣闻。那次晚宴持续了好几个小时。

---

① 始建于 1909 年，1918 年至 1958 年为总统府，1974 年改为古巴革命博物馆。

后来时间很晚了，卡斯特罗从某一刻开始以自己的方式谈起了战争和战斗，说得非常精彩。虽然在政治方面有一些奇怪的事情，但他非常精彩地回顾了历史上真实存在的战役。从伯罗奔尼撒战争到海湾战争，有哪些将领，有哪些策略，他们的功过。他接着又说了自己作为士兵、战士和领袖有哪些过错。加博转过身，低声对我说："现在他进入状态了。他会讲很久，但也会讲得很好。"他还对当下发生的事情表示满意，比起滔滔不绝地评论，他更倾向于好好观察，留意其他人的反应。我喜欢在他观察大家时观察他。你会通过他头部的动作看出他慷慨有礼又不失判断力，而不是就坐在那里对当下的政局表示赞成或反对。

圣地亚哥·穆蒂斯：但是，举个例子，加博写那本关于古巴的书的时候，我记得有人劝他不要出版，因为它可能会对古巴造成伤害。那本书一直没有问世。一些章节发表在《改变》① 杂志上，读者可以从中看见古巴的生活状况。加博这么做是因为那就是真实的生活，但他准备发表时却被告知："这本书在政治层面上是针对我们的，因为所有苦难一览无余。"尽管书是他写的，但他不是这么想的。我不知道，也许会有人觉得这是一本很棒的书，但读者只能从中看到现实，却没办法靠它解决问题。而且这本书在政治上对古巴不利。我想也许是对政府不利吧，但从人类的角度来看……加博必须从中调解。读者只能接受。因为在我看来，没有任何政治原因能阻止作家讲述人们的生活。因为读者想看的是生

---

① 加夫列尔·加西亚·马尔克斯 1974 年创办的周刊，于 1980 年停刊。

活本来的样子，而不是政府的所作所为。在书里，人们不再完全相信政治正确那一套。

威廉·斯蒂隆：我认为这是一件很简单的事情。听上去复杂，但实际上真的很简单。我觉得加博和卡斯特罗已经成了密友，他们的这段友谊是在卡斯特罗的"上升"初期缔结的。我在这里用"上升"这个词是指他登上古巴权力中心的过程。这一过程引发的激烈的论战，像暴雨一样倾盆而下，甚至也殃及了加西亚·马尔克斯。但我认为这段友谊坚不可摧，加博一直在尽可能地让友谊往好的方面发展。

圣地亚哥·穆蒂斯：不管怎样，我们不应该从道德角度评判加博。但可以从政治角度上评判。也不是说评判，而是表示异议。但是道德层面上不行。如果你从文学转向政治，公开发表自己的政治见解，那么公众也会公开回应你。这样肯定会招来反对者，会导致论战和其他可怕的事情。卡夫雷拉·因凡特和加博之间有过一场很可怕的论战，涉及一大堆作家。从政治上讲，这场论战的原因是他正在进入一个争议不断的领域，涉及有关权力的问题。权力本身就是有争议的。至于大众认为作家应不应该这样做，就是另一回事了。

罗丝·斯蒂隆：一方面他是一个名副其实的激进主义者，另一方面他也是一个浪漫主义者，同时他还是个现实主义者。我觉得，他总是能看到时下的不公，随即发起攻击，不管是个人还是政府的不公，不管这个人是皮诺切特、克林顿还是卡斯特罗。他能很好地从根本上觉察到某件事是否公正。此外，他全身心投入到虚构创作和激进主义里。无论是从虚构创作还是从激进主义的角度来看，我认为他都有一种对品性的洞察力、对人的理解力，正是因为这样，他才能在小说中塑造出人物自己的现实，让人过目难忘。我认为他能看出好人和坏人的品性。

圣地亚哥·穆蒂斯：他已经可以应对这些了……我不明白。因为我认为不管怎样，那些东西都需要你付出代价。或者说，如果你参政了，就得承担那些，承担那样的生活方式。无论如何，加博真是一个强者。我觉得但凡把一丝名利放在其他人身上，他们都会像爆竹一样燃烧着飞上天。有多少人会不追名逐利呢？有多少人？所有人都会去追……举办那么多的竞赛……为了赚钱。加博依旧是无法企及的，虽然有人说"我一点也不喜欢他"。而且我觉得他老了之后比年轻的时候有趣得多……有趣之处在于，他是如何成为现在的自己，又是怎样保持住的。他是靠什么品质保持的呢？这一点可以在年轻的加博身上找到答案。它就在那里。从那时起他就开始塑造自己，因为加博认为自己有义务讲述那些事情。

威廉·斯蒂隆：我觉得他钦佩的是菲德尔的才智。我的确认为卡斯特罗有着和其他独裁者不同的古怪的一面。他的头脑很棒，思维敏捷且复杂缜密，我觉得这是他吸引加博的原因。我记得加博给我讲过一件很有趣的逸事。他说有一次古巴遭遇了极其严重的紧急危机，引来了全世界的媒体，他也飞去了哈瓦那。我想他应该是从墨西哥城出发的。上百名记者守在机场。菲德尔到机场迎接加博，两个人一起走向机场大厅，在那儿待了半小时，也许更久，而来自世界各新闻社的记者都聚集在机场，想知道在这种情况下菲德尔和加博会说些什么。最后他们走出了机场，记者们将他们团团围住。第一个问题是问加博的："我们能问您和菲德尔刚才谈了些什么吗？"加博答道："我们在讨论烹饪西大西洋笛鲷的最佳方式。"

所以我一直很喜欢那道菜，我相信他们说的是真的。

重重一击

1976 年，马里奥·巴尔加斯·略萨给了加西亚·马尔克斯重重一击。

眼眶乌青的加西亚·马尔克斯

罗德里戈·莫亚： 大概是上午十一二点的样子，我当时住在那不勒斯街区①的家里。我的房子很大，我便拿出一部分作为编辑部的办公室，另一部分是我和伴侣还有两个孩子的生活区。我听见有人敲门，发现是他。是加博和梅塞德斯。见到他我很高兴。我不记得他们之前有没有打电话通知我了，但我觉得应该没有，因为我看见他的时候很惊讶，也很开心。那时候加博已经是我的朋友了，但友谊是有等级的，我们之间是一种有所保留的友谊。我是报社的摄影师，而他已经是如今的他了。所以我不会过度亲昵

---

① 那不勒斯区是位于墨西哥城中心的住宅区，二十世纪四十年代起世界各地的移民聚居于此，该住宅区以墨西哥传统文化与先锋文化的融合而著称。

地称呼他。对我而言，叫他"加比托"就好比用"米格利托"① 来称呼塞万提斯。他们来是为了拍照。我们之间的友谊还没到上门做客的程度。他对我说："我想让你给我瘀青的眼睛拍几张照片。"他们信任我，所以到我家来了。

他穿着短外套。不是格纹的那件，是另外一件。而她身穿黑衣服，戴着大墨镜。我发现他的眼睛被打肿了，问他："你怎么了加博？"他开了个类似这样的玩笑："我打拳击输了。"帮他回答的是梅塞德斯。她说是巴尔加斯·略萨打了这狡诈的一拳。"为什么？""我不知道。我张开双臂走近他，想要跟他打招呼。我们有段时间没见面了。"我知道他们在巴塞罗那成了很好的朋友，两家人相处融洽，他跟我们共同的朋友吉列尔莫·安古洛说起过。总之，这是人人皆知的事情。所以当我知道是马里奥·巴尔加斯·略萨打了他，感到非常意外。他们在客厅里坐下，开始给我讲那件事。

吉列尔莫·安古洛：我知道那场冲突的真相。我来告诉你，是这样的：马里奥是一个好色之徒，而且长得非常好看。女人们可以为他赴死。马里奥从巴塞罗那乘船去卡亚俄②，旅途中遇到了一位非常漂亮的女性。他们相爱了。他离开了妻子，和她在一起了。婚姻结束了。妻子回去收拾房子，当然，也想会会朋友。后来两人又走到了一起，妻子对巴尔加斯·略萨说："别以为我没有吸引力。你的朋友们，比如加博就追求过我……"一天，这两位老

---

① "米格利托"是"米格尔"的昵称，"米格尔"是塞万提斯的名字。
② 秘鲁最大、最重要的港口。

朋友在墨西哥一家剧院遇上了，加博张开双臂表示问候。巴尔加斯·略萨却举起了拳头，说着"叫你对我老婆想入非非"，一拳把他打倒在地。梅塞德斯说："你一定是搞错了，因为我老公虽然喜欢女人，但只喜欢非常漂亮的。"

罗德里戈·莫亚：那是他来找我的两天前发生的事。他是在晚上被打的，第二天他就病了。你已经知道那件事了吧？事情发生在影片介绍会上，影片讲的是安第斯山脉的幸存者。加博到场后就招呼"马里奥"，结果马里奥转过身来，砰的一声，右手给了加博一拳，把他打倒在地毯上。他流血了，因为镜片正好碎在了鼻梁上，瘀血很严重。急救措施让他好了很多，我不知道是齐纳·门多萨①还是埃伦娜·波尼亚托夫斯卡②去买了肉给他敷在眼睛上。这是真的。我从小就打架，如果受伤了就在伤口上放一块牛排。我也不知道怎么回事，但确实可以化瘀。现在人都用山金车③了。

吉列尔莫·安古洛：我知道一个秘密：加博被打之前跟我讲了曾经发生的事。这么说吧，如果他是在被打之后才告诉我，就没有任何意义了。他告诉我："不是，是这样的，她有点追我的意思，但我那么喜欢马里奥，哪怕他们分开了也不能……"所以你想想，我本可以把这事告诉马里奥，毕竟我也是他的朋友，可那样就会毁了他的婚姻。她说"我也有自己的圈子"，其实是在耍伎

---

① 玛利亚·路易莎·门多萨（1927—2018），墨西哥记者、作家，人称"齐纳·门多萨"。
② 埃伦娜·波尼亚托夫斯卡（1932—　），墨西哥记者、作家，2014年被授予塞万提斯文学奖，在获奖致辞中向加西亚·马尔克斯致敬，代表作有《天空的皮肤》《浴缸》。
③ 源于中欧以及西伯利亚高原地区的菊科植物，萃取物常用于治疗瘀伤和肌肉关节疼痛。

俩，不是吗？她也知道自己撒了谎。另外，我后来也调查了她和朋友们的那些事。他们两个的确见了面，但在场的还有其他朋友，都在一起。总有两三个朋友在场。明白了吧？他们两个从来没有单独见过面。

罗德里戈·莫亚：我记得很清楚，梅塞德斯打断了两次，说："马里奥是个愚蠢的醋坛子。是个愚蠢的醋坛子。"

格雷戈里·拉巴萨：我听说是马里奥当时跟另一个人纠缠不清，于是帕特里西娅①就去找加博，他的好朋友。加博对她说"甩了他"。马里奥知道这事后就打了加博。

罗德里戈·莫亚：所有人都把它看成桃色新闻，也许是这样，也许不是这么回事。但没人知道真相，除了他们三个当事人。政治分歧也是他们疏远的原因。当时巴尔加斯·略萨意外地转向了右派。我认为引发那起冲突的原因之一就是两人的疏远，也一定有其他的事端积攒在一起才导致了巴尔加斯·略萨的爆发。他的那一拳肯定是暴力的。我能看出来。他是用右手打的。他在前排，加博好像是从边上走过去的，巴尔加斯·略萨就起身打了他一拳。我不知道是从哪个角度打过去的，但那是重重一击。

普利尼奥·阿普莱约·门多萨：帕特里西娅和马里奥一起乘船

---

① 马里奥·巴尔加斯·略萨当时的妻子帕特里西娅·略萨·乌尔齐蒂，是他第一任妻子的外甥女，也是他的表妹。

去卡亚俄，结果马里奥爱上了另一个女人。到达智利之后，帕特里西娅不得不回巴塞罗那收拾房子。加博和梅塞德斯全程陪着她。他们非常亲近。我知道这个，因为加博跟我讲起过。帕特里西娅需要回圣地亚哥[①]的时候，加博送她去机场，但他们出发得太晚了，加博泰然自若地对她说："如果你赶不上飞机，那可太棒了，我们就能办个派对了。"加博是加勒比人，性情如此，很随意地说了这么句话，但她误解了。

罗德里戈·莫亚：我挺担心的，他当时心情不错，或者装出一副心情不错的样子，但从照片来看，他实际上很消沉。我拍了半卷胶卷。他到的时候，我家里一卷胶卷也没有。我当时在做一本关于国际捕鱼的杂志。于是我赶紧跑去家里的办公区。动作很快。我家有一个小花园。我跑进办公区问技术员："奇诺，你有胶卷吗？"他回答："我没有，但相机里有一小段。"那台机器还没换胶卷。于是我对他说："赶紧给我弄一卷。"

我脑内飞速地思考，想要改变那张戏剧化的脸。那张脸就像是在奖励巴尔加斯·略萨。他要是看到那样一张受伤的受害者的脸，肯定会心满意足。我想要让加博笑出来，但哪怕我讲笑话他也丝毫笑不出来。什么都不能让他发笑，于是我就装成傻子，对他说："他给了你一拳，你感觉如何？"他干巴巴地回答了几句，但突然事情有了转机，我说了些什么，他笑了，于是我拍下了两张照片。一张是广为流传的，因为我很喜欢那张照片，我不想把

---

① 智利首都。

它当成一张记录悲惨时刻的照片，不想那样。但凡有人问我要照片，我就会给他看笑着的这张，那看上去就像在说"他打了我，但这没什么"。用墨西哥的说法就是"我才不在乎呢"[①]，对吧？

吉列尔莫·安古洛：市面上买不到《弑神的故事》[②]，因为马里奥不想加印这本书。我的这本有马里奥的签名，而且还有致谢词，因为我帮他进行了调查研究。是的，这本书的论点就是作家是神，因为他掌管着人物的生死，掌管着一切。这就是《弑神的故事》。作家通过弑神来取代神。这是真实的故事。

格雷戈里·拉巴萨：我有西班牙语版的。马里奥不允许翻译这本书。卡斯·坎菲尔德跟我们两个谈过。哈珀出版社可以出版英西双语版，但他不允许。

罗德里戈·莫亚：当时那张照片没有流传出去，因为他说……我在这方面是很忠实可靠的。他对我说："给我寄一套照片，底片你留着。"于是我冲印了一套照片寄给了他，几天后，我不记得他是和安古洛还是谁一起过来，把照片带回来了，上面附上了他的批注。这张可以。这张不行。这张要再冲印两张。于是我把冲印好的照片寄给了他，全部都是 8×10[③] 大小的。那是一套精选的照

---

① 原文"Me vale madre"，相当于英文中的"I don't give a damn"，是很口语的表达方式。
② 马里奥·巴尔加斯·略萨在博士论文中研究了加西亚·马尔克斯的作品，该论文曾以《弑神的故事》为名于 1971 年在西班牙出版。两人曾是挚友，但自 1976 年的那次冲突之后再无交集，巴尔加斯·略萨也要求停止加印此书。直到 2021 年，西班牙丰泉出版社才获权再版此书。
③ 原文无单位。

片，大约十五六张吧，就胶卷上的那些。他应该给我寄了点钱，但我记不清了。我给他寄了那些照片，奇怪的是我还在档案里存了一份，但没有人看。他说这些照片是为了记录留档，梅塞德斯表示赞同，她对我说："加博把所有发生过的重要事件都存档了。"归根结底，我对那张照片的喜爱其实有一点虚荣心作祟。我有一个相当复杂的"自我档案馆"。

我一直留着加博那张照片，很小，用图钉固定在我的工作室里，因为《百年孤独》的问世的确颠覆了我对文学和美洲的认知，我读了四遍。我在这张小照片的陪伴下生活。每当我坐在桌边工作，就会看到它。大约是加博快八十岁的时候，我一个朋友看到了这张照片，说："我喜欢这张照片。我要从你这儿买下它。"我说："不，这张照片我不卖。"然后我就给他讲了那个故事。加博让我把底片留着，后来把一套照片寄给他，所以我不能卖。那是1976 年的事，加博八十岁的时候，这个朋友把故事告诉了一名记者："听着，罗德里戈·莫亚有一张眼睛瘀青的加博的照片，棒极了。"于是各家杂志就来找我。我就想：加博快八十岁了，他们也刊登过他的照片。我可以打破那个承诺了，何况那也算不上承诺。他只是委托我为他保存。我一直保存着，现在是时候公布了。我从来没有靠一张照片赚过那么多钱。

海梅·阿维略·班菲：他总是对朋友很忠诚，但绝交时完全不留情面。有些人一旦绝交就绝不往来。显然，巴尔加斯·略萨就是其中之一。

鳕鱼肝油

所有人都在研究加西亚·马尔克斯的才华。

罗丝·斯蒂隆：他是一位出色的讲述者，告诉了我们他的外婆如何成为家族故事的讲述人，他从外婆那里了解了这些故事。他从小就跟外婆住在一起。他说自己的母亲随着年龄增长也成了讲故事的人，但之前不是。因为她和外婆住在一起了。他还说讲故事的能力是先天遗传的。而我们很多人都自然而然地认为是外婆把那些故事讲给我们听的，并且把我们变成了讲故事的人。

吉列尔莫·安古洛：有一天他对我说："你知道什么是好作家？"我说不知道。"好作家指的是那些写出一句话就能让读者好奇下一句是什么的人。"虽然加博的确有这样那样的缺点，但他对文字的掌控力让人感叹："太妙了！他是怎么想到的？"

埃利希奥·加西亚·马尔克斯：母亲说加比托能变得这么聪明是因为她怀加比托的时候喝了很多斯科特牌的鳕鱼肝油。她怀过那么多孩子，只有怀他的时候喝了鳕鱼肝油。加比托那么聪明就是因为母亲喝了纯鱼肝油。他是带着斯科特牌鱼肝油的味道出生的。

拉斐尔·乌略亚：我相信老加夫列尔·埃利希奥说的。加博是双头人，他有两个脑袋。

罗丝·斯蒂隆：我不知道世界上的其他人怎么看。但我确定马孔多对我而言如此真实，以至于影响了我对拉丁美洲的看法。当然，我在拉美的政治方面有过另一番经历，或者说我可以从外部来观察，也许基于我在阿根廷、智利和乌拉圭的经历。我曾经是人权活动家，所以我能够从外部，从另一个角度来观察，就像观察中美洲那样。所以马孔多对我而言并不是整个拉丁美洲的缩影，可对那些没去过拉丁美洲的人而言显然是这样的。我和比尔住在卡塔赫纳的时候，那段时间正在举办电影节，我在街上散步时感到很惊喜，因为我发现自己已经通过加博的书了解了这些街道……就连市场上装满糖果的玻璃罐子我都已经在书里看过了。一切都那么详细。他是照着现实的样子去描绘的，书中的世界就是现实，不是奇异世界。

我来自巴尔的摩，不算太远的南部地区。我是说，那里的确有南部强烈且轻快的特点。我可以看出来，加博读过福克纳。福克纳的书很有趣，但对我而言，加博笔下的村镇和城市比福克纳创造的世界要鲜活得多。

帕特里西娅·卡斯塔尼奥：有一件很有趣的事我得说给你听。你记得加博在《观察家报》上写的那则故事吗？他在故事里说到了他身边的魔法，他说有一天他和一位来卡塔赫纳拜访他的加泰罗尼亚作家或是编辑在一起。他在故事里讲了那两天发生的所有事，那位先生对他说："抱歉这么说，但您一点想象力也没有。在这样的国家，生活本身就很疯狂。"他讲述了那位先生所经历的一切。让人印象最深刻的是一个星期天，他们一起在加博母亲家吃午饭，突然有一位身穿瓜希拉长裙的女士按响了门铃。她进门后说自己是他的某个表亲，回到卡塔赫纳是为了等死。她梦到自己快死了，于是上门道别。

罗丝·斯蒂隆：你读加博的作品时会感觉自己在读整个拉丁美洲。或者说，某一刻你突然理解了一切，又或许你以为自己都理解了。

埃德蒙多·帕斯·索尔丹（玻利维亚作家）：加西亚·马尔克斯是为我们描绘拉丁美洲的人。这就是拉丁美洲。但我不觉得那是生我养我的拉丁美洲。不管是好是坏，我的世界是非常城市化的。所以我看那样一个热带的世界总是有一些距离。那不是我成长的环境。

伊兰·斯塔万斯（墨西哥作家）：我们这一代不得不和加西亚·马尔克斯背道而驰。

阿尔维托·富格特（智利作家、电影导演、记者）：我加入过文学工作室，除我之外，大家都感染了加西亚·马尔克斯病毒。这么说吧，不仅仅是崇拜的程度，而是紧攥着故事不放。所以我感觉在某个年龄阅读加西亚·马尔克斯的作品会对你造成很大的伤害。反正作为拉丁美洲人，我绝不会在那个年龄读他的作品。会对你造成很不好的影响，这种伤害是永远无法补救的。

有一次，伊格纳西奥·帕迪利亚[1]在利马的一个谈话节目中写了一则加西亚·马尔克斯风格的故事，实际上就一页。上台前，他坐在观众席最后一排用了十分钟写完，之后就读了出来，故事写得棒极了。大概就是讲……一个船长，名字叫埃瓦里斯托还是什么，然后故事就继续下去了。你也许会说："可是……这就是魔幻现实主义。"完全没错。就像启动软件，让它运行出一篇故事来。

伊兰·斯塔万斯：好像有一套公式。但加西亚·马尔克斯也挺可怜的，这不是他的错。他被贴上了"魔幻现实主义"的标签。在他之前是卡夫卡[2]和辛克莱·刘易斯[3]。这一说法来源于卡彭铁尔。我觉得加西亚·马尔克斯是彻底改变拉丁美洲文化的人物。他改变了世界上其他地方的人眼中的拉丁美洲。我认为这种改变并非总是好的，比如大量的游客来拉丁美洲寻找蝴蝶和妓女。可这不是他的错。

阿尔维托·富格特：早在我想成为作家之前的很多年，我就读过了加西亚·马尔克斯的书。我去读它们是因为——这理由总让我感到有点不适——那是官方读物。我当时有点叛逆。他的书是学校里的必读书目。那是一种官方认定的文学，是教育部认定的。

---

① 伊格纳西奥·费尔南多·帕迪利亚·苏亚雷斯（1968—2016），墨西哥作家。
② 弗朗茨·卡夫卡（1883—1924），出生于布拉格的德语小说家，代表作有《变形记》《审判》《城堡》等。
③ 辛克莱·刘易斯（1885—1951），美国作家，1930年获诺贝尔文学奖，代表作有《大街》《巴比特》《阿罗史密斯》等。

对我来说那是和"权威"相关的。在我看来，加西亚·马尔克斯永远是一种"权威"。后来他很快就得了诺贝尔奖。我有点青春期的叛逆，但那的确是我当时的感受。

吉列尔莫·安古洛：有一件关于加博的很重要的事，我得说出来，因为这对所有人都有用。加博身上有一种哥伦比亚没有的东西：自律。费尔南多·博特罗身上也有。还有建筑师罗赫利奥·萨尔莫纳。应该还有其他人，但我认识的只有这三个。我可以更形象地告诉你加博有多自律，对拉美人而言简直不可思议。在他结婚之前，我度过了一个不幸的夜晚。我跟两个女人在一起，这是一个人能遭遇的最惨的事情了，什么事也做不了。于是我对自己说："加博能救我。两男两女，这样就另辟蹊径了。"我去了加博那儿："兄弟，我有一事相求。"这是个美丽的故事。他对我说："我需要修改《恶时辰》的第三章。""你签了合同还是什么？"我问他。"我制订的计划是今晚修改第三章。"没办法。没辙。这世界上最简单的莫过于"我明天再做，我晚点再做"。他却没办法拖延。

何塞·萨尔加尔：我记得加博写《族长的秋天》时，他从早上五点就开始读书，但不会读到太晚，因为他总是会在停笔后和朋友们喝酒聊天，不过的确有几天他的工作强度非常高，持续了很长时间。

吉列尔莫·安古洛：他生活的一部分是和朋友分开的。他早上工作，下午和朋友们在一起。但早上他不和任何人讲话，他一个人在那里工作。沉浸在自己的世界里。

胡安乔·希内特：当他写玻利瓦尔的时候……那本书叫什么来着①？有一天阿方索对我说："老师，我需要去一趟索莱达②。我知道您跟那边有联系。"于是我们一起去了那儿，他说："我得办几件事。带我去市政厅，据我所知玻利瓦尔曾经睡在那里。"我有出入市政厅的权限，因为我之前担任索莱达人民银行行长时为市政厅提供过帮助。而且我还送了点东西给门卫。于是他们就让我进去了。我给你讲讲接下来的故事。我对他说："老师，您想调查什么？""你马上就会知道了。"进去以后我说："这位是富恩马约尔老师。是这样的，我想要知道当时玻利瓦尔睡在哪里。"接待我们的人说："据说是这儿、这儿，还有那儿。"我们走上了楼梯。"啊哈，阿方索，你想要的是哪个？"他说："不，他应该会把吊床挂在这儿，从这里可以看到广场，就是教堂前面那个广场。"

我们为这事去了两次索莱达。最后我说："好吧，所以您来这儿到底是为了什么？""其实是加比托正在写关于玻利瓦尔的事。"

加比托需要阿方索的帮助，让阿方索给他修改这修改那。你说得没错：因为小说里的情节不能自相矛盾。他的确去了那里，从那里望向窗外，又在那里想些有的没的。浑蛋！他就是没写是我们两个把吊床挂在那的。

---

① 此处提及的书是 1989 年问世的历史小说《迷宫中的将军》，描写了南美独立战争的领袖西蒙·玻利瓦尔最后的十四天。
② 哥伦比亚北部城市，在大西洋省境内。

何塞·萨尔加尔： 他打电话问我："你不记得了吗？我上哪儿可以找到那个？"然后他就派人去图书馆找某样东西的底片。他必须做到完美。颜色、氛围和音乐都得非常精确。如果他说"那是维瓦尔第[1]的低语"，那么就一定是维瓦尔第的。所以我的结论一直都是——我之前也说过——能够美化新闻事实是人类的特权，因为现实每天都很残酷，通过文学、音乐和诗歌去美化现实。

爱德华多·马尔塞莱斯·达孔特： 他举过一个例子，我觉得是说明这一问题的最佳例证。他说自己还小的时候，有一次家里的厨娘，也就是女仆，曾经失踪过。有人问："她出了什么事？""想象一下，她当时在外面晾床单……"那个人提这个问题其实是想为难他。你明白我的意思吗？然后……呃……她就飞走了。那个画面就刻在他的脑内。

拉斐尔·乌略亚： 加博脑中那些奇妙的故事让我感到惊讶。前不久他跟几个朋友聊天，回忆起那些哭丧妇，也就是为死者号哭的老妇人们。号哭者。其中有一个叫帕奇塔·佩雷斯[2]，她是哭丧冠军，加博说她太能哭了，能把死者的一生浓缩在一声号叫之中。他的说法太精妙了。所以我很喜欢他讲的故事。

---

[1] 安东尼奥·卢奇奥·维瓦尔第（1678—1741），意大利作曲家、小提琴演奏家，代表作有《四季》。
[2] 在《回到种子里去》中，这位哭丧妇叫"帕恰·佩雷斯"，"帕奇塔"（Pachita）为"帕恰"（Pacha）的指小词，表亲昵。

爱德华多·马尔塞莱斯·达孔特：的确，一点没错，他拥有得天独厚的记忆力。我给你说件事吧，你还记得自己八岁的时候听的故事吗？他脑袋里一直都记着这些故事。不是突然就蹦出来的……是经过了一整套程序的处理。

何塞·萨尔加尔：《生活》① 杂志还在发行的时候……教宗圣若望·保禄二世 ② 刚即位时……加博在古巴，他被委托和教宗谈话，请教宗在古巴释放几名因犯。结果他没能争取到和教宗对话的机会，于是就耍了一些奇奇怪怪的花招。罗马的一位波兰伯爵夫人打电话给他说："请准备好，我随时有可能打电话请您来罗马，安排您和教宗会面。"这个故事太长了，我长话短说，伯爵夫人早上五点打电话给加博说："您现在立刻来，我为您预约了早上七点和教宗会面。"于是他就从巴黎去往罗马，他想到的第一件事就是找一件最体面的衣服，一件西装外套。他跟朋友借了一件，但他穿着嫌小。关键的时刻到了，他到了罗马……听我讲，教宗身穿白色，坐在教座上，加博手足无措，就用右手做这样的动作。因为教皇坐在那里向他做这个动作，加博就这样回敬。他们建立起了联系，但教宗并不知道全部的秘密。他走进了会面室，木质地板锃光瓦亮，中间摆着一张桌子。他和教宗都走了进去。教宗把门关上，留下加博和他独处。加博说那时候他想的是：假如母亲看到我这个样子会说什么？故事开始了，他们谈了起来。他的确在

① 美国杂志，1883 年至 1972 年间以周刊形式发行，1972 年至 1978 年间以特刊的形式间断发行，1978 年至 2000 年间以月刊形式发行。
② 教宗圣若望·保禄二世（1920—2005），亦称约翰·保罗二世，本名嘉禄·若瑟·沃伊蒂瓦。出生于波兰，于 1978 年 10 月 16 日被选为教宗，是第一位波兰裔及斯拉夫裔教宗。

会面中跟教宗提到了释放囚犯的事情，这事在杂志上刊登了。晚上梅塞德斯问加博："怎么样啊？""和教宗的会面很完美，我觉得很顺利。""没出一点怪事吗？""你听我讲。后来我不得不去做点别的什么事，但是你听我讲……啊，纽扣！纽扣怎么了呢？我穿着西装外套和教宗一起走了进去，结果就在踏进门的那一刻，嘣的一声，西装上的纽扣掉了，叮叮当当地滚到了中间的那张桌子下面。教宗朝我走过来，弯下腰，然后我看见了他的平底鞋。教宗站起来，把捡起来的纽扣还给我。"还有一些其他的细节，比如离开的时候，教宗不知道怎样才能把门打开，也不知道怎么把瑞士近卫队叫来，于是我们两个就被关在房间里出不去。他那时候记不清细节了，但这依然是一个很长的故事，因为他现在已经想起来伯爵夫人和有关的一切了。根据当时发生的事情，他能写出另一本《百年孤独》。

罗丝·斯蒂隆： 他笔下的人物极为浪漫，哪怕故事与挖掘和修道院有关 [1]，或者类似于《一起连环绑架案的新闻》里的故事，他都能保有纯粹的浪漫气息。这么说吧，他爱人类。他爱生活！

何塞·萨尔加尔： 我认为现在没有人会在打电话上花那么多钱，但他根本不在乎电话费。他随时随地都会打电话。就在电话里讲故事。他只要有一点特别的事情就会打电话给吉列尔莫·卡诺，或者打给我，在电话里聊很长时间。他不会算时间。要知道

---

[1] 指《爱情和其他魔鬼》。

他有自己的付费方式。他自己是不会支付电话费的，付费的总是梅塞德斯或者他的经纪人。他会突然说："我们不知不觉已经聊了很久了。"在欧洲打国际长途应该是很大的一笔开销。他也知道，但他一定要把和那颗纽扣相关的最后一个细节也讲出来才会满足。

罗丝·斯蒂隆：我记得他说过成为读者的魔术师是他的职责，但魔术师总是始于现实又归于现实。但作为小说家，他能够在现实之间飞翔，可以随心所欲地写出魔幻的、超现实的东西，用优秀的作品和足够的魔力来打动读者。

圣地亚哥·穆蒂斯：加博具备某种炼金术的知识背景，这种炼金术就是人们所说的魔幻现实主义。小男孩走进厨房对母亲说"这口锅要掉到地上了"，明明锅还好好地放在桌上，但它滑动了起来，掉到地上摔碎了。哥伦比亚有很多这样的事，哥伦比亚是一个相信这种事的国家。如果有人去莱瓦镇①参加集市庆典，就能看到大家往巴士上洒圣水，祈求车子不要在路上失控。就是这样。有很强的宗教背景。或者说，这是一种宗教文化……在加博这里是一种文化。之前其实是一种宗教信仰。

因佩里亚·达孔特：在阿拉卡塔卡有这么一个传闻，某天晚上有人看到他和几个朋友乘车在镇子上转悠。但他说自己那时候没回阿拉卡塔卡。

---

① 哥伦比亚博亚卡省旅游城市。

圣地亚哥·穆蒂斯： 我认为在加博身上发生的是这么回事：这个国家有口述的传统。或者说，文学并没有占据重要的地位，口述的传统也开始有点陷入困境了。城市开始变得非常重要，出现了完全从异乡传入的东西，民间文化开始停滞不前，地位受到威胁，人们不再口述故事。目睹这一变化的加博重拾了这一传统，开始从口述转向文学。

拉蒙·伊良·巴卡： 通过加西亚·马尔克斯，全世界得以了解我们这里人人皆知的事情。它们走向了国际。全世界都知道了阉鸡的故事……这是一个永远陪伴着我们的故事。

拉斐尔·乌略亚： 我觉得他的伟大之处就在于他的想象力。没有这种想象力，他就会把一些看上去难以置信的问题抛给世界。但是他说话的方式……他是这么描写铁砧① 的："一只金属蚱蜢沿着马格达莱纳河岸在城镇间穿梭跳跃。"他把铁砧比作金属蚱蜢，把科技的产物和蟋蟀联系了起来。越简单越好。

拉蒙·伊良·巴卡： 在石鹬鸟的故事里，加西亚·马尔克斯加入了《特里与海盗》② 的内容，大家都说："看哪，这是加西亚·马尔克斯的新创作。"才不是呢。《特里与海盗》是周日画报上的连

---

① 此处为叙述者口误，或者作者听错了，弄混了两个发音相似的词。《霍乱时期的爱情》中将"容克斯水上飞机"比作了"蚱蜢"。
② 美国漫画家米尔顿·卡尼夫创作的动作冒险漫画。

载漫画。1929 年，巴兰基亚印刷发行了最早的彩色周日画报，实际上每个人都会在周六花上五分钱买周日画报。我记得当时我就经常买。上面有《小孤女安妮》①《温妮·温克尔》②《泰山》③。他把《特里与海盗》的故事写进了一篇小说里。

何塞·萨尔加尔：写《百年孤独》里的美人儿蕾梅黛丝时，他赋予了一个普通女孩某种圣洁的形象、某种象征，就像最初在圣母玛利亚身上发生的事情一样。他通过文学使女孩的形象得到了升华。严格来说，升天的并非美人儿蕾梅黛丝本身，而是在小说人物的概念中，一个圣洁的形象。这是美化故事的方式。虽然和基本的事实相违背，但可以把故事讲好。像《霍乱时期的爱情》……他认识故事里的人物。其实那是加博父母的故事，但他是从外公那里知道这个故事的。他就开始回忆，参照着写，故事就这样慢慢成形了。有些事情外公从来没想起来过，但他重新塑造了故事，就像教宗手里的那颗纽扣一样。加博真正的天赋就是他超凡的记忆力和认真确认事实的负责态度，这样就不会偏离现实。还有就是他美妙的文学语言。他有掌控语言的能力。首先他为了能写好小说，专注于研究经典名著、现实主义文学、诗歌和音乐。加博也是一名音乐爱好者，他的脑中常有音乐和诗歌相伴，所以他一听到好故事就知道该怎么讲述。他不会天马行空地讲述，因为他

---

① 美国漫画家哈罗德·格雷创作的每日连载漫画。
② 约瑟夫·梅迪尔·帕特森提出构想，由马丁·布兰纳作画的漫画。故事从 1920 年开始连载，于 1996 年完结。
③ 美国小说家埃德加·赖斯·巴勒斯于 1912 年发表的小说《人猿泰山》中的主角。1929 年，漫画家哈尔·福斯特首次将小说改编成漫画。

有做新闻报道的责任心。新闻报道不能添油加醋，必须如实记录。

罗丝·斯蒂隆：他在这方面做得极好，因为他是做记者出身的，我想他总是考虑到这一点。他把新闻看作一种文学体裁，和虚构小说一样是一种体裁。他写什么都有新闻的感觉，哪怕他写有人飞上了天。

拉蒙·伊良·巴卡：他的作品只有一半是魔幻现实主义的。也许学者们对加西亚·马尔克斯的魔幻现实主义做了很多研究。关于魔幻现实主义，我只能说我们沿海地区的人听了很多真正的魔幻现实主义的故事，而且它们在这里流传甚广。比如，我来给你讲一个圣马尔塔的达里奥·埃尔南德斯老师的故事。我在《德博拉·克鲁尔》里讲了这个故事，讲给全世界听。达里奥·埃尔南德斯老师去过布鲁塞尔，和所有圣马尔塔的正派人一样。他没那么富有，但去过布鲁塞尔，在那里学钢琴，为阿斯特丽德王后弹奏过。他回到这里是因为，当时是 1931 年、1932 年左右，我记不清是哪一年了，发生了纽约股灾①。于是很多人不得不赶紧回来，因为香蕉出货量下降，通货紧缩，也就是大萧条②。于是达里奥回到了圣马尔塔。当时圣马尔塔俱乐部刚建成，人们自然会对他说："弹些什么吧，达里奥。"于是他就弹了一曲贝多芬的《月光奏鸣曲》。"啊呀，达里奥，再弹点别的吧。"他又弹了一曲肖邦的《波

---

① 1929 年华尔街股灾，又称大股灾，股市急跌的情况持续了一个月，是美国史上最严重的一场股灾。
② 大萧条是 1929 年至 1933 年间的全球经济大衰退。

兰舞曲》和李斯特的《爱之梦》。"这就是你在那里学的东西吗?你不会弹像《普亚,普亚拉》这样的昆比亚曲子吗?"愤怒的达里奥猛地砸下琴盖,说:"我再也不会在这个镇子里弹任何一个音符了。"达里奥一直活到了九十岁。发生这件事的时候他才三十岁。在那之后他又活了六十年。他是市乐团的指挥。之后他又当了艺术中心的负责人,卡罗尔·贝尔穆德斯和安德烈斯·利内罗斯都是从那里出来的很受追捧的钢琴家。但是没有人听到达里奥弹哪怕一个音符。他和两个老成木乃伊的姨妈一起住在一栋老宅子里,那些经过他家的人说,他把棉花塞在钢琴的琴弦里,每天早上他练琴的时候,人们只能听到咔嗒咔嗒的敲击声。如果说这都不算魔幻现实主义的故事的话,那它算什么呢?这就是达里奥,我们每天都能见到他。

玛格丽塔·德拉维加:我曾经拿平装版的《百年孤独》当礼物送给别人,封面难看极了。之后那一版的封面是花中有一对赤身裸体的情侣,也很俗气。我买了五六本,每当有人请我吃饭,我就带一本《百年孤独》当礼物,而不是一瓶红酒、一盒饼干之类的。我记得有一位女士某天打电话请我去吃午饭,她手上有我之前送给她的《百年孤独》。她书里有十五页写了批注,某一页的某一行,细数了《百年孤独》中从科学的角度来讲不可能发生的事情。比如某场雨持续的时间,又比如和乌尔苏拉一起创建马孔多的老奥雷里亚诺活了太久,他被绑在院子里的木瓜树①上,却还能

---

① 此处为叙述者口误,"老奥雷里亚诺"应该是"老何塞·阿尔卡蒂奥","木瓜树"应该是"栗树"。

活下来。但我的确知道有人把傻子绑在院子里。

"奇迹的"和"魔幻的"是两个不同的形容词。卡彭铁尔非常明确地解释了"奇迹现实主义",因为卡彭铁尔是一位伟大的作家,他就写这一类的小说,而且他是一位理论家,他做过研究。他还是一位民族音乐学家。他的观点之一就是奇迹现实主义之所以发源于拉丁美洲——用现在流行的术语来说——是因为在这里,不同的气候、不同的文明,甚至不同的历史阶段都在同样的时间、同样的情境、同样的时代背景下相遇。所以可能封建主义的旁边就是现代主义。

飞机就在驴子旁边。有电锯、乌兹冲锋枪,也有箭,都在同一个时间里共存。于是有很多人研究了这种交织的现象,尤其是古巴的理论家们,比如费尔南多·奥尔蒂斯在其作品《古巴蔗糖与烟草的对位法》中就解释了跨文化现象,这是他自创的说法,当你同时面对三种文化,土著文化、西班牙文化和非洲文化时,就产生了跨文化现象。就像这位女士列出的那些没有用的批注一样,我记得当时我坐下来说:"我本来应该一条一条地告诉您它们全都是真的,但这也太无聊了。魔幻的魅力就在于去阅读,进入到那个世界里,不要质疑任何东西。"

布拉姆·托宾(纽约电影导演、花卉培育师):事情发生在1982年的戛纳电影节上。我登上了苏姆伦帆船,那年海上最漂亮的帆船,是我父亲的。我当时在欧洲达特茅斯学院,但那会儿放春假了。趁船员和好多欧美各地来的乘客都在船舱里,我一个人站在甲板上。码头上出现了一个四十来岁蓄着胡子的南美人,走过了跳板。他虽然矮，但举止坚定，很有气势。我觉得他并非不速之客，应该是一位不怎么重要的演员。他上船以后跟我打听乘客中的一位女士，但只说出了她的第一个名字。我用英语告诉他，这位女士现在抽不开身，但很快就会上来，然后我就邀请他到帆船中央，那儿的桌子已经摆好了，准备接待乘客。我们就在那儿坐了下来。

在讲接下来的事情前，我得先声明一下，那个时候对于大多数美国人来说，加夫列尔·加西亚·马尔克斯这个名字不像现在这么家喻户晓。我们开始聊天。他说自己不会讲英语，我也不会说西班牙语，于是我们决定用法语聊天，但我讲得很烂。谈话间他显得很沉默，而且明显没有发现我是东道主。这让我心情很差，我感觉他在背诵一些陈词滥调，可他毕竟是我们的客人，于是我赶紧展现出主人般的善意，美国私立大学生的良好教养。也许我们没有法国人的腔调，或者老派英国人的过度自信，但我们有自己的强项：

我：您出生在哪个国家？

他：哥伦比亚。

我：哥伦比亚美吗？

他：美。

（不自在的沉默。）

我：您想喝些什么吗？

他：不用了。

（不自在的沉默。）

我：主厨准备了质量上乘的奶酪和面包。您想来一些吗？很好吃的。

他：不用了，谢谢。

（不自在的沉默。）

我：本次电影节有您的影片吗？

他：没有。

我：我听说《安妮·霍尔》和《E.T. 外星人》超级棒……但每个人的品味不同。

（不自在的沉默。）

我：这天真美……天气真好……虽然有点热，但比纽约好多了。我住在纽约。

他：不错。

我：今年在戛纳参展的影片中有您喜欢的电影吗？

他：《大失踪》。

我：这部我还没看过。

（不自在的沉默。）

我：我一点也不喜欢《安妮·霍尔》。太傻了。真的。

这个时候，开始有人上来了。我立马意识到他不是什么没名气的演员。对于所有人而言，谄媚就跟穿绒布衣服一样罪孽深重，这会儿却个个卑躬屈膝，露出窘迫的像孩子一样的笑容。这个人到底是何方神圣？之后那几天每个人都像布道般地给我讲《百年孤独》……我心想，什么鬼，又是一个作家。我回到美国之后就感觉似乎全国都在读这本小说，于是我才意识到这本书非同一般。没过几个月，他就得了诺贝尔文学奖。去哪儿都能听到大家在谈论加西亚·马尔克斯，我什么也没说。回到学校我决定选一门讲威廉·福克纳的课。老师讲了许多年的福克纳，经验丰富，他在第一堂课上是这么开讲的："今年的诺贝尔文学奖颁给了伟大的加夫列尔·加西亚·马尔克斯。在所有当代作家中，他和威廉·福克纳对地点有同样的认知。我想各位也知道，由于我们过时的移民法案，现在这位文学巨匠无法访问美国。这真是一种耻辱。为了可以跟这位先生一起待上几分钟，我是不会这么做的。"我当时没有举手。

拉蒙·伊良·巴卡：一般我每个星期二都去赫尔曼·巴尔加斯那里吃饭，一小杯咖啡、一小块奶酪，还有些其他的，然后会花很长时间聊文学。但只要加博回到哥伦比亚，赫尔曼就会紧张起来。有一天他跟我说："你今天不能过来吃饭了，因为我要去吉略·马林那里吃饭。"一到那天，他就格外紧张。他妻子苏茜也很紧张。蒂塔·塞佩达到的时候会按照他们约好的方式按响车喇叭，叭叭啦叭叭！我其实知道吉略·马林就是加博，所以我会走开。就这样过了九年左右。有一次他跟我说："你还没和加夫列尔·加西亚·马尔克斯见过面吧？"我说："你已经把他介绍给所有到这里来的美国老师了，却不想把他介绍给我认识。"于是他说："不，现在我们准备去卡塔赫纳了，我得向你介绍他了。你们两个肯定会相处得很好的。"

我和赫尔曼在卡塔赫纳偶遇了，因为我当时在《我的马孔多》的首映式上，这是几个英国人拍的电影，加西亚·马尔克斯出镜了。我也在电影里讲了一小段话。当时我和吉列尔莫·恩里克斯在一起，不过他现在挺讨厌加西亚·马尔克斯的，胡里奥·罗卡也在。那几个英国人对我们说："我们去参加一个生日派对吧，巴耶纳托派对。"于是那一整天，卡塔赫纳的所有报纸都在祈祷不要出现不速之客，不接受这种人，我也不懂，反正就反反复复担心不速之客的出现。于是吉列尔莫说："我和拉蒙就不去了。我们不喜欢巴耶纳托派对。"回去之后，赫尔曼对我说："尿包，你为什么不去？派对肯定棒极了。算了，等下次吧。"结果赫尔曼突然死了。我再也没能认识加西亚·马尔克斯。

米格尔·法尔克斯－塞坦：我见过他，但我真正认识他是在蒂塔·塞佩达家里。她办了一场派对，给回到巴兰基亚的加西亚·马尔克斯接风。那会儿是八十年代，她雇了个服务生，两人一起办了那场派对。拉蒙到门口的时候，门卫拦下了他，不让他上去。"为什么？我有邀请。""不行，先生。"那天糟糕透了。唉！他差点哭了出来。他夹着尾巴灰溜溜地走了。我想，那时候请加西亚·马尔克斯到场应该是一件很难得的事情，因为他刚回到哥伦比亚，所以只有那些最亲密的人才能见到他。从那之后就流传着这么一个笑话："我太可怜了，整个巴兰基亚只有我一个人不认识加西亚·马尔克斯。"每一条"蜥蜴"，每个人都为他开派对，邀请他来参加。拉蒙是唯一一个没见过他的人。

吉列尔莫·安古洛：我来给你讲讲我的故事，特别令人心酸。我没有在加博的作品里看到一丁点来源于我的东西，除了他在一篇报道中提到的一件事。我的一个朋友当时正在阿拉卡塔卡建蓄水池。他跟我说："天太热了，我们只能在晚上工作，戴着手套才能搬金属板，因为它们还是很烫手。"加博把这件事写进了报道里。

爱德华多·马尔塞莱斯·达孔特： 辛塞莱霍曾经举办过一次作家会议。大概是 1984 年、1985 年左右的事情。那时候加西亚·马尔克斯住在卡塔赫纳，我住在巴兰基亚，打算去辛塞莱霍。我路过卡塔赫纳的时候停留了一会儿，给他打了个电话。我对他说："加博，我到你这里了。"他说："那来吃午饭吧。"我说好的，然后就去吃午饭。因为那时候他还没有安顿下来，所以经常住在他妹妹家，在博卡格兰德①。我们一起吃午饭的时候，他问我："爱德华多，有什么新鲜事吗？阿拉卡塔卡有什么事吗？"我说："阿拉卡塔卡没发生什么事，但我可以跟你讲讲我的舅舅加利略·达孔特……"那时候我的舅舅加利略·达孔特刚去世。唉！他是我们家里跟加博关系最好的朋友，他和我的舅舅同岁，从小就认识。但是我舅舅死了。我问他正在写什么，他给我讲了一点，当时他在写《霍乱时期的爱情》。你知道发生什么了？后来我读《霍乱时期的爱情》的时候……有一个人物就叫加利略·达孔特。是谁来着？就是给那个摔死的医生当车夫的人。那个车夫就叫加利略·达孔特。于是我就想，也许当年我去看他的时候他正好在写这一部分……那时候我告诉他，舅舅去世了，他就把舅舅的名字写了进去。在《雪地上你的血迹》里甚至有一个叫内娜·达孔特的人物，她是我姨妈，大家老是叫她内娜，内娜·达孔特。

后来我们告诉她："姨妈你看，加博……"她说："啊，是的，

---

① 哥伦比亚卡塔赫纳的街区。

是那个加比托……你要知道加比托的记忆力……"实际上，姨妈和书里的人物并不像。他只是借用了她的名字。

玛格丽塔·德拉维加：《霍乱时期的爱情》是他 1982 年到 1985 年间写的。加西亚·马尔克斯塑造了一个出生在卡塔赫纳古老家族的人物，出国留学，然后又回到了故土。加博借用了我父亲的经历，讲述了他当年离开卡塔赫纳去巴黎学习，回来后谋生的故事，也就是书里的胡维纳尔·乌尔比诺。但那段爱情故事跟我父亲没有任何关系。与父亲有关的就是他的人物背景，他出生在卡塔赫纳的传统家庭，卡塔赫纳的家族普遍都很传统，不像我的朋友和其他人的家庭背景总是多种多样的。我看到这个人物的时候说："不，《霍乱时期的爱情》里那个人物不是我父亲。"他对我说："弗洛伦蒂诺是我父亲。我们不能把这个设定去掉。"然后他又说："我想用某种方式改写我父母的爱情故事。"我记得那段时间他父亲病了。弗洛伦蒂诺·阿里萨的原型是他父亲，医生的妻子费尔明娜·达萨的原型是他母亲。胡维纳尔的原型是我父亲，他娶了费尔明娜，也就是加博的母亲。我母亲没有出现在故事里。他从十九世纪的爱情故事里汲取灵感改写了父母的爱情。正因为这样，我才说父亲对这部小说的影响更多体现在风格上。它就像十九世纪的巴尔扎克式小说，人物众多，有多样性，是一个时代的画像。爱情故事很重要，但不是根本。爱情故事是他的灵感源泉。他总是想写一些新颖的、与众不同的东西。

我的父亲不是因为一只鹦鹉死的（像乌尔比诺医生那样），但他的确差点因为动物丧命。人们送给他鹦鹉和各式各样的动物。

我们养了一只叫贡萨洛的金刚鹦鹉，它经常在家里游荡，跳舞，什么都干。

吉列尔莫·安古洛： 他的文学经纪人告诉我，《纯真的埃伦蒂拉》中摄影师的原型是我，但其实不是……我是说，我是摄影师，那个人物也是摄影师，这是唯一重合的部分，除此之外没有出现任何我对他说过的话。他一定是做了加工，但太复杂了，无迹可寻。

卡梅洛·马丁内斯： 我是以克里斯托的身份出现的，他是卡耶塔诺的朋友，但加比托没有在小说里描述他，做了留白处理。他的原型也许是我，也有可能是卡耶塔诺的某个死于脑癌的表亲。

吉列尔莫·安古洛： 不能轻易觉得"是我启发了这部作品"。得抛弃这种想法，因为我认为最大的灵感之源是他的外婆、母亲，他的家族。我记得他给我讲过的事情、家人说的话，加博把这些写了下来。当然，他会把这些事情讲给你听。女眷梳头的时候，外婆会对她说："晚上不要梳头，船会迷失方向……"上校也是他的家人。整个家族都是他积攒的财富，供他受用一生。

我没有发现任何和他朋友有直接关联的事，哪怕我很了解他们，我很了解每个人。他的确会从朋友那里抢走一些点子，但都是光明正大地借用。比如最先开始写《迷宫中的将军》的是穆蒂斯。加博从中挖出了一部分，对穆蒂斯说："这事你成不了。我要从你这里抢走它。"到此为止。也就是说，那是偶然的事情，因为穆蒂斯恰巧也讲述了玻利瓦尔生命的最后时刻，但你可以两本都读，这两本书同时存在，你不能说"加博，你剽窃了"。他的加工处理太复杂了，所以已经不是单纯的借鉴了。

拉斐尔·乌略亚：他在书里描述的那个家伙，那个来到马孔多、改变马孔多的吉卜赛人，和加博的父亲很像，做了各种各样的事情。还有他在有关布拉卡曼的短篇故事①里写到的疯子。我告诉你，那个原型是豪尔希托，他是辛塞人，被一条蛇咬了。故事里那个人跟豪尔希托有点像。因为，我之前也说过，豪尔希托也做香脂之类的东西……"现在诸位会看到一条三色矛头蝮蛇……"当然他事先把蛇的牙齿给拔了。

何塞·萨尔加尔：《百年》不是一则新闻报道，但有着新闻背景，也就是在瓜希拉发生的悲剧，沿海住民的生活，人们的想象，因为每个人物都是真实的。因为吉卜赛人就在那儿卖东西。乌尔苏拉。每个人物都有现实的背景，让他们成了新闻人物。故事结束在香蕉种植园的悲剧里，《百年》中的很多人物都会在那场事件中死亡。此外，他从"洞穴"的很多人那里借用了名字。他把名字组合在一起，把年轻时最美好的回忆汇集到了一起。

埃曼努埃尔·卡巴略：我觉得那是……我知道那是巴兰基亚人的说话方式，但他自创了一个组合词语的方式，造出了和当时已有的各种风格不同的风格。他用这种语言风格掀起了新时尚。不

---

① 指《出售奇迹的好人布拉卡曼》，收录于《世上最美的溺水者》。

仅仅是这种语言风格，还有他超凡的想象力！一种创造力。在我看来简直是一种发明。既不是哥伦比亚词汇也不是墨西哥词汇，但那些词听上去很顺耳，述说着重要的事情。

罗丝·斯蒂隆： 我觉得他是一个非常非常有深度的人，同时很有创造力。我听他说过，为了阐释创造的奥秘，他愿意做任何事。他会坐下来和学电影的学生交谈，或者跟其他任何一个人交谈。他说自己从来没有触碰到奥秘的精髓，但他时刻准备着继续探寻，深入挖掘。

何塞·萨尔加尔： 他就像一台优秀的录音机，能记录下一切。只要出现一个话题，他就能转上一圈。他有自己的节奏，舒适的讲故事的节奏。他本来故事听得好好的，但是会突然向你提问。他一定要保持交流。我想，他总能回归到谈话者人生中最核心的那些事上。他会问你："啊哈，你记得佩罗·桑切斯（一名摄影师）吗？他来自哪里？谁给他起了佩罗这个名字？为什么叫他佩罗？[①]"就这样，他开始调查他的生活。我不知道他这么问是有意还是无意，但他当时在写一本关于佩罗·桑切斯的小说。他是一个可敬的存在。

圣地亚哥·穆蒂斯： 现在的加博很会加工处理。他会讲故事，文学故事。不是说故事不真实，只是经过了文学加工。

---

① 佩罗（Perro），"perro"在西班牙语中是"狗"的意思。

吉列尔莫·安古洛: 他是一个寻找作者的人物。他找到了那个作者。

杰拉德·马丁: 我第一次见到他是 1990 年在哈瓦那,在他家里。我觉得自己之前活那么久就是为了那一刻。我们相处得非常融洽,这种感觉好像不存在于这个世界一样。我们连续聊了四个小时。只要他想做什么,就能把它变成奇迹。我们聊得太开心了。那天结束时他对我说:"你明天几点来?"你可以想象,我离开他家的时候简直幸福到可以起飞。第二天我又去了,却看到了另一个他。我一坐下,他就对我说:"您知道吗?昨晚我没睡着,一整晚都在拉丁美洲的文学迷宫里畅游。"我立马惊慌地觉察到,他说的是我写的《穿越迷宫之旅》(1989),想必是某位朋友(在英语中我们会带有讽刺意味地说"好心人"[1])借给他的,我在书中批评了《族长的秋天》。"族长是我自己,"他说,"是我的自画像。如果你不能领会这一点,而且不喜欢族长,你怎么能给我写传记呢?"那一晚加博发现自己很难和传记作者成为朋友,但即便如此,我们还是相处得很好,只是我们成不了知己。我们再也没能找回初次见面时的那种亲密,但也永远不会忘记,当时的记忆长存。

圣地亚哥·穆蒂斯: 是的,加博结识了很多真正意义上的好人,他们慷慨又优秀,所以加博总是满怀感激。他有值得感激的人。表达感激之情就是人道,只不过是喷涌而出的人道。我认为,

---

① 原文为英语:well-wisher。

加博就是人道，他的书就是人性。

卡门·巴塞尔斯：1994 年，他把《爱情和其他魔鬼》的手稿样张带给我的时候，我有点难理解他写给我的献词。献词是这样的："献给浸在泪水之中的卡门。"这是他在我那本《族长的秋天》上留下的献词，因为当时的出版过程简直是一场灾难。就写在他送我的第一版《族长的秋天》上，那本书当时就已经散架了。我既不是特别明白这句话的意思，也没能及时反应过来，他是在把那本书献给我。

"献给卡门·巴塞尔斯。"那一刻非同寻常，那些细节至今历历在目，他的出现，他带给我的手稿，以及后来发生的所有事情，但我确实不知道自己当时有没有把我的感受传达给他，我想应该没有。我没传达给他，没有很好地表达出来。

古斯塔沃·加西亚·马尔克斯：一开始我说过，我和加比托曾经比过谁的记忆力更好。比如，加比托不记得 1951 年洛萨达出版社曾经派代表来卡塔赫纳寻找作家，代表问他有没有写好的小说。他对我说"过来帮帮我"，然后就把《枯枝败叶》的原稿拿出来读。读到一半，他突然停下来说："写得不错，但我要写一本比《堂吉诃德》流传更广的书。"

玛利亚·路易莎·艾里奥：这张照片里有我和加夫列尔，还有我的儿子迭戈，是在加博家里拍的。那天很有趣，他在写作，但他让我们进屋，这种情况很少见。我不知道那个时候他在写哪本小说。他对我说："我全都写到了这台机器里。"也就是电脑。他又说："但是，以防万一，你看。"说着他打开了抽屉，他还用打字机打了一份稿子。

起点

基克和胡安乔已经喝醉了，但坚持要喝"起点"。在巴兰基亚，最后一瓶威士忌被称作"起点"，因为总有喝不完的威士忌。

胡安乔·希内特：奥夫雷贡老师有天打电话跟我说："胡安，你过来，明天我要去吃一顿饭，有个大人物在我们这儿，我们想让你也来。"于是我就去了，发现加博和梅塞德斯带着两个孩子来了。我不知道发生了什么事，他告诉我："其实我得了诺贝尔奖。"浑蛋！我立马起身就走，亚历杭德罗也和我一起离场了。

基克·思科佩尔：亚历杭德罗还活着的时候，我在卡塔赫纳见过他。后来他死了，我就再也见不到他了……当年的扯淡者里，有阿方索·富恩马约尔，有阿尔瓦罗·塞佩达，还有……

胡安乔·希内特：赫尔曼……他经常提到他们。格兰德大妈去世的时候，他说几个"洞穴"的扯淡者去参加了葬礼。你看，阿尔瓦罗很早就死了，英年早逝，只活了四十二岁。阿方索·富恩马约尔，从"洞穴"去了天堂。亚历杭德罗也是他们的朋友。加夫列尔·加西亚·马尔克斯，加比托，把他们变成了《百年孤独》里的人物。

基克·思科佩尔：阿方索，对我来说……让我们来定义一下

"朋友"这个词。朋友是……很少的。你也许会有四五个朋友，不会更多了。阿方索是加比托为数不多的真朋友之一。亚历杭德罗、阿尔瓦罗和赫尔曼都不是像阿方索那样的朋友。阿方索是加比托的真朋友。你为什么会跟一个人成为朋友呢？因为……当你陷入爱河，当你爱上一个人的时候，是因为什么呢？因为你爱上了。那为什么你会爱上一个人呢？你不知道。你就是爱上了。

胡安乔·希内特：我就是这么说的。听着，基克：他把从我们这里听到的那些故事唰唰唰地写了下来。所以塞佩达对我说："他妈的，妈的！"其中甚至还有一句俗语是我从祖父那里听来的。"让扇子见鬼去吧，现在已经是微风的季节了。"这句话出现在了讲述老人之间的爱情的书[①]里。有位老人路过镇子的时候说："让扇子见鬼去吧，现在已经是微风的季节了。"

他之前经常来这儿，见富恩马约尔。富恩马约尔死后，他就不再来这儿了。但凡有人讲起富恩马约尔，就会同时提到加博。富恩马约尔1994年去世了。"加博的朋友死了。"这是《时代报》上的一小段，是这么写的：

富恩马约尔和加西亚·马尔克斯、阿尔瓦罗·塞佩达·萨穆迪奥、赫尔曼·巴尔加斯·坎蒂略、画家亚历杭德罗·奥夫雷贡、实业家胡里奥·马里奥·圣多明戈经常在"洞穴"相聚，一同谈论、研习文学。

---

① 即《霍乱时期的爱情》。

基克·思科佩尔：那个时候的加比托是个傻小子，没有钱，屁都没有，也没文化。现在他很有学问，这是事实，但他不是生来就有文化，他是个穷人，但那不是他的错。他有太多优点了，这些自身的优点足以让他登上人生巅峰。他是凭借自身的优点登上巅峰的，没有人向他伸过援手。他独自一人凭借顽强的意志赢得了这样的地位。因为他太他妈顽强了！他就是凭借顽强的意志才赢得了地位。那是他应得的，是他自己争取到的。因为如果一个人像他那样努力，那这一地位就是应得的。是他应得的，因为他的一生都为了这一件事而努力。他曾经……

杰拉德·马丁：基克·思科佩尔和胡安乔·希内特为加博抢走阿尔瓦罗的点子这件事愤愤不平，因为和加博相比，他们跟阿尔瓦罗的交情更深。阿尔瓦罗的确有让人无法抗拒的性格，而且也是很有才华的作家，但显然他没有加西亚·马尔克斯那么重要。他们两个从同一样东西上汲取养分。加博吸收了全部的养分，全部。他肯定抢走了阿尔瓦罗和罗哈斯·埃拉索的那部分。他取走了自己需要的那些，把它们变成自己的东西。这不叫剽窃，这叫天赋。

基克·思科佩尔：如今人们敢把他拿来跟莎士比亚和塞万提斯作比较。就凭这？别他妈逗我了！你还想知道些啥？不说了！不说了！我喝完这瓶就走了。

后记：一觉醒来我们都老了

格洛里亚·特里亚纳：加博八十大寿的时候，我们在阿尔维托·阿维略家里吃午饭，阿尔维托是圣马尔塔人。他坐在沙发上，我们坐在地上的坐垫上。他一直没有说话。后来有人提到了圣地亚哥·穆蒂斯，也就是他一生的朋友阿尔瓦罗·穆蒂斯的儿子，正在办理退休金。顺着这个话题，我说："如果你不再见某个人，那他就定格在了你最后一次见他的记忆里。"我还说："圣地亚哥年纪轻轻就有退休金了。"在他人生的最后阶段，他既不展开长时间的对话，也不争论任何事，他只是……说一些类似于格言的话。当然他说的所有话都带有他和他作品的风格。谈起刚刚这个话题时，他用自己的语气说："我不知道发生了什么，但一觉醒来我们都老了。"

海梅·阿维略·班菲：他一直维持着自己的日常作息，直到生命的最后一天。他会打扮自己，总是穿得很优雅，然后去自己的办公室，陪伴他多年的秘书莫妮卡·阿隆索会在那儿等他。但我不知道他在办公室里做什么。我想他会读书吧，但不知道他读些什么。之后他会和妻子一起吃午餐，或者就像墨西哥人说的，吃饭①。他们的午餐总是很不错，因为午饭非常重要。餐前要有一道开胃菜。梅塞德斯会喝一杯龙舌兰酒。加博喝香槟。下午他们会

---

① 西班牙语中，吃午饭有两种说法。此处前者为"almorzar"，特指吃午饭；后者为"comer"，意为"吃"，在墨西哥有"吃午饭"的含义。

处理家务事，晚上就跟世界上的其他伴侣一样看一部电影。

阿尔瓦罗·穆蒂斯和加西亚·马尔克斯

格洛里亚·特里亚纳：在最后的几次卡塔赫纳之行中，他都身着一袭非常完美的白衣，看起来挺平静的。我一见到他就能感受到温柔亲切，因为他会和我交流。他非常热情地和我打招呼，但我觉得他其实并不知道自己在跟谁打招呼。

达涅尔·帕斯托尔：梅塞德斯八十大寿的时候，他看上去很高兴。他戴着一顶希腊式水手帽。我和他儿子贡萨洛从少年时期就是朋友。我感觉加博没认出我来，但是他很温柔地握住我的手，亲了一下，对我说："和真正的朋友们在这里相聚真是太好了。"

格洛里亚·特里亚纳：有天下午我到他们在卡塔赫纳的家里做客，他和梅塞德斯都在，他当着梅塞德斯的面握住我的手，对我说："你知道我每天都在想你吗？"我说："我也想你，加博。"他又说："你之前为什么没告诉我呢？"梅塞德斯就站在旁边，我对他说："因为我觉得梅塞德斯不喜欢听到我对你这么说。"于是他说："不不不，她不会说什么的。"就像这样，他很热情，但同时又很平和，像个孩子。你不会见到他难过的样子，也不会见到其他情绪。

卡利托斯·冈萨雷斯·罗梅罗： 加博像老鹰一样翱翔。他拥有纯粹的友善。他穿着短靴和格纹外套，肯定有不少短靴和外套。我刚才还见他坐在墨西哥城的办公室里。在他的黄金岁月，在午后的光线里，他比以往任何时候都更英俊。他想跳舞。他一直说："有谁要跳舞？你看上去一脸要跳舞的样子。带我一起跳吧！"我想对那些说他记忆力衰退的人说："你们还想怎样？他费尽脑力才能写出这些书来给我们看。"

罗德里戈·莫亚： 一年前我在他家吃午饭的时候见到了他。他和我坐在一起，把《百年》的特别版献给我："献给堂加博的堂罗德里戈。"但是我们没有更多的交流。我的妻子苏珊娜和他相处得很融洽，他很喜欢苏珊娜。她就坐在他的右手边。有一刻，他不得不站起身让别人给他按摩之类的，于是苏珊娜扶他站起来，他很惊讶，转过身来。等他看到扶他站起的人之后，就一直盯着她，露出灿烂的微笑，说："啊，真好。"

格洛里亚·特里亚纳： 我在卡塔赫纳给加博办了最后一次欢送会。去年他们回墨西哥之前，在这里住了三四个月，我对梅塞德斯说想给他们送行，做一顿午餐。她知道在我办的聚会上会有现场音乐，有波罗①、巴耶纳托、昆比亚，都是他最喜欢的。她说："等等，贡萨洛和我的孙子们要来了，我想让他们一起参加。"我对乐手们说："他一走进来你们就开始演奏。"他是跳着波罗舞进来的。他高兴极了。那是他给我留下的最后印象。那是我最后一次见到他。

卡门·巴塞尔斯：我记得非常清楚。我最后一次见到他是在巴塞罗那，在我家里。我希望这段记忆能一直陪伴我到人生的最后一天。

海梅·阿维略·班菲：我4月15日星期一那天到墨西哥城参加一场新闻界的会议。我打电话给梅塞德斯，感觉她很平静。加博很虚弱，但身体状况稳定。我计划完成工作任务后去看他们。星期三我又给她打了一个电话，却感觉到情况有变。"怎么样了？"我问她。"不好。"她简洁地回答道。我立刻和卡塔赫纳的团队沟通，让他们做好准备。

吉列尔莫·安古洛：我坐上了飞机。下午一点十五分到了他在佩德雷加尔的住所。加比托是十二点零八分去世的。加博的大儿子罗德里戈对我说："你能来真是太好了。我们人越多就越好分担这份痛苦。"

---

① 哥伦比亚加勒比地区的一种舞曲类型。

海梅·阿维略·班菲：房子周围都是记者、相机、手捧黄花的崇拜者，很难进入。我坐出租车从费戈街进去，但警察把我拦了下来。我把身份证给他们看，说自己是加夫列尔·加西亚·马尔克斯基金会的负责人，他们这才让我进去。我进去后发现什么都没准备好。好在一切问题都迅速地解决了，不过是按他们一贯的行事风格来的。墨西哥政府宣布将在艺术宫为他举办全民哀悼会。我星期五下午五点和他的儿子贡萨洛谈了谈，他说除了加博喜欢的巴托克①等作曲家的室内乐外，他还希望安排一支巴耶纳托乐团来陪伴那些排队等待进入艺术宫的人们。

吉列尔莫·安古洛：我是除了家属之外，唯一一个见到加博遗容的人。他看上去很好，很安详，我吻了他的脸颊作别。直到他去世之前一直奏响的巴耶纳托最终归于宁静。

卡利托斯·冈萨雷斯·罗梅罗：那天我在厨房遇见了梅塞德斯，她身边围着儿子、儿媳妇、孙辈和安古洛老师。她很平和安详，穿着很有母老虎气质的衬衣和鞋子，手里拿着烟，还有一杯银龙舌兰酒，正在打电话。每一通电话都很短，她静静地听着，不怎么说话，快结束时说了一声：谢谢。第二天我回到那里时，骨灰盒已经放在了他的书房里。我走过去，献上了一朵黄玫瑰。他的秘书莫妮卡就在骨灰盒旁边，我们聊了好一会儿。

---

① 贝拉·维克托·亚诺什·巴托克（1881—1945），匈牙利作曲家，二十世纪最伟大的作曲家之一。

吉列尔莫·安古洛：出发前，梅塞德斯对我们这些要去艺术宫的人说："这里不许有人哭。在这里都得像哈利斯科 [①] 的纯爷儿们那样。"

卡利托斯·冈萨雷斯·罗梅罗：我有几个袋子，里面装满了从哥伦比亚带来的纸做的黄蝴蝶。两位总统已经讲过话了。我们想打破肃穆的氛围。有几台电风扇能让蝴蝶飞起来。

卡特亚·冈萨雷斯：看看外面，它们飞起来了。我们去那儿吧。

加博万岁！加博万岁！

塞西莉亚·布斯塔曼特：加博万岁！

塔尼亚·利维尔塔：加博万岁！

未知的声音：加博万岁！

---

① 哈利斯科州位于墨西哥东南部，首府为瓜达拉哈拉。

主要口述者简介

玛利亚·路易莎·艾里奥：小时候逃难到墨西哥城，是西班牙共和党人的女儿。她与诗人、电影制片人赫米·加西亚·阿斯科特结婚，他是共和党外交官的儿子。他们是二十世纪六十年代墨西哥知识分子、作家和电影制片人团体的成员。其丈夫执导的电影《空荡荡的阳台》以流亡为主题，是根据她的故事改编的。《百年孤独》献给了她和她的丈夫。2009年在墨西哥城去世。

内雷奥·洛佩斯：哥伦比亚最著名的摄影师之一。他从"大暴乱"时期就开始用影像记录哥伦比亚，获得了所有可能获得的奖项。曾以《观察家报》的摄影记者身份住在巴兰基亚，也是"洞穴"团队的一员。他是陪同加西亚·马尔克斯去斯德哥尔摩参加诺贝尔授奖仪式的随行人员中的官方摄影师。1997年，八十岁的他为了"打开新视野"移居纽约。2015年，他在纽约去世，享年九十四岁，丢下了一堆未完成的摄影项目。

格雷戈里·拉巴萨：翻译家，将西班牙语和葡萄牙语作品翻译成英语，为美国公众呈现了拉丁美洲文学爆炸时期的作品。他是《百年孤独》的英语版译者，还翻译了加西亚·马尔克斯的另外几部作品。凭借翻译《跳房子》获得国家图书奖。胡里奥·科塔萨尔将他推荐给加西亚·马尔克斯，让他负责翻译加西亚·马尔克斯的作品。他翻译过的其他作家包括：若热·亚马多、何塞·莱萨马·利马、克拉丽斯·利斯佩克托和马里奥·巴尔加斯·略萨。他久居纽约，生前的最后几年致力于翻译已故诗人的作品。2016 年在纽约去世。

埃曼努埃尔·卡巴略：墨西哥资深编辑、作家。1963 年加夫列尔·加西亚·马尔克斯偕妻子梅塞德斯和儿子罗德里戈在墨西哥城定居时，他是以加西亚·马尔克斯为中心的重要知识分子团体的一员。曾任埃拉社编辑，与卡洛斯·富恩特斯合作创办了一本文学杂志。2014 年去世。

吉列尔莫·安古洛：哥伦比亚摄影师、作家、纪录片制作人、兰花栽培师。他和加西亚·马尔克斯在巴黎一起度过了穷困潦倒的日子，自那以后两人一直是密友。人称"安古洛老师"。他住在波哥大，在郊区种植兰花。

普利尼奥·阿普莱约·门多萨：哥伦比亚小说家、记者、外交家，在他的诸多著作中，有三本描述了他和加西亚·马尔克斯共度的时光，并在其中讲述了加西亚·马尔克斯在波哥大和巴黎时穷困潦倒的日子。他们是一生的知己与同伴。他在加拉加斯和拉美社为加西亚·马尔克斯安排了工作。在那个时代，他们两个都是菲德尔·卡斯特罗革命的狂热信徒。1971年，古巴诗人埃里维尔托·帕迪利亚被捕，被称作"帕迪利亚事件"。加西亚·马尔克斯并未因此谴责古巴政府，两人从此因政治理想不同分道扬镳。普利尼奥·阿普莱约·门多萨与阿尔瓦罗·巴尔加斯·略萨和卡洛斯·阿尔维托·蒙塔内尔合著了《拉丁美洲完美白痴手册》，讽刺了拉丁美洲左翼集团的支持者们。现居波哥大，为《时代报》撰写政治专栏。

圣地亚哥·穆蒂斯：哥伦比亚诗人，加西亚·马尔克斯的教子，阿尔瓦罗·穆蒂斯的儿子，现居波哥大。哥伦比亚国立大学教师、文学校刊编辑。1997年组织了加西亚·马尔克斯巡回展。

罗德里戈·莫亚：哥伦比亚摄影师，现居墨西哥，加西亚·马尔克斯的密友。

拉斐尔·乌略亚·帕特尼娜：加西亚·马尔克斯的父系远房表亲，是一名化学工程师，同时爱好撰写沿海风俗相关的作品。他出生于滨河小镇辛塞，加西亚·马尔克斯的父亲也出生在那里。他把媒体公开的关于"表亲"的全部消息做成了剪报收藏。

拉蒙·伊良·巴卡：居住在巴兰基亚的获奖作家、文学教师，与圣马尔塔的名门望族有亲缘关系。虽然他的姨妈们认识加西亚·马尔克斯的母亲路易莎·圣地亚加，但他未能与加博相识。

卡梅洛·马丁内斯：哥伦比亚法官。出生于辛塞，也就是加西亚·马尔克斯在《一桩事先张扬的凶杀案》中重现的历史事件的发生地。当十三岁的加西亚·马尔克斯第一次搬到辛塞和父母同住时，便与同龄的他相识。马丁内斯是卡耶塔诺·亨蒂雷最好的朋友，后者被一对兄弟以维护荣誉之名杀害。案发当天马丁内斯还与被害人在一起。加西亚·马尔克斯曾找他了解当天发生的事情经过。

海梅·加西亚·马尔克斯：家里的第八个孩子，擅长讲述日常故事和哥伦比亚加勒比文化。他是新伊比利亚美洲新闻基金会早期成员之一，这是加西亚·马尔克斯 1994 年成立的基金会。

帕特里西娅·卡斯塔尼奥：波哥大纪录片制作人、出品人，曾担任加西亚·马尔克斯传记作者杰拉德·马丁的向导兼翻译，也曾陪同他去大西洋沿岸采访加西亚·马尔克斯的母系亲属。

杰拉德·马丁：英国学者、作家，曾花费十七年时间撰写加西亚·马尔克斯的传记，被加西亚·马尔克斯称为"我的英文传记作者"。

阿依达·加西亚·马尔克斯：加西亚·马尔克斯的第二个妹妹，家里的第四个孩子。一直到 1979 年，她都是教师、方济各会修女，曾写过一部作品，记录了加西亚·马尔克斯和他的弟弟妹妹们。

玛尔戈特·加西亚·马尔克斯：家里的长女，与加西亚·马尔克斯年纪相仿，很喜欢他。曾和加西亚·马尔克斯一起在阿拉卡塔卡的外祖父家长大。加西亚·马尔克斯曾说她是家中的顶梁柱，也是《百年孤独》中阿玛兰妲的灵感原型。

玛格丽塔·德拉维加： 出生于卡塔赫纳的学者、电影制片人与批评家，自 1974 年以来一直居住在美国。她的父亲恩里克·德拉维加是一位脑部疾病医生，也是加西亚·马尔克斯的好友。

何塞·安东尼奥·帕特尔诺斯特罗： 巴兰基亚经济学家，本书作者的父亲。

爱德华多·马尔塞莱斯·达孔特： 出生于阿拉卡塔卡的作家、艺术批评家，他的外公安东尼奥·达孔特是意大利人，也是加西亚·马尔克斯外公的朋友。他的外公把留声机和电影院带到了阿拉卡塔卡，所以加西亚·马尔克斯小时候就能听各种音乐，看了人生的第一部电影。

因佩里亚·达孔特： 意大利移民安东尼奥·达孔特的女儿，其父曾在阿拉卡塔卡赚了一笔钱，那里也是加西亚·马尔克斯八岁前与外祖父母一同居住的地方。尼古拉斯·马尔克斯上校与安东尼奥·达孔特是很要好的朋友，经常带着外孙去他那里。因佩里亚记忆中的加西亚·马尔克斯是一个"可爱的小子"，他们当时都还是孩子。

古斯塔沃·加西亚·马尔克斯：哥伦比亚外交家，加西亚·马尔克斯的弟弟。死于 2014 年 3 月，享年七十八岁。生前苦苦等候从未到来的伤残抚恤金，个人经历与《没有人给他写信的上校》相呼应。

胡安乔·希内特：他一生都在努力成为一个很棒的朋友，尽全力帮别人做事。加西亚·马尔克斯提到过四个被称作"'洞穴'里的扯淡者"的忠实朋友，他与他们交情很深。当法国学者和世界各地的记者来寻找马孔多的原型时，胡安乔负责当他们的向导。2010 年去世。

恩里克（基克）·思科佩尔：哥伦比亚摄影师，古巴移民之子。我在 1999 年开始这一系列的采访工作时，他是依然在世的巴兰基亚故人之一。1951 年加西亚·马尔克斯到《先驱报》工作时，他也是团队中的一员。他自称职业酒鬼。2014 年在洛杉矶去世，享年九十一岁，他的遗体被送回了巴兰基亚。

费尔南多·雷斯特雷波：哥伦比亚电视业先驱，与费尔南多·戈麦斯·阿古德洛通力合作，将电视带到了哥伦比亚。九年后的 1963 年，他创办了全国首个电视节目制作公司 RTI，1973 年播出了第一档彩色电视节目。该公司是哥伦比亚首个自制电视剧和戏剧节目的公司，其中 1984 年播出的《大限难逃》由加西亚·马尔克斯编剧。他的形象是哥伦比亚"卡查科"的典型代表。

海梅·阿维略·班菲：新伊比利亚美洲新闻基金会（FNPI）会长兼创始人，该基金会由加博创立于 1994 年，现已更名为加夫列尔·加西亚·马尔克斯基金会，致力于为拉丁美洲国家的新闻事业革新做出贡献。他是地道的巴兰基亚人、狂欢节爱好者。

米格尔·法尔克斯－塞坦：巴兰基亚诗人、作家、翻译，二十世纪八十年代起定居纽约。

埃克托尔·罗哈斯·埃拉索：哥伦比亚诗人、小说家、记者、画家。他曾是加西亚·马尔克斯的同事，两人曾在卡塔赫纳的《宇宙报》共事。1948 年 4 月 9 日，豪尔赫·埃利塞尔·盖坦被刺杀后，波哥大陷入了动乱，加西亚·马尔克斯放弃了法学系的学业，回到了卡塔赫纳。当时罗哈斯·埃拉索是报社的记者和专栏作家。2002 年在波哥大去世。

卡门·巴塞尔斯：西班牙语出版界最有能力的文学经纪人。她从六十年代中期开始代理加西亚·马尔克斯的作品。她被认为是"文学爆炸"的创造者。加博去世后，她曾预言加博主义会成为一种信仰。加博称她为"格兰德大妈"。2015 年在巴塞罗那去世，享年八十五岁。

埃里维尔托·菲奥里略：作家、电影制片人、记者。写有报告文学和小说共八部，拍有三部电影、四部新闻纪录片。"洞穴"基金会和国际艺术嘉年华的创始人兼负责人。

何塞·萨尔加尔：哥伦比亚编辑、记者、报刊主编。加西亚·马尔克斯在波哥大当记者时，他是《观察家报》编辑室的主编。他从事新闻业长达七十五年之久，于2013年去世。他为新闻界奉献一生且成绩显赫，被授予最高奖赏。

威廉·斯蒂隆：美国南部的重要作家。著名小说《苏菲的选择》描写了奥斯维辛集中营幸存者的生活，并以第一人称视角讲了她酗酒成瘾和抑郁症的经历。其早期作品多为美国南部题材，人们称其为威廉·福克纳的后继者。曾获众多奖项，包括普利策奖。他的朋友中有许多颇具影响力的文人政客，其中有两位拉丁美洲人：卡洛斯·富恩特斯和加夫列尔·加西亚·马尔克斯。2006年去世，享年八十一岁。

达涅尔·帕斯托尔：墨西哥数学家，西班牙难民之子。

埃利希奥（伊约）·加西亚·马尔克斯：加西亚·马尔克斯年纪最小的弟弟，和加西亚·马尔克斯一样是作家、记者。他的著作《梅尔基亚德斯的密码背后》一书2001年出版，用新闻调查的手法研究了《百年孤独》。他在同年死于脑瘤，享年五十三岁。

罗丝·斯蒂隆：美国诗人、人权活动家，作家威廉·斯蒂隆的妻子。夫妻俩都是加西亚·马尔克斯的好友。从1970年起，她就是国际特赦组织和许多维护人权的非政府组织的联合创始人。她和加西亚·马尔克斯一同投身于多场拉丁美洲事务中，如智利的阿连德事件和美国对古巴的禁运事件等。

阿曼多·萨瓦莱塔：最受尊敬的巴耶纳托作曲家、歌手。巴耶纳托是在加勒比海岸相当流行的音乐类型。《我不会回到帕提亚尔》是他最受欢迎的歌曲之一。他把这首歌献给突然去世的知音，另一位歌手弗雷迪·莫利纳。1973 年，因为加西亚·马尔克斯把某个奖项的奖金赠予了委内瑞拉的游击队而没有赠予阿拉卡塔卡，萨瓦莱塔写了一首向他抗议的歌曲。2010年去世，享年八十三岁。他对听众的喜爱心怀感激。

阿尔比纳·杜布瓦鲁夫雷：法国电影制片人，激进分子，祖父是玻利维亚罐头大王西蒙·帕迪尼奥。在文学爆炸的巅峰时期，她在巴黎与胡安·戈蒂索洛一起结识了加西亚·马尔克斯，当时她正在创办《自由》杂志，刊出拉丁美洲作家的作品。

卡伦·波尼亚奇克：智利记者、顾问，曾在政府供职。米歇尔·巴切莱特总统执政期间（第一任期），她曾担任矿业能源部部长。

奥德雷·盖姆：厄瓜多尔电影制片人、出品人，曾在巴黎和马德里居住多年，现居基多。

埃利塞奥（利奇）·阿尔维托·迭戈：诗人、编剧、小说家，古巴诗人埃利塞奥·迭戈的儿子。迭戈一直以来都与卡斯特罗政权冲突不断，1990 年流亡墨西哥。据说加西亚·马尔克斯曾帮助他离开古巴，在墨西哥定居。他于 1997 年发表《反自我报告》，指控古巴政府强迫自己监视父亲。他的作品《蜗牛海滩，一只孟加拉虎》荣获 1998 年丰泉小说奖。2012 年在墨西哥城去世，享年六十岁。

格洛里亚·特里亚纳：哥伦比亚文化部庆典与民俗分部负责人，在诺贝尔授奖过程中起了关键作用，让授奖过程成为一场庆典。

卡特亚·冈萨雷斯：哥伦比亚建筑师，里卡多·冈萨雷斯·里波尔的女儿，"狂欢节女王"，加西亚·马尔克斯的教女。

阿里斯蒂德斯·罗约·桑切斯：巴拿马律师，前外交官、教育部长，1977 年参与协商《托里霍斯–卡特条约》。1978 年 10 月 11 日至 1982 年 7 月 31 日担任巴拿马总统，后迫于军方压力辞职。1968 年至 1989 年间，巴拿马总统和国家元首由奥马尔·托里霍斯将军或曼努埃尔·诺列加将军任命，托里霍斯任命了罗约，但诺列加废除了他。目前他是巴拿马文学院的院长。

埃德蒙多·帕斯·索尔丹：玻利维亚作家，拉丁美洲二十世纪九十年代代表人物，著名的"麦孔多"主义者。作品包括散文、短篇小说以及长篇小说。

伊兰·斯塔万斯：墨西哥作家、教授、学者，居住在美国，研究美国的西班牙语文化和西班牙语世界的犹太文化。他的著作包含《西班牙语式英语》词典和一本关于加夫列尔·加西亚·马尔克斯人生前四十年的书。

阿尔维托·富格特：智利电影制作人、作家。"麦孔多"主义运动的领导者之一，该运动旨在结束魔幻现实主义时代。被《时代杂志》和 CNN 评为新千年拉丁美洲五十位领头人物之一。

布拉姆·托宾：一个土生土长的纽约上东区人，到佛蒙特州后成了花卉种植者。

卡利托斯·冈萨雷斯·罗梅罗：颇具才华和创造力的巴兰基亚人，是巴兰基亚狂欢节服装和面具的设计师。他为加博和梅塞德斯制作了兜帽，以便让他们隐藏身份参加狂欢节。

塞西莉亚·布斯塔曼特：哥伦比亚诗人、加西亚·马尔克斯的朋友。

塔尼亚·利维尔塔：秘鲁歌手，加西亚·马尔克斯一家的密友。

插图列表

- **序言：** 1966 年正在写《百年孤独》的加夫列尔·加西亚·马尔克斯。摄于墨西哥城，由吉列尔莫·安古洛提供。

- **路易莎·圣地亚加与加夫列尔·埃利希奥之子：** 加夫列尔·埃利希奥与路易莎·圣地亚加的结婚照。由《异想者》杂志档案库提供。

- **由老人抚养：** 十三岁的加西亚·马尔克斯。由《异想者》杂志档案库提供。

- **最初也是最后的朋友：** 加西亚·马尔克斯在朋友们的簇拥下。由豪尔赫·伦东提供。

- **《百年孤独》中的段落：** 阿方索·富恩马约尔。由富恩马约尔家族提供。

- **《百年孤独》中的段落：** 赫尔曼·巴尔加斯。由薇薇安·萨阿德（摄影师）和苏茜·利纳斯·德巴尔加斯（所有者）提供。

- **《百年孤独》中的段落：** 阿尔瓦罗·塞佩达·萨穆迪奥。由蒂塔·塞佩达提供。

- **《百年孤独》中的段落：** 亚历杭德罗·奥夫雷贡。由"洞穴"基金会提供。

- **《百年孤独》中的段落：** 胡里奥·马里奥·圣多明戈。1978 年 4 月摄于巴兰基亚。由《先驱报》档案库提供。

- **"摇摆"：** "洞穴"酒吧。由《异想者》杂志档案库提供。

- **"卡查科"与"科龙乔"：** 加西亚·马尔克斯与朋友一起散步。摄于 1954 年。由《异想者》杂志档案库提供。

· **天鹅之颈**：1955 年在《观察家报》上刊登的《一个海难幸存者的故事》。由"空话连篇"基金会档案库提供。

· **SADEG——援助加比托友人会**：五指张开的加西亚·马尔克斯。1954 年摄于巴黎。由吉列尔莫·安古洛提供。

· **神圣的鳄鱼**：梅塞德斯·巴尔恰。由新伊比利亚美洲新闻基金会（FNPI）档案库提供。

· **"那份共产主义报纸"**：玛利亚·路易莎与赫米。由迭戈·加西亚·艾里奥提供。

· **"有一道强光"**：加博写给迭戈·加西亚·艾里奥的献词。由迭戈·加西亚·艾里奥提供。

· **地理课**：马孔多原型及周边地图，由达涅尔·帕斯托尔提供。

· **《百年孤独》之后**：加博和富恩马约尔在巴塞罗那。由"洞穴"基金会提供。

· **"我不想一个人待在斯德哥尔摩"**：加西亚·马尔克斯在斯德哥尔摩向一位昆比亚舞者问好。由内雷奥·洛佩斯提供。

· **教座权威**：卡洛斯·富恩特斯、威廉·斯蒂隆和加西亚·马尔克斯。由斯蒂隆家族提供。

· **重重一击**：眼眶乌青的加西亚·马尔克斯。由罗德里戈·莫亚的摄影档案库提供。

· **后记：一觉醒来我们都老了**：阿尔瓦罗·穆蒂斯和加西亚·马尔克斯。由迭戈·加西亚·艾里奥的私人档案库提供。

图书在版编目（CIP）数据

孤独与陪伴 / （哥伦）席尔瓦娜·帕特尔诺斯特罗著；
盛妍译. —— 海口：南海出版公司，2022.4
ISBN 978-7-5442-8023-5

Ⅰ. ①孤… Ⅱ. ①席… ②盛… Ⅲ. ①加西亚·马尔
克斯 (Garcia Marquez, Gabriel 1928—2014) —访问记
Ⅳ. ①K837.755.6

中国版本图书馆CIP数据核字 (2021) 第220120号

著作权合同登记号　图字：30-2021-096

孤独与陪伴

〔哥伦比亚〕席尔瓦娜·帕特尔诺斯特罗 著
盛妍 译

出　　版　南海出版公司　（0898)66568511
　　　　　　海口市海秀中路51号星华大厦五楼　　邮编 570206
发　　行　新经典发行有限公司
　　　　　　电话(010)68423599　邮箱 editor@readinglife.com
经　　销　新华书店

责任编辑　黄宁群
策划编辑　吕宗蕾　第五婷婷
特邀编辑　梅　清　唐阅辉
营销编辑　李筱竹　王　靖
装帧设计　韩　笑
内文制作　田晓波

印　　刷　北京盛通印刷股份有限公司
开　　本　850毫米×1168毫米　1/32
印　　张　11
字　　数　237千
版　　次　2022年4月第1版
印　　次　2022年4月第1次印刷
书　　号　ISBN 978-7-5442-8023-5
定　　价　68.00元